陳國綱著

歲月留痕

文史哲出版社印行

國家圖書館出版品預行編目資料

歲月留痕 / 陳國綱著. --初版. --臺北市：文史哲,民 91
面： 公分.--（將軍傳記系列；2）
ISBN 957-549-411-3（平裝）

1.陳國綱 – 傳記

782.886 91001650

將軍傳記系列 ②

歲月留痕

著 者：陳 國 綱
出版者：文 史 哲 出 版 社
http://www.lapen.com.tw
登記證字號：行政院新聞局版臺業字五三三七號
發行人：彭 正 雄
發行所：文 史 哲 出 版 社
印刷者：文 史 哲 出 版 社
臺北市羅斯福路一段七十二巷四號
郵政劃撥帳號：一六一八〇一七五
電話 886-2-23511028・傳真 886-2-23965656

定價新臺幣四二〇元

中華民國九十一年(2002)二月初版

ISBN 957-549-411-3

歲月留痕 目次

第二十一章　退而不休談時政

自序

時光不留情，歲月催人老，轉瞬間我已行年七十有二了。在過去漫長的時日裡，我雖然沒有獲得傲人的學位，也不曾有過驚人的建樹，可是忠心報國的熱忱，自信始終沒有懈怠。尤其在艱辛而坎坷的旅程中，受打壓而不動搖，遭挫折而不灰心，被侮辱而不沮喪，遇苦難而不退縮的堅毅鬥志，那是引以自豪的。

「歲月留痕」這本小冊子，既非爲了炫耀自己，也非有意責難別人。至於「立德、立功、立言」三者，對我這個一生不求聞達的農家子弟來說，那是不存任何妄想的。然而，我之所以堅持要寫，是因爲退伍（休）之後，沒有較好的方法，讓我消磨每天多餘的寶貴時間；同時也因爲有相當長的寶貴時間，使我對自己土生土長的故鄉、家世和所受過的家庭教育、學校教育、軍事教育，以及在國軍各部隊、機關、學校服務的概況、觀感，乃至退伍（休）以後所作的一些事情，有著不同滋味的回憶；也藉此給自己算個總帳，爲晚輩作些介紹，並向關懷我的長官、老師、親友、以及工作伙伴們有所說明。且讓我大膽地說，亦爲大時代留下一點小小的見證。

本書分爲二十五章，其中屬連續（貫）性的，如第二章「耕讀傳承的世家」，是敘述我在大陸的祖先到現在的家庭狀況。第四章「戰亂時期受完中等教育」，是細訴我就讀中心國民小學、初中、高中的概略情形。第六章「復興崗助我成長茁壯」，是把我在政工幹部學校（後改爲政治作戰學校）所受養成教育、專科教育、深造教育與補修大學學分等作有系統的敘述。屬整體性的，如「八」、「九」、「十」章，是在一個大單位或擔任相同的一個職務，於歷練過程分別作了說明。屬單一性的，那就是第一、三、五、七、十一至二十章，都是針對獨特的地方與値得回憶的事項，以及任職的先後順序分別作成的。屬累積性的，如第二十一章，是受聘於行政院國軍退除役官兵輔導委員會，擔任國家建設研究委員，在出席研究小組會議時，將所發表的意見，就所保存的資料，（其餘的發言資料，都交給歷次會議紀錄，沒有保存）作一次彙整。第二十二章，是退休後基於忠黨愛國的赤誠，向中國國民黨所提的幾次眞實的建言。至於第二十三至二十五章，是爲親情和鄉親所做的幾件事情。總括說來，記憶不清，或不値得一提而沒有寫的，自然是比寫的要多；是眞實的人與事而不便寫的，在所難免；不過，所寫出來的，雖然有些人士不便指名道姓，僅用英文字母代表之，但的確是最眞實的紀錄，也是我一生在各階段（層）心路歷程中最忠實的報導，且完全是懷抱無怨、無悔、無恨，和有情、有義、有知（指良知）的胸襟，絕無報復發洩的心機。是非功過，任由後之來者，作公正客觀的評斷。

我畢生最感歉疚的事，就是在海峽兩岸未開放探親以前，受主客觀環境的限制，對父母未能克盡侍奉之責，等到政府開放大陸探親之後，我的生活環境略有改善時，雙親大人已是「子欲養而親不待」了，不孝之罪，眞是百身莫贖，每念及此，總會濟然淚下。

今（八十九）年是先父百週年冥誕，又是我和內子結婚四十週年紀念，又逢長孫暐中出生於千禧龍年，此時此刻，我很愉快地寫完了二十五章稿件，確具有多重意義。願將這一小冊獻給　父母，藉以上告雙親在天之靈。

筆者才疏學淺，見少聞陋，所述都是憑自己所存的日記、資料和記憶所及的事實而成，疏漏之處，尚請指教，俾以爲正。在付梓前，厚承李先柏先生（生前）、徐繼顯學長、唐步英學長、王柏皋學長的指導，名畫家鄭瑜教授的封面設計，寶大協力設計公司負責人張嘉行先生的美工組合，以及文史哲出版社發行人彭正雄先生的熱心協助，謹一併致以誠摯的謝忱。

陳國綱　謹識　中華民國八十九年十一月二十日於臺北市慈光五村眷舍

陳國綱任軍職時的儀態

陳國綱、程梅於民國四十九年十一月二十日在台中市完成了終身大事，特合影留念。

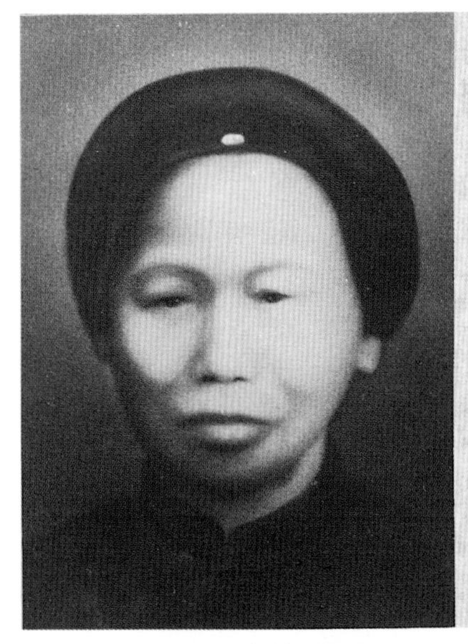

母親譚氏名滿英

父親陳公福星字新甲

陳國綱與程梅在香港會親時留影（左）胞妹陳運蘭（右）陳依仁胞弟（民 78.01.02）

晉任陸軍少將時之全家福

結婚四十周年全家福（民 89.11.20）

陸軍總司令于豪章上將蒞臨陸軍航訓中心主持航訓第九期學員畢業典禮（作者右三）（民 63.12.24）

陸軍總司令馬安瀾上將蒞臨陸軍步兵第二九二師視察（由左至右：師長莊國華將軍、副師長汪多志上校、參謀長彭繼安上校、政戰部主任陳國綱）

恭迎國防部總政治作戰部主任王昇上將（左一）蒞臨陸軍步兵第二九二師視察，中為副師長湯淮東上校，右為陳國綱。

作者（右二）膺選陸訓部優秀參謀，接受黃毓俊中將代表司令羅支倫上將頒獎（民國 57 年）

作者在台南歸仁基地慶祝　國父建黨八十週年紀念會上講演（民國 63.11.24）

作者（中）檢閱陸軍航空訓練中心旋翼（直升）機組（民 63 年）

國防部總政戰部主任許歷農上將（第一排左六）和參加民國七十四年二月份慶生會官員合影，第一排（左四）爲曹與華中將，（左五）爲執行官楊亭雲中將（左八）爲王國琛將軍（左九）爲陳國綱（民 74.02）

作者任師政戰部主任時，在步兵連心戰示範演習場上簡報。（民 65.12 攝）

陸軍第九軍司令部歡送軍長蔣仲苓中將（中）榮陞（第一排左三）莊國華將軍（第二排右一）作者（民 64 年夏）

陸軍三十二軍舉行「莒光三號」政治作戰示範演習時，作者在麥克風前報告演習狀況（民 67.01.31）

慶祝中華民國建國七十年，國防部成立自強文化服務隊，國民黨中央委員會祕書長蔣彥士（左三）蒞臨視察，國防部總政戰部主任王昇上將（左二）介紹該隊工作概況，作者（右前一）正在筆記。（民 69.12.27）

陳國綱晉任陸軍少將時，接受國防部部長宋長志上將賀喜。

國防部總政戰部主任許歷農上將伉儷（右二、三）爲晉任將級軍官舉行酒會，右①副主任劉燕生中將右④⑤萬德群將軍伉儷舉杯向陳國綱夫婦左①②道賀。

陳國綱（左上）陪同陸軍第八軍團婦聯分會主任委員梁國琴女士（右排中）暨常務委員等訪問中華婦女反共聯合會，受到該會總幹事王亞權女士（右排桌燈旁）的接待。

革命實踐研究院研究班二四期同學向　蔣公中正先生陵寢致敬（前排右㈠蕭宗漢將軍㈡閻沁恒教授㈣陳國綱）（民75.11.13）

陸軍第八軍團司令盧光義中將（中）贈作者紀念銀盤，副司令蔣逢魁中將（左一）等參加歡送作者餐會（民73.11.13）

聯合勤務總司令溫哈熊上將頒授陳國綱陸光獎章（民國 76.02.24）

作者接受聯合勤務總司令溫哈態上將頒贈聯勤榮譽紀念章（民國 76.02.24）

聯勤總部政戰部舉行民國七十五年軍官晉階與授勳典禮，主任周濤中將（中）與副主任徐志毅將軍（左三）陳國綱（右三）合影（民 74.12.31）

聯勤總司令部舉辦擴大服務三軍工作，主任萬德辟中將（左二）與副主任趙傳芳將軍（右二）陳國綱（左一）在茶會中合影留念（民 75.10.8）

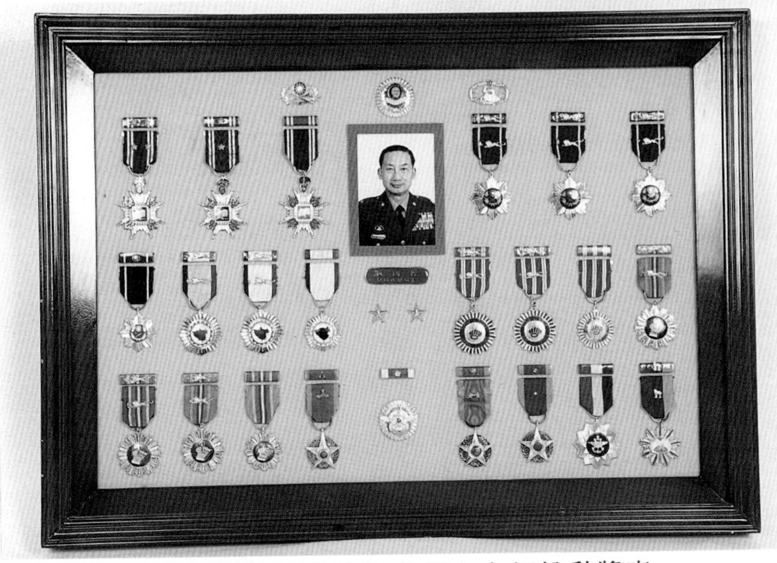
陳國綱任軍職期間奉頒之大部份勳獎章

陳國綱主持台北縣軍人服務站常備戰士家屬服務工作檢討會（民國 76.08.30）

台中師管區步兵第一團第三營全體政戰軍官合影，前排（左二）劉新旭學長（中）營輔導長賴始華上尉（右二）曾易之學長（右一）作者本人，二排（左一）黃恢亞學長（民 43 年攝）

陳國綱肩著卡賓槍在陸軍裝一師砲四營第十一連的裝甲砲車前

作者（左一）在陸軍裝甲兵司令部政五科任參謀五年

作者（前排左一）陪陸訓部政二組組長李楓林上校（中）視察部隊小型康樂演出（民 57 年）

作者（右立者）膺選陸軍總司令部績優參謀，接受政戰部主任張雯澤中將（左上五戴黑框眼鏡者）表揚（民國 62.01.29）

陸軍步兵二十六師七六旅演出小型康樂晚會作者（左一）與旅長史堃上校（右一）陪師主任周濤上校（中）參觀演出（民59年）

作者（後排右）與張錫嶺中校（前排中）參加陸訓部軍官團日月潭旅遊活動（民 56 年）

陪旅長周世斌上校（左一）迎接參與秋節軍官團酒會的軍官（民59.09.14）

台南縣縣長高育仁先生伉儷蒞臨陸軍航訓中心宣慰，作者（左一）致贈木雕飛鷲致謝（民 64.01.30）

作者在金門南雄向陸軍二九二師連輔導長以上幹部，說明年度莒光週教育計畫（民國 65.02.05）

作者（中）陪同台灣水泥公司勞軍團團長林世德先生（穿西服者）赴金門離島「獅嶼」宣慰守軍官兵（民國 66.06.10）

國防部總政戰部主任王昇上將巡視陸軍 32 軍時，和通信營營長林義宣中校（左）閒話家常（民67.02.23）

戰地政務經建專業幹部在南投日月潭舉行聯誼活動，作者（站立者）提專題報告，行政院副祕書長吳祺芳先生（左二）一同出席，（右）宋北超上校（民 67.11.22）

作者主持金門縣立金沙國民小學畢業典禮，並頒獎績優學童（民國 66.06）

陳國綱在金門縣選舉事務所向選務工作人員提示工作重點（民 67.11.28）

陳國綱在金門選務工作座談會中致詞，左①金門選舉事務所總幹事王爲英先生右①爲劉淳上校（民 67 年）

作者（左一）陪同台灣省政府官員訪問金門（左二）爲省府祕書長劉兆田先生（右二）爲金門防衛司令部政戰部主任曹與華將軍（民 70 年）

國防部總政戰部戰地政務處官員歡送陳國綱（中）調任政戰學校政戰研究班班主任合影留思（前排右一、二）陳代昌上校伉儷（右三、四）處長孫紹鈞將軍伉儷（左四）程梅（民70.7.24）

與親家及義子合影（由左至右）親家張錫嶺先生、作者夫妻、義子張乃千（國立東華大學管理學碩士）（民77.12.25攝）

作者（中）在政戰學校政戰研究班與四十五期韓籍學員合影（自左至右）孫豐三中校（指導教官林武彥上校）金鍾煥空軍中校宋世云少校（民 70.12）

主持政戰學校政戰研究班官員慶生會，頒發壽星禮物（民 71.12.23）

協助陸軍婦聯分會舉行軍眷手工藝品展覽，主任委員（總司令蔣苓上將夫人）贈作者紀念品（民 73.10.25）

作者代表陸軍第八軍團慰問高雄六龜育幼院，接受院長林鳳英女士致贈感謝狀（民 73.01.27）

陳國綱（正在剷土）於植樹節在高雄旗山泰山營區植樹紀念（民 73.03.12）

作者主持基層幹部管教講習試講

作者主持陸軍官校畢業軍官歷練連輔導長職前講習結訓典禮並座談（民 73）

作者（左二）陪同全國漁事指導會報官員（由中央各部會派遣）訪問金門湖井頭空飄站，並向大陸釋放心戰汽球（民 74 年春）

作者向全國漁事指導會報提出工作檢討報告

作者陪同財政部專員陳木在（右）訪問連江縣政府，賴宗煙縣長（左）在場接待（民 74 年）

作者訪問金門馬山觀測所，眺望故國山河（民國 74.06）

國防部頒授「宏志一號」漁船有功漁民勳章後作者（左六）與受勳漁民及其眷屬合影留念
（民國 74.09.13）

作者（中）兼任全國漁事指導會報執行祕書時，前往金門慰問漁港哨部隊官兵（民 74.03）

聯勤二〇四廠眷村自強聯誼活動，作者代爲贈送幸運中獎軍眷
（民 76.2.5）

作者（右三）奉命陪同聯勤總部婦聯分會主任委員溫上將夫人等一行，慰問澎湖地區聯勤單位。（民 75 年秋）

作者（持麥克風者）參加台北縣進出口商業同業公會七十八年春節聯誼晚會，並高歌一曲，中爲軍友社祕書長吳亮生將軍。

民國八十六年縣市長選舉，國民黨挫敗，退除役將官黨員五十人聯名提出書面檢討建言，由陳晝世（左一）梁恩義（左二）黃子信（右二）及作者（右一）送請中央委員會祕書長章李嚴（中）轉李登輝主席（民 86.12.30）

茶陸部份在台鄉親合影，第一排由左至右郭超、郭立先生、陳國鋼、蘇積松。第二排（左二至四）曹希禹、郭達舜、羅有才。第三排左二至五鍾明光、曾照明、雷芳藻、鄧謹（民73 年春）

茶陵鄉親研擬成立同鄉會（自右至左）李回春先生、周世輔教授伉儷、陳正女士、陳程梅、陳麟先生、背向為作者（民73.3.29）

湖南省立二中在台校友合影，前排（右三）為作者（民國78.3.29 攝於桃園石門水庫）

湖南省立二中第十六屆同學畢業合影第二排左(10)著深黑色中山裝者即陳國綱（民38.06）

作者在國軍各單位服務三十八年，從士兵至陸軍少將各階之照片。

第一章　土生土長的故鄉

縣境山明水秀，物產豐富，堪稱人傑地靈。國民政府主席譚延闓先生，就是茶陵縣籍，鄉親們都引以為榮。

我原名煥新，於民國十八年（西元一九二九）二月二十二日，農曆己巳年正月十三日生，祖籍湖南省茶陵縣文江鄉（後改爲文秦鄉，現改爲浣溪鎮）楊柳仙石尙村潭山冲（現改爲楊柳村第七組）。迨民國四十四年一月，因有長輩和我同姓同名，國防部通知我更名，我以「國綱」以及　先父新甲公替我所取「志道」兩個名字，建請裁示。國防部於發布任官令時，即核定爲「國綱」，沿用至今。

茶陵縣位於東經一一三·三至一一三·八度，北緯二六·七至二七·二度之間，也就是在湖南省中部偏南的東邊（簡稱湘東）。東界江西省蓮花、永新、寧岡三縣。南接酃縣（現改爲炎陵縣）。西及西南角和安仁縣爲鄰。北及西北角毗鄰攸縣，當武功山南麓，萬洋山的支脈—羅霄山脈，是湘、贛二省的界山，三山之間所形成的山谷丘陵地區。近北端的界化隴，就是武功、羅霄兩山脈的山溝，爲湘、贛兩省中部交通的要衢。

茶陵昔轄酃縣，爲古代茶王城。史載炎帝神農氏，崩葬於茶陵，至今酃縣有炎帝陵可證。（酃縣今改爲炎陵縣，即本於此）到了漢、隋、唐三朝時期，稱爲茶陵。宋爲軍。元、明、清改爲長沙府之屬州。民國五年廢州爲縣。全縣面積約一四〇餘平方公里。人口約五六五、〇〇〇餘人。清代劃爲三六都，分爲西、睦、茶、衷四鄉。民國二十六年抗日軍興，調整爲二十鄉鎮。民國三十八年（西元一九四九年）中共當政，改鄉鎮爲區。民國三十九年改保爲村。民國四十四年區改冠地名。民國四十七年成立人民公社，設公社二十五個。民國七十三年恢復鄉鎮，現有二十五個鄉鎮。

縣境多崇山峻嶺，危岩怪石，有「雲陽疊翠」之秀，尤以四山蟠踞，即雲陽山、泰和山、青台山、鄧阜山最爲出名。洣水源於桂東經酃縣自北邊入境，至洣江書院會文江（馬伏江）抱城而流，清濁兩流分明，匯爲「洣水環流」之奇觀。縣內名勝最多，如「龍湖獻瑞」、「秦人古洞」、「鄧阜朝陽」、「鳳岡呈祥」、「靈岩夜月」、「赤松丹井」，加上前述「雲陽疊翠」、「洣水環流」，通稱爲茶陵八景。在古蹟方面有「犀牛望月」（俗稱南浦鐵犀）、「古城滄桑」、「雲山石泉」、「筆尖塔」、「一經堂扁」、「張府假山」、「光泉古井」等七處，都值得遊覽觀賞。

河流則以洣水（亦稱泥水，也叫茶陵江）爲主流，源自萬洋山脈的桂東縣屏水山，北流經炎陵縣入境，至舲舫與右來源自萬洋山脈炎陵縣的洮（沔）水匯合，至北流到新河，納右來之漚江，復北流到下東（又名小車）納左來之馬伏江（又名文江）東流至城關鎮，繞城由東轉北，和東北來的茶水匯合，西流過雲陽山北麓，納平水、高水，西北流出境至攸縣。至於西南方面的河流，源自棗市鄉老虎沖及界首鄉甲山之洒水匯合後，由南西流入安仁縣。（註一）

公路則以城關鎮爲中心，四通八達，東北邊的界化隴，是湘贛中部的幹線通道，東邊出嚴塘和呂村，有到井岡山的計畫道路。南邊一向都有汽車通往炎陵縣。就在這條公路上，由茶陵經「下東」、「馬江」、「土橋」、「梅林」，在接近「楊柳村」前的「餘里」，向右前方步行約四十分鐘（雖可行駛小型吉普車，但路面狹小，而且是崎嶇不平的山路）穿越一個山巔，就可到達我土生土長的故鄉—石尙。

在這條羊腸小道當中，有許多小型的村落，其中都以姓氏爲集居戶。我的老家就在這條小道的盡頭，名叫潭山冲。我們姓陳的，原本只有三戶人家，村莊的斜對面名叫「腊樹下」，都是姓譚的住戶，村和村之間，都有一段距離，有的幾乎是雞犬不相聞的。舉目展望，遠近除了一些稻田之外，面對的都是稀疏羅列的山峰，滿山遍野也都是雜草樹木，其中的松樹、杉樹和茶子樹（用作榨油），是取之不盡的經濟林木。正因爲樹林茂密，山中的野兔、野雞、山豬、虎、豹之類的野生動物，經常出沒。但從民國三十八年中共當政以後，因土法鍊鋼，將深山樹林砍伐殆盡之後，這類飛禽走獸，現在已見不到蹤影了。

茶陵的農產品，以大蒜、白芷最出名，稻米爲大宗、茶油、桐油、生薑次之。礦產有煤、鐵、鎢、石灰、水泥等。我鄉的農業產品，也以稻米爲主，紅藷（地瓜）是家家戶戶都有種植的雜糧。茶油、桐油、花生、棉花產量也佔有很大的比重。

茶陵的文風雖然很盛，但是我鄉多是農戶人家，啓蒙識字的人不多。女子則由於傳統習俗，重男輕女的觀念很深，更加沒有讀書識字的機會。因此，一般說來，我鄉居民都是以務農爲業，而且自耕農佔絕大多數，富農少之又少。貧富差距不大，民風極爲淳樸。不過，舊時代的農村社會，大多都是崇尚迷信的，一般村民不但認爲富貴榮華，是由鬼神在冥冥之中作主，而疾病災荒，也是由於魑魅從中作祟。因此，平日求神拜佛，燒香許願，都是習以爲常的。如逢祈雨、驅鬼等大事，皆由專業這行的道士主持。這些道士，有事相召時即來設壇求神、驅鬼、作法，無事時都有他們自己的職業。爲首的雖或以道士爲專業，但其門徒卻都是普通農民。這種道士有時也的確有他妙不可測的巫術，例如我鄉有人在炎熱的夏天去世後，喪家請道士來爲死者遺體防腐作法，只要道士喃喃地唸著咒語，將燃燒中的冥紙劃一碗「符水」置於棺木下面，死者的遺體就不致於腐爛發臭。這些不可思議的巫術，使鄉村的愚夫愚婦，都認爲道士的確是法力無邊。

茶陵歷代鄉賢輩出，昔日文廟前左側，爲李文正公專祠。右側有四大學士祠，奉祀明朝翰林大學士劉三吾、文淵閣大學士張治、華蓋殿大學士李東陽、清協辦內閣大學士彭維新。清代則有狀元蕭錦忠、榜眼曹貽蓀、探花譚麗生等三鼎甲。在我國近代史上最富盛名的文卿譚鍾麟，他以窮苦塾師考取州首，成進士，累官至陝、甘、閩、浙、兩廣等省總督。其哲嗣譚延闓（字祖安），以二十五歲中會元，翌年朝考中翰林，民國元年任湖南都督兼省長，民國十五年國民革命軍誓師北伐時，任第二軍軍長，至完成北伐後，歷任國民政府主席、行政院院長，協和萬方，望重朝野，使茶陵鄉親都引以爲榮。不過，除了譚延闓先生在北伐時期任職軍長以外，茶陵沒有出過一個全國知名的武將。

自中華民國建國以來，尤其是自中華民國十三年黃埔軍官學校創校建軍以後，茶陵鄉親深具愛國情操而投考軍校的，就日益增多了，特別是民國三十七、三十八年間，因大陸局勢逆轉，隨軍來臺的鄉親人數，不計其數。這前後七十年來，在軍中服務的茶陵同鄉，雖然沒有出過一位全國知名的武將，可是升到將官的，也還有十來個之多。我於民國三十八年隨軍來臺後，憑著自立自強的精神，投考政工幹部學校，歷經三十餘年的艱苦奮鬥，也晉升爲陸軍少將，可算是很幸運的了。

第二章　耕讀傳承的世家

先祖係一自耕農，因不識字，易受地方人士欺侮，而　先父為一半耕半讀的塾師，能知書達理，所以寄望於後世子孫，不但不受別人欺壓，而且還要服務社會，報效國家。

石尚村（現改爲楊柳村第七組）的陳姓族人，僅有三戶，男女也只有十餘人。不過，離浣溪鄉約二公里的泰蔭村，還有幾戶同是「德星堂」的陳姓家族。我族的字輩爲「人文占星燦、英秀兆發祥、紫蘭光甲第、丹桂紹書香。」先祖從何時？何地？定居於本村，我沒有印象，也許先父　新甲公曾告訴了我，我忘記了也有可能，深感遺憾。

自政府開放探親之後，我於民國八十一年（公元一九九二年）九月十七日（農曆八月二十一日）第一次從臺灣返鄉祭祖、掃墓，爲先父、母舉行報本法會時，由宗親所提供的資料，研判我祖先在石尚村定居的時間，可能是在清道光年間，從江西或廣西遷來茶陵的成分較多，約經二百年來的繁衍，因農村經濟蕭條，醫療設施落後，歷代兵災匪禍，人丁並不發達，迄今仍然只有二十餘人（含泰蔭村幾戶族人。）

我家這房，從　曾祖父文禮公開始，是按照下列的順序排列的。

人發公位下第三十一世

曾祖父文禮公，字開科，生於清道光壬辰年（公元一八三二年）農曆九月初八日寅時。（歿時不詳）

曾祖母王太夫人，生於清道光戊戌年（公元一八三八年），農曆十一月十一日丑時。（歿時不詳）

文禮公位下第三十二世

祖父占琥公，字茂桂，生於清咸豐辛酉年（公元一八六一年），農曆正月十三日亥時。（歿時不詳）卜葬於石尚村潭山冲獅子岩下，坐南朝北，午山子向。

祖母彭太夫人（原配），生於清同治壬戌年（公元一八六二年），閏八月初九日（幼卒）。

王太夫人（繼配）笄字榮妹（生歿時辰不詳）卜葬於石尚村潭山冲陽宅背後，坐東朝西，甲山庚向兼卯酉三度。

占琥公位下第三十三世

父福星公字新甲，生於清光緒二十六年（公元一九〇〇年），歲次庚子，農曆三月十八日酉時。歿於民國六十四年（公元一九七五年）歲次乙卯，農曆十月二十三日，卜葬於石尚村風邊坡，坐南朝北，丙山壬向。（享壽七十六歲）

母譚太夫人笄字滿英，生於清光緒三十一年（公元一九〇五年），歲次乙巳，農曆四月初十日子時。

歿於民國七十年（公元一九八一年）歲次辛酉，農曆六月十一日寅時。（享壽七十七歲）卜葬於石尙村風邊井下，坐南朝北，午山子向。

福星公位下第三十四世

國綱原名煥新，譜名志道，生於中華民國十八年（公元一九二九年），歲次己巳農曆正月十三日寅時（國曆二月二十二日）。

妻程氏，名　梅，臺灣省雲林縣西螺鎭人，爲程永德先生、廖扁女士之長女。

生於民國三十一年（公元一九四二年）十二月二日，農曆十一月二十五日，歲次壬午（日治爲昭和十七年）

弟依仁，生於中華民國二十九年，歲次庚辰，農曆五月十一日。（公元一九四〇年六月十六日）歿於民國七十八年（公元一九八九年六月三十日）歲次己巳，農曆五月二十七日卯時。得年五十歲，葬於石尙風邊井下坐南朝北，午山子向。

弟妻段氏翠嬌生辰不詳，病逝於公元一九七六年四月十六日，農曆三月十七日。

祖父茂桂公，在我出生前，即已辭世，所以我沒有任何印象。祖母王太夫人，晚年中風，生活起居，全賴先母侍奉的情形，我印象深刻。壽終後至安葬前，在堂停柩三年期間，每逢寒、暑假早、晚時間，經常由我點燈、敬香禮拜。出殯前，並參與誦經的印象，也很深刻。

先父沒有兄弟，但有姐妹四人。我讀小學、中學時，二姑晚妹和四姑㚒妹，對我頗有資助，且鼓勵有加，迄今我仍念念不忘。

先父、先母生育我們兄弟姐妹四人。大姐頭英（係先父原配段氏所生），我爲長子，據德弟居次，幼年因罹患痢疾夭折，運蘭妹居三，依仁弟居四。頭英姐嫁給安仁縣羊腦鄉一富農，姐夫段仁讓先生爲人誠實公正，學識淵博，爲縣境頗有聲望的士紳。對於我的教誨和鼓勵最多，在我讀初、高中時，也予我很多資助。民國三十八年我從軍報國，即將出發前，他親切地勉勵我說：「出外人謀生，錢多不一定是好；所謂窮則變，變則通。」他所說的「窮則變」，是鼓勵我自力更生，奮鬥創造。絕對不是投機取巧，不務正業。姐夫那幾句話，對我有著莫大的啓示。當年我離開老家，僅僅只攜帶了五塊銀元，沿途眞是省吃儉用，在湖南衡陽停留一星期當中，因爲還沒有正式歸隊，得不到政府的補給，每天只能買幾塊大餅充饑，也不以爲苦；眼看著一位富商子弟（忘記了他的姓名）手提著一箱銀元、金條，每天花天酒地，我也不存絲毫羨慕的心理。而那位富商子弟所攜帶的鉅額資金，聽說到了廣州，已所剩無幾，到了臺灣之後，即因病去世了。從這裡便可以證明姐夫當年所講的那幾句話，的確是經驗之談。民國七十六年開放大陸探親之後，得知姐夫全家於中共當政初期，即被清算鬥爭，掃地出門而杳無音訊了，這是多麼不幸而極爲悲痛的事呀！

胞妹蓮蘭，現名玉秀，嫁到湖南省安仁縣坪上鄉高田村木咀組，妹夫劉玉林，夫妻感情融洽，生育兒女三人，都很孝順。胞妹雖然未曾啓蒙讀書，但具有克勤克儉、相夫教子的傳統美德。民國七十八年元旦，約她到香港來會親時，因不認識路標，手持的連絡地址和電話號碼，都不準確，到了黃昏時刻，當她急得滿頭大汗，四處尋找我的住所時，突然在街頭被我和依仁弟發現，兄妹分別四十餘年，還能在海外見面，當時泣不成聲的景況，路人也爲之動容。這或許是我　父母保佑，在冥冥之中所賜予的安排，不然，對一個不認識路標和街道門牌的農村婦女，怎能在國際知名的港都會晤呢？這的確是一個奇蹟，也成爲我當年在香港會親的一則故事。

依仁弟從　先父新甲公啓蒙開始，僅僅只讀了三年不到的私塾，因中共當政後，社會變遷快速，家庭經濟每下愈況，自然也無法升學。一九六一年和四姑的次女翠嬌結婚後，生育子女各一，長女聰秀（一九六八年歲次戊申農曆八月十一日子時生）、長子柏雨（一九七二年歲次壬子農曆五月初一日子時生），因受近親影響，聰秀只有一眼稍具視力，柏雨五歲即雙目失明，弟媳翠嬌於一九七六年，歲次丙辰，農曆三月十七日病逝。

民國七十六年政府開放大陸探親，我於民國七十七年十二月三十一日，偕內人程梅、長子定輝，一同約胞弟依仁、胞妹運蘭等到香港會親，租賃香港九龍通州街二十八號頌貢花園一座八樓C室，相聚一星期，至民國七十八年一月六日，護送到廣東深圳。依仁返回茶陵不久，因肝疾惡化，且受表妹段而學（四姑的長女，亦即依仁姨姐）的愚弄、詐欺，信奉鬼神、巫術，延誤送醫時間，於公元一九八九年，歲次己巳，農曆五月二十七日七時十三分不治，得年僅五十歲。噩耗傳來，深感悲痛。

民國八十一年（公元一九九二）十二月二十三日，復接獲表弟段積蕚從茶陵拍來的電報，得悉侄女聰秀於同年十二月十七日十六時，因難產（第二胎）遽然去世。在前後不到四年時間，老家連續遭受兩次重大變故，我內心的創痛，不可名狀。從此，老家只留下贅姪婿黃順清、侄兒柏雨、侄孫女美玉三個人了。原以爲雙目失明的柏雨，可有姪女聰秀照顧，現聰秀遽爾去世，柏雨就成爲既無父母，又無兄弟姐妹可資依靠的孤兒了。我爲了報答父母養育之恩，也爲了感謝胞弟依仁在我離開老家以後，代爲照顧父母的情分，於民國八十二年（公元一九九三）八月十二日，透過鄉長雷玉松先生的介紹，託湖南省戲劇家協會秘書長韓微女士，把柏雨接到長沙，請一位張先生（不知其名）給柏雨盲文啓蒙，使他稍有盲文基礎之後，於同年九月二十二日進入湖南省殘疾中等職業技術學校按摩科學習按摩，使他能學習一技之長，當他有了謀生的技能，將來就不會流落街頭巷尾，過著向人乞討的生活。在爲期三年修業期中，柏雨所需的一切學雜費用，以及食宿生活開支，全部由我負擔。到了民國八十五年（公元一九九六年）六月二十日畢業後，感謝一家按摩醫院的丁院長（即柏雨實習醫院的院長），接納柏雨任臨時工，從此解決了他生活方面的壓力。除此之外，委託茶陵縣中醫醫院段祖恩醫師，在茶陵縣雲陽開發區農業副產品批發市場（雲陽街第六組），購置商品房屋一幢（一至三樓共一四〇平方米），供柏雨將來在容易謀生的城市內安居。

柏雨有了謀生的技能以後，於民國八十六年即贏得湖南省樓底市李國華先生的長女李華英小姐的芳心，同意結爲連理，並於次年三月育一女兒名陳李揚，消息傳到臺北，我和家人都感到高興。可是到了民國八十七年秋間，贅侄婿（故胞弟依仁的女婿）黃順清罹患腦瘤，我雖然耗費人民幣壹萬餘元幫助醫治，但未能抗拒病魔的纏鬥，至民國八十九年三月六日不幸去世，留下年僅十三歲的侄孫女美玉，在零丁孤苦，無依無靠的悲慘境遇中，經與內人商妥，委請堂姐秀蘭的次子段毛仔夫婦代爲撫養，所需生活與學雜費用，全部由我承擔。

有關故居上述各項事務的安排，以及鉅額資金的開支，我和家人都認爲是對先人負責的表現，覺得很有意義，也很有價值。

我家的祖產原本有限，水（稻）田只有十幾畝，種植茶籽的山地也不多。所收稻米和茶油，除供自家食用外，剩餘也不太多。因此，經濟不算寬裕，幸好我父母都能克勤克儉，撫育我們兄弟姐妹成人，欲報之恩，有筆難宣。

爲了感念父母對於我的培育，現在我要把他倆老的行誼，就我所能記憶到的，分別敘述如后：

先父新甲公，資質慧敏，曾讀四書、五經等經籍甚多，國學根基深厚，寫作各種應用文，結構嚴謹，思維縝密，字裏行間，感情非常豐富，一向爲人所讚佩。他在設塾執教時，因施教認眞，深受學生家長敬重；也由於爲人誠正，一絲不苟，且熱心助人，對鄰里鄉親任何人的請託，諸如婚喪喜慶，或排難解紛，無不全力以赴。所以在地方上處處受到推崇，是我家鄉聲望崇隆，具有高度影響力的意見領袖。他那種認眞、負責、無私無我的風格，對我一生的影響最大。

先父的生活很有規律，除飲用米酒之外，無任何不良嗜好。治家勤勞儉樸，在一面教書，一面耕作的生活領域中，晝間都在塾堂教導學生，早晚時間，卻在家中料理莊稼事務。農忙時期，親自下田插秧、除草、施肥、灌溉、收割。除在必要時僱用臨時工幫忙操作外，平日都是自己動手。當水（稻）田作物收成之後，即到山上忙著清除茶樹林中的雜草，並實施堆肥、鬆土，數十年如一日，充份發揚了克勤克儉、耕讀傳家的傳統美德。

因爲父親個性剛直，做事公正，所以在當地也常受到惡勢力的攻訐、打壓。而父親對於這些，不但毫不退讓，而且還會勇敢地面對挑戰。記得民國三十七年初春，我家飼養的一頭耕牛，被地方上的歹徒偷走、屠殺。經當地正義人士舉發後，將人證、物證，具狀向茶陵地方法院控告，判決父親勝訴。而敗訴者於某日中午午休時間，率衆到我家尋仇報復，父親在酣睡中驚醒起來，立即衝到廚房門邊，把放置在雞籠上的一把鐮刀，向手持兇器迎面而來的一名暴徒砍傷了手臂，當時血流如注，嚇得尾隨其後的暴徒，四處逃竄。傷者即控告父親傷害罪，父親即以正當防衛與侵入住宅進行搶劫，給予反控。經茶陵地方法院開庭審理終結，以出於自衛，且以傷者尚未成殘爲由，判決父親不起訴處分。

先父不僅爲人正直，而且廉潔自持。記得先父擔任公職—保長（相當於臺灣基層行政的里長）時，有一從農村來的農民，到楊柳村的私塾學堂求見父親，我端上茶水接待客人之後，那位農民就跟父親談起徵兵的話題，當父親作了一番說明時，那位農民就從腰袋內拿出一條用布包好的錢幣，交給父親，父親立即把錢幣放在書桌上，並以嚴肅的態度面告那位農民說：「我生平做人一向是堂堂正正，做事也一直是規規矩矩。這些錢請你帶回去，我是不會接受的。」那位農民聽了父親的話以後，只好把錢幣裝回腰袋了。等那位農民離去時，父親對我說：「剛才那位客人，是希望不徵他的兒子去當兵，若是我收了他的錢，將來能徵誰的兒子去當兵呢？做事情一定要公正無私，光明磊落，一視同仁，這樣才能心安理得，理直氣壯。」父親這一席話，對我成長以後處理任何事務，有著莫大的啓示。

先父的身體一向健壯，但是禍福不可逆料：早在民國三十三年，抗日戰爭末期，他曾因感冒引發了重病，整天高燒不退，日不思食，夜難成眠。在兵荒馬亂時期，爲了逃避國軍拉伕，日軍騷擾，晝間不敢待在家中，我只好陪他躲在附近山谷的叢林內，過著憂慮不安的日子，正因爲缺乏良好的醫療設施和休養的環境，他的病情已到了相當嚴重的程度。就現代醫學的觀點來看，可能是因爲罹患重感冒所引起的併發症。所幸父親的求生意志堅強，神智也很清醒。託二姑丈譚龍仔先生請來一位中醫師名叫周吉人先生，到家中來爲父親診斷，經把脈後認爲病情危險，勉強給他開了一紙處方，趕快到浣溪墟，由王秀池先生開設的中藥鋪，撿了幾帖中藥回來，當夜煎了一帖服用。迨至第二天早晨，周醫師再來把脈時，認爲病情有了轉機，家人聽到以後，無不欣喜若狂，連服三帖之後，病情由穩定而漸趨康復。從這一事件開始，不僅使我相信「吉人自有天相。」抑且使我對中藥的療效，有著深刻的印象。如果父親當時不治，我家的情況，早就不堪想像了，我自己也就不會有什麼好的發展了。

先父信奉佛教，也信道教，但不迷信，對我鄉前述有關道士的巫術，他有著不以爲然的看法。而先母則信鬼神，前文所提先父在抗日戰爭末期，因感冒所引發的重病，當情況危急時，先母曾請了道士到家中來「驅鬼」，可是在作法事的時候，不讓先父知道，當先父聽到外面的嘈雜聲音，問是怎樣的一回事時，先母則假借其他事故，向先父作善意的欺騙。若說是請道士來「驅鬼」、「作法」，先父就會大發雷霆的。

先母譚氏，是我縣湖口鄉石井村人。秉性仁慈賢淑，是一位敦親睦鄰、克勤克儉，相夫教子的典型婦女。先母對待我們家中所有的親友，或是鄰居，都很寬厚，特別是對發生急難病痛的，只要得到消息，一定會想方設法去幫助、救濟的。至於對那些身體健康，好吃懶做的年輕人，向她請求救濟時，就不太願意接納，但會心平氣和地勸導那些人要勤儉樸實，刻苦耐勞，自力更生。在我們兄弟姐妹年輕時期，也經常教導我們：錦上添花的工作，不必去湊熱鬧，雪中送炭的事情，要儘快地去做。

先母對於人我之間的是是非非，都不願計較。記得有一天，鄰居把死豬的內臟，故意放置在我們家的豬舍內，意圖使我家的豬隻感染瘟疫。當我們發現之後，要向鄰居提出抗議時，先母就勸導說：「我們都沒有親眼看見是誰放置的，怎麼可以隨便向別人提出抗議呢？算了吧！是非公道自在人心。」經先母教導之後，我們也都無話可說了。她的心意是：抗議除了傷害彼此的感情，使鄰居難堪之外，也是毫無意義的。她對先父剛直的性格，非常了解，每當對某些問題的意見或看法有所不同時，她都盡量地去迴避，不願意跟先父發生爭執或衝突。譬如在抗日戰爭期間，先父任職保長時，因爲徵兵的案件被徵屬控告，經茶陵地方法院判決先父勝訴，而敗訴的徵屬則心有不甘，於是在某一天的深夜，率衆來我們家謊報：「新甲先生因官司打敗了，已被法院收押，法院要我們來拿保裡面的壯丁名冊去查驗，然後才能釋放」……云云。當時先父還沒有回到家，而先母又不識字，在不了解事實眞相之前，當然也就沒有這一方面的判斷能力。待請來姑丈譚龍仔研討後，認爲救援先父重要，於是將壯丁名冊交由素不相識的人取走。時隔約一小時許，先父在歸途中巧遇那些來取名冊的人，將被騙取的壯丁名冊索回，一進到家門即怒火衝天，認爲像這樣重大的事情，不可被騙上當。先母深感事態嚴重，爲了避免發生衝突，立即跑去屋後的叢林中躲藏起來。當時，我雖然年輕，但也知道先父的性格，於是陪著先母在後山坐著，一直待在天亮，請到姑丈和鄰居來解圍之後，總算平息了一場風波。事後聽先父告訴我們，敗訴者之所以要來家裡騙取壯丁名冊，是爲了要把名冊加以變造，以達到脫罪的目的。足見那些爲非作歹的人是多麼的狡滑。

先母治家非常勤勞節儉，她知道家裡的稻田不多，收成的稻穀只夠自家食用，爲了節省一些米穀，換點現金貼補家用，並且幫助我上學，所以，一日三餐，除了接待客人都煮米飯之外，自己食用多半搭配一些甘藷。副食品方面，一年四季的蔬菜，都是親自種植。在我年長之後，每當寒、暑假期間，也會幫助先母做一些灑掃庭院、搬運柴火、到菜圃灌溉、鬆土、除草、施肥等粗活。因此，我在年輕時候，就養成了克勤克儉的習慣。

先母雖然未曾啓蒙讀書，但很明禮尙義。在我記憶之中，大姑和三姑的家境貧窮，有時候回來向先母訴苦，先母聽了之後，都能體會到她倆的心意。因此，每當姑姑離去時，總會主動把家中現有的食物，諸如大米、花生、食油、雞蛋等等送給她們，絕對不會讓姑姑空著手回去的。從這些細微末節的事情，便可看出先母仁慈、寬厚的一面了。正因爲我懷念先母做人處事的嘉言懿行，使我又想起先母在我們兄弟姐妹年輕時，也會把一些古聖先賢的諺語，諸如：「錢財如糞土，仁義値千金」、「寧可負我，切莫負人」、「一年之計在於春，一日之計在於晨，一家之計在於和」、「是非終日有，不聽自然無」、「從儉入奢易，從奢入儉難」、「良田萬頃，日食一升；大廈千間，夜眠八尺」、「衙門八字開，有理無錢莫進來」、「虧人是禍，饒人是福」等等唸給我們聽。我覺得先母的寬厚仁慈，主要是天性使然。

舊時代的農村家庭，存有男主外，女主內的觀念。但是先母並不如是想。她除了管理家務之外，農田莊稼的粗活，有時候也得親自動手。尤其是先父在遠處塾堂任教時，她也會僱用臨時工來幫忙莊稼事務，同時一起下田操作，一方面能減少僱用人數，再方面也可收親自督導的效果。

先父先母平日的穿著非常樸素，所用的棉布，都是自己田裡種植的棉花，經紡織、染色而成的。每隔二、三年就請幾個裁縫師傅到家裡來剪裁、縫製。在先父母的心目中，穿著方面，只要是不破不爛，整齊清潔，就很好了，就是出去做客，也沒有什麼特別華麗的服飾。

我家的環境，在先父、母這一代，雖然是過著清寒的生活，但是對於我們兄弟姐妹的溫飽、健康以及做人處世的道理，都隨時在關心著。特別是對於我的培育，更加是想盡了種種辦法，克服了重重困難，幫助我完成了中等教育。這在當年不僅是我家的一件喜事，而且是我們「德星堂」上全體宗親額首稱慶的一樁大事。

民國三十八年（公元一九四九）七月二十一日，農曆六月二十六日，父親噙著淚送我出來從軍報國時，走在路上還耳提面命的叮嚀著我：「在外面做事，要服從長官，友愛同事，守法務實，隨時注意保健，認清死生有命，富貴在天的道理。」這短短的幾句話，至今仍是言猶在耳，可是在當年卻沒有想到竟成爲教導我的遺言了。今日回想我家從前困苦的環境，體念父母撫育我們兄弟姐妹的劬勞，以及栽培我的苦心，眞有「樹欲靜而風不息，子欲養而親不待」的感嘆！

民國三十八年（公元一九四九）八月二十七日，跟隨前陸軍訓練司令部招生團來到臺灣以後，在部隊過著士兵及基層幹部生活的十年當中，大家對反攻大陸滿懷信心，所以都沒有在臺灣結婚成家的打算。到了民國四十九年三月二十九日，我在陸軍裝甲兵司令部服務時，參加茶陵同鄉吳長生先生的結婚喜筵後，吳先生就將住在臺灣省雲林縣西螺鎭，也就是西螺望族程永德先生的長女程梅小姐，介紹和我認識，經交往約半年時間，彼此都有著情投意合的好感。爲了婚後能過著同甘共苦，互信互助的日子，我曾經把軍人的生活環境和有限的薪資狀況，一一說明清楚，程梅當時無任何意見。我認爲姻緣好合的時機已經來到，必須好好地把握。於是就和先父的同窗譚訥老先生夫婦、茶陵同鄉蘇健哲先生夫婦、同宗陳孟從先生夫婦，以及老家近鄰也是高中的學長鍾政寬先生等共商結婚大事，他們都支持我的主張。經簽報司令蔣緯國將軍核准，於民國四十九年十一月二十日，在臺中市府後街陸軍裝甲兵俱樂部舉行結婚典禮。眞是千里姻緣一線牽，有情人終成眷屬。

我結婚時的官階是陸軍政戰上尉，每月薪資僅新臺幣三三〇元，結婚第一個月的房租是新臺幣二〇〇元，爲了減輕負擔，只住了一個月，就搬進另一處違章建築的房屋去住了，那家房東每月只收我房租一二〇元。蘇健哲先生到舍間來看我，發現我用餐缺少餐桌，就把他家精製的茶凳借我使用，由此可見當時的生活，是何等的清苦。因爲缺少固定的眷舍，加上職務調動頻繁，且先後去政戰學校初級班、補修學分班（高級班）、政戰研究班接受教育，打自結婚之日起，至民國六十六年十月十六日止，總共搬了十一次家，才算安定下來。其中使我念念難忘的，就是搬到臺中市練武路陸裝中村，住在前陸軍裝甲兵司令部政四科科長王震上校（後來任臺灣警備總司令部公關室主任時晉任陸軍少將）的官舍不久（王將軍因去政戰學校政戰研究班受訓，全家暫遷臺北縣新店市，囑我住進其官舍，以便減輕我租屋的負擔，這份愛護的美意，至今我仍是萬分的感激。）奉命去政戰學校初級班接受為期二十八週的專科訓練，這時內人正有身孕，獨自住在一幢約百餘坪的房屋和庭院，對一個結婚不久的女性來說，心裡難免有些恐懼，使我在學校受訓也放不下心來。於是又搬到臺中市水源路，和湖南同鄉的長輩唐振坤先生夫人，以及政戰學校一期體育學系譚其龍學長夫人，共同住在一幢房屋內，有了唐、譚二位大嫂的關照，才使我在受訓期間無後顧之憂。

內人秉性善良，仁慈寬厚，以往無論在任何地方居住，和鄰居相處，都是一本嚴以律己，寬以待人的原則，做到敦親睦鄰，濟困扶危。若是要送給別人的東西，一定是選擇最好的，不好的則留給自己。對於鄰里親友的困難，她也會一本人饑己饑，人溺己溺的精神，全心全力，想盡辦法幫助解決。記得在臺中市育英路居住時，鄰居黃邦洲先生的太太王尾女士，因家境困難，三個小孩教養費用浩繁，負擔頗重，很想湊一個互助會，以求紓困。可是鄰居的太太們雖然對黃先生的困境，非常瞭解，但是意願都不太高。黃太太便請內人出面設法幫助，內人立即表示同意，並願擔任會首，從此鄰居的太太們也都願意參加，黃太太的困難，便迎刃而解了。

民國六十六年秋，我家搬來臺北市之後，黃邦洲先生（係少校退伍軍官）於民國六十九年一月十四日，因腦血管阻塞，神智不清，病情嚴重，由黃太太送往臺北榮民總醫院，經初步治療，情況略見好轉，黃太太即於十六日十一時返回臺中，不料於當日下午二時許，程梅接獲榮民總醫院一位病友賈先生的電話，謂黃先生的病情惡化，醫師強調必須開刀，但應有負責人出面簽字，內人立即趕往簽字，經開刀之後，病情果然好轉，於同月二十八日出院。黃先生夫婦對內人的緊急救援，曾不斷地表達感激之意，但內人認爲這是應該做的事情，根本不足以掛齒。

刻苦耐勞，節儉樸實，是內人治家的唯一要訣。當年的職業軍人，極大多數都是白手起家的，我自然也不例外。我和內人結褵後，每月薪資收入的確有限，維持生活困難多多，尤其是於第二年生下長男定輝以後，經常陷於入不敷出的窮境。民國五十一年秋，住在桃園中壢自立新村，定輝患病，內人向鄰居借貸新臺幣伍拾元，帶往桃園源芳小兒科去求診，在途中不慎遺失，等到診斷完畢，支付醫療費時，才發現口袋內的鈔票不翼而飛，內人感到很難爲情，在萬分焦急中，幸得醫師慨允，等下次一併給付，才化解了尷尬的場面。在那一段時期，我們都是靠借貸兩個月的薪餉過日子的，例如二月份的薪餉，早在元月份即已一併借支了，等到二月份發放薪餉後，立即借支三月份的薪餉。這種現象一直到民國五十三年蔣故總統經國先生時任國防部副部長，把軍人的待遇改善之後，才廢止了借餉的規定。

借餉度日的滋味，確實不好受。可是內人並不以爲苦，常以「別人可以過，我們爲什麼不能過？」來慰勉自己。在照管家事之餘暇，曾利用客廳充當工廠，從事各種手工藝品加工，諸如串雞毛、刺繡、剪除手帕、手套線頭、針車作業、糖果包裝等等，在一面撫育小孩，一面從事副業，賺取工資補貼家用的狀況下，對當年生活的改善，的確發揮了開源的功效。

居家生活，開源和節流，是同樣的重要。內人除了勤勞之外，在生活方面的節儉，是鄰居親友們耳熟能詳的。她一日三餐的飲食，是非常的清淡，一粥一飯，常思來之不易，縱然是早餐剩餘的稀飯，也得留作中餐食用，一點也不浪費。衣著更加簡樸，三、五年也難得添購一套新裝。她那種不慕虛榮，不趕時髦，以及從不參與打牌賭博的美德，對於我在事業上是一種很大的幫助。

我和內人自民國四十九年十一月二十日結婚以後，第二年即生長男定輝，第六年又生次男建宏。長年以來，我若不是在學校受訓，就是在部隊服務，在聚少離多的情形下，家裡的一切事務和對孩子們的撫育，全由內人一肩承擔，所幸她有著明大義、識大體的胸襟，和不避艱險，無畏窮困的度量，把孩子們的生活和健康照顧得無微不至。縱然孩子有了病痛，也都不願讓我知曉，使我在工作上能安心盡力，毫無後顧之憂，這的確稱得上是賢妻良母的典型。

長男定輝，於民國五十年十月十九日（公元一九六一年，歲次辛丑九月初十日）出生於臺灣省臺中市陸軍八〇三總醫院。民國六十三年以滿分第一名畢業於臺中市立成功國民小學，小學六年當中，每學期都名列前茅，共得獎狀二十四幀。民國六十六年臺中私立衛道中學初中畢業後，同年考取臺北市建國中學。民國六十九年建國中學高中畢業後，立即考取國立臺灣大學法律系司法組。民國七十三年畢業後，以第一名考取軍法預官，分發陸軍新化師服預備軍官兵役，任少尉書記官，服役期間因工作績效優異，奉陸軍總司令蔣仲苓上將頒發獎狀乙紙。民國七十五年退伍後，歷任臺灣大學環境工程研究所研究助理、外交部亞西司秘書。民國七十八年留學美國南美以美大學，於取得法律學碩士後，進美國德州大學達拉斯分校政治經濟研究所研究。民國八十年六月二十日返國次日，參加財政部人才甄試，在參與考試的十一名碩士當中，錄取三人中之一，分發該部保險司任職專員，現已晉爲薦任九職等。因工作主動，熱心負責，積極進取，且績效優異，於民國八十六年六月二十日，膺選爲當年模範公務人員，奉財政部核頒獎狀乙紙（臺財人字第五八四號），並奉銓敘部民八十六年六月十八日八六臺甄二字第一四六四〇七二號函登記在案。這的確是一大殊榮，也是值得欣慰。

定輝資質聰慧，稟賦敦厚，生活儉樸，沒有吸煙、喝酒、賭博、遊蕩等不良嗜好。從小就愛好讀書，打自幼稚園到大學畢業，前後十八年期間，從無請假、缺課的紀錄。民國六十六年四月，我在金門烈嶼（小金門）駐防，定輝就讀臺中衛道中學初中部即將畢業時，因感冒發燒超過四十度，經由臺中陸軍八〇三醫院治療，於注射退燒針後，不願請假，立即趕回學校受課，由此便可看出他勤學上進的一般。定輝不僅愛好讀書，而且喜歡購書、藏書，凡發現坊間有可讀，且值得一讀的新書，縱然手頭不夠寬裕，他也會毫不吝惜地購買回來，且手不釋卷的閱讀。正因爲他的學識淵博，品行端正，才能卓越，所以自小學至大學，都曾膺選爲班長或班代。民國七十九年在美國南美以美大學進修碩士時，被選爲該校代表參加我國于同年六月六日在休斯頓所舉行的國是會議。也正因爲他具有見多識廣的優點，因此在工作上深獲長官倚重，同事讚許，是我家子弟追求上進的好榜樣。

定輝於民國七十八年去美國留學前，和國立臺北工業專科學校化工科畢業的周芷巧小姐結婚。芷巧爲人誠正，心胸開闊，具有刻苦耐勞，節儉樸實的美德，她在定輝留美期間，從事家庭褓母工作，以補貼家用。自民國八十年隨定輝返國後，歷任臺北市立葫蘆國民小學代課教員，民國八十四年進入中國產物保險公司任職，因工作努力，績效優異，英文造詣頗佳，甚得長官器重，於民國八十五年六月奉派去英國倫敦接受業務講習。後於八十九年轉任一全球知名之企管顧問公司服務。在工作勝任愉快之餘，每星期六下午，主動定時回到我家清掃房屋，整理庭院，從無怨言，是陳家的賢淑媳婦。

定輝、芷巧倆夫婦自民國七十八年結婚之後，於民國八十年（公元一九九一年）二月六日（歲次庚午年臘月廿二日）生長女薇吉，民國八十二年（公元一九九三年）一月二十六日（歲次癸酉正月初四日）生次女薇名，她姐妹倆聰敏伶俐，活潑可愛，在國民小學讀書的總成績，每學期皆得前三名，是我陳家最被看好的優秀子孫。

次子建宏，於民國五十五年一月二日（農曆歲次乙巳年十二月十一日）出生於臺北市。在臺中市立成功國民小學修學三年，力行國民小學修學二年，民國六十七年畢業於臺北市立文林國民小學。其中雖因搬家兩次，造成學習環境的不安定，可是畢業成績仍然名列前茅。就讀臺北市立士林國民中學時，因二年級的數學成績不理想，三年級也追趕不上，畢業後參加高中聯招，考取了臺灣省立板橋高中。五專聯招，也考取了國立臺北商業專科學校。經仔細評估，板橋路途較遠，往返頗費體力與時間，畢業後感受升學壓力頗重，於是便選擇了臺北商專，民國七十六年畢業時成績優異，並考取了預備軍官，該校楊校長和軍訓主任教官極爲讚賞。事實上五專畢業生在當年考取預備軍官的人數較少，我和內人感到非常榮耀。臺北商專楊校長承彬先生邀請我於六月六日在應屆畢業生畢業典禮時，代表學生家長致詞，感謝全校教師和員工對學生的教導和照顧。

建宏聰穎活潑，從小便喜愛軍營生活，每年寒暑假，一定要抽出時間，陪我在部隊待上一、兩個星期。民國七十六年至七十八年服行預備軍官兵役時，奉派至陸軍防空飛彈指揮部任少尉軍官，因熟諳軍中狀況，不僅在生活上很能適應，工作方面也勝任愉快，所承辦的業務，歷經陸軍總部評比，迭獲三次優等，累積大功乙次。建宏於服兵役期間，在耳濡目染的情況下，體驗最深的，是處在知識爆炸的時代，學術必須與時俱進，否則將會被時代淘汰。基於這一認知，於退伍後，未曾進入補習班接受補習，也沒有徵得父母親的同意，悄悄地去參加中國文化大學政治學系的插班（轉學）考試，放榜時果然獲得錄取，消息傳來，全家都爲他高興。自民國七十八年至八十一年在該校就讀三個學年期間，每學期的成績，都是名列前茅，且都獲得獎學金，民國八十學年度還獲得中央日報代辦嘉新水泥公司所頒贈的獎學金，民國八十一年，以全系第一名畢業。在畢業當年，報考研究所時，同時獲得國立政治大學公共行政研究所、國立臺灣大學政治學研究所、中國文化大學政治學研究所的錄取。尤其文化大學政治學研究所，是以第一名成績錄取，依該校的規定，每月可獲研究生研究費新臺幣一萬二千元，惟建宏經審慎評估，認爲行政工作是服務社會，報效國家的最佳途徑。因此棄文大而選擇政大公共行政研究所，主修行政組織管理相關課程，至民國八十四年以「組織學習理論應用於行政革新之研究」一文，獲得碩士學位。

教學相長，是建宏上進的基本觀念。在一面尋找工作，一面追求進步的過程中，先應政治作戰學校和國立空中大學附設行政專科學校的聘請，分別兼任各該校的講師，於同年十一月，參加考試院考選部主辦的臺灣省公務人員基層（乙等）考試，於民國八十五年一月十一日發榜，終於獲得錄取，並爲臺北縣一般行政科錄取名額中的榜首。在同一時期，也榮膺國立政治大學甄選爲公共行政學系的專任助教。爲使未來在行政工作方面，開創自己的前程，毅然請求政治大學將專任助教的甄選案，立即予以註銷。於民國八十五年一月二十七日向臺北縣政府報到，奉分發於新店市市民代表會任組員，並經公務人員保障暨培訓委員會訓練半年期滿，成績及格，由考選部於民國八十五年十一月二十三日頒發考試及格證書乙紙，正式取得了公務人員的任用資格。至民國八十七年五月奉臺灣省政府核定調任臺灣省農林廳林務局任課員。因品學兼優，才能卓越，績效優異，深得其長官器重。復於民國八十八年七月，因臺灣省實施「凍省」，改隸於行政院農業委員會，旋於同年十月調升專員，至民國九十年四月又調任爲課長。

建宏不僅在研究學術方面很認眞，對參與學校的社團活動也很積極，他就讀於國立臺北商專時，曾榮獲校長盃攝影比賽彩色組銀牌獎乙面、七十五年度大專學生寒假集訓心得寫作比賽榮獲佳作獎。在服行預備軍官兵役，參加政治作戰學校預官第三十七期受訓期間，獲頒績優榮譽狀乙紙。這些榮譽，都是憑藉他的學識、品德、才能，所換取得來的，不只使我們全家感到榮耀，也為建宏未來的事業前途，平添了堅定不移的信心。

建宏從小便養成了勤勞儉樸的習慣，五歲就懂得使用金錢，去商店購物，六歲就會幫助他母親淘米、煮飯做家事。就讀五專四年級，即學會駕駛汽車，初試便通過了駕照考試。到了大學，除熟悉去菜市購買平日家中所需主副食品外，對於汽車保養和料理家庭事務，可說樣樣精通。特別是家中的水電檢修，根本用不著請水電行來動手了，使家庭節省了不少的開支。民國八十六年二月二十七日，建宏和臺灣省南投縣籍的李婉君小姐結為連理，婚禮假臺北市希爾頓大飯店舉行，應邀出席的貴賓，可說是將星雲集（經統計上將三位、中將二十三位、少將六十五位），高朋滿座，在謹慎印發請柬的情況下，仍然席開四十六桌，眞是盛況空前，熱鬧非凡。婚禮恭請我國前駐巴拉圭大使，時任總統府國策顧問王昇上將福證，前政治大學公企中心主任、公共行政研究所所長，時任國立政治大學專任教授，也是建宏碩士論文指導教授吳定博士，以及考試委員，國立政治大學前公共行政學系主任許濱松教授，分別擔任男、女雙方的介紹人。證婚人化公王上將致詞時，除嘉許建宏在學業上奮發向上的精神外，並以「負責、創造」四個字訓勉建宏和婉君，使這對年輕夫婦今後在做人處世和成家立業方面，有了努力的方向和奮鬥的目標。男方介紹人吳博士致詞時，特以「互信、互敬、互助、互諒」訓勉這對新婚夫婦。我以主婚人的身分，在致謝詞時，以高興、光彩、榮幸、感激四個要點，表達我當時心目中的溫馨和感受。婚禮和喜宴，合計兩個半小時，眞是賓主盡歡，全程洋溢著歡欣、希望和期待。至喜宴結束，恭送貴賓時，並蒙證婚人王上將和新郎、新娘男女雙方主婚人合影留念，這不僅爲我和親家李府留下了化公老師慈祥的笑容，也賜予新郎、新娘莫大的鼓勵。

二月二十八日，我剛起床，就接到政戰研究班同期同學胡清雲將軍的電話，他說：「昨天晚間的喜事，自始至終每一項安排，都是有條不紊，主婚人致詞的那幾句話，簡單、明瞭、溫馨感人，眞是無懈可擊。尤其是化公懷著興奮愉快的心情，全程參與，使我們羨慕得有點嫉妒」。另有老同學馬家珍將軍、王子翰將軍、榮暄北將軍等都在電話中，對我所主辦的那樁喜事，表示讚賞，認爲做得非常成功。同村的鄰居孫俊傑將軍，也當面賜予誇獎，說從我所辦的喜事當中，就可以看出我做人做事的態度，的確令人羨慕。還有當年從幹校畢業同在前臺中師管區步一團第三營共事的劉新旭學長，從臺中寫信來誇讚我說：「二月二十七日的喜事，計畫周密，準備充分，從頭到尾，環環相扣，毫不冷場，殊値悅服。」同一紙命令分發在上述單位共事的曾易之學長，也賜予同樣的讚賞，並對我致謝詞的內容，極爲誇獎。茶陵同鄉譚浩斌先生來電話，說我家的喜事，是爲茶陵人爭光的一樁喜事，參與喜宴的茶陵同鄉，都爲我高興。從上述的各種獎飾之詞，使我體會出「凡事豫則立」的古訓，的確是很有道理的。

次媳婉君，出生於南投草屯的農村，從幼便養成了刻苦耐勞，節儉樸實的生活習慣。先畢業於私立醒吾商業專科學校國際貿易科，在一家私人企業任職時，深感學識是事業的基石，要想在事業上謀求發展，必須具備高深的學識和高一層級的學歷。因此先克服了心理上的困難，再設想到就學貸款的途徑，把握了這個努力的方針之後，皇天終於不負苦心人，於民國八十一年插班考取了私立淡江大學企業管理學系。民國八十四年畢業後隨即參加考選部主辦的臺灣省基層特考乙等財稅行政人員及格。民國八十五年六月在陽明山臺北縣公務人員訓練班接受職前訓練時，有緣認識了建宏，經過一段時間的交往，彼此有著情投意合，信守終生的情懷。我和內人都是平民出身，替孩子們擇偶，一向沒有門當戶對的觀念，而且認爲婉君人品端莊，生活儉樸，不慕虛榮，將是建宏的賢內助，於是很快促成了這對年輕人的婚事。

婉君自考取基層財稅行政人員特考，分發臺北縣坪林鄉鄉公所任職以來，因爲工作勝任愉快，能發揮主動負責、互助合作的精神，所以深得她長官的器重，同事們的讚譽。在二月二十七日的婚禮中，坪林鄉鄉公所的全體員工，男男女女全都到齊了，特別是黃鄉長銘豐先生，代表來賓致詞時，對婉君的品貌、學識、才能，以及苦讀、苦學、苦幹的奮鬥精神，表示肯定和嘉許。我們全家的人聽了以後，感到格外的喜悅，也爲建宏娶得了賢妻而感到慶幸。

婉君於民國八十七年七月一日，奉臺灣省政府核定，調該省農林廳林務局任職。復於民國八十八年五月，因臺灣省實施「凍省」，調任行政院公平交易委員會服務，雖然都不是她的專長，但因資質優異，勝任亦極愉快。

建宏和婉君，不僅對職務和工作環境同感滿意，而且在心想事成的期盼之中，於民國八十九年四月十二日（農曆庚辰年三月初八日）喜得長子暐中，活潑可愛，料想也將是我陳家可期的好子孫。

我家從先祖父　茂桂公開始，始知讀書識字的重要，據父親告訴我說：祖父因不識字，有一次在放水灌溉稻田時，曾被某一不通情理的莊稼漢毆傷。由於不甘受別人欺侮、壓迫，所以促使先父啓蒙讀書，冀望能成爲知書達理的人。到了父親這一代，我家正式成爲半耕半讀的家庭。父親、母親含辛茹苦，縮衣節食，供給我由私塾到完成中等教育，其動機不只是希望我能知書達理，消極的不受別人的欺侮，並積極的能夠服務社會，報效國家，不曾想到藉讀書去謀求升官發財的出路。從這裡便可知道我家世代相傳，都寄望於後代子孫能誠誠懇懇做人，實實在在做事，不搬弄是非，不爭功諉過，不貪贓枉法，不替人做保，不任意興訟。做一個正大光明，腳踏實地的好國民，奉公守法，敬業樂群的好公僕。我也希望子子孫孫們代代傳承，每一個人至低程度都要大學畢業，並具有自己的專業知識，或專業技能，做一個克苦耐勞，節儉樸實，崇法務實，有爲有守的中華兒女，炎黃子孫，爲國家的利益，民衆的福祉，奉獻自己的智慧和心力，縱然學能不足，也應盡自己的力量，服一人之務，造一人之福，絕對不做危害社會人群的事，才不辜負我列祖列宗的期許和厚望。

在嚴父兼嚴師的諄諄教誨下，使我在群己、是非、得失、義利、毀譽、進退之間，有著取捨、抉擇的準據。

第三章　私塾啓蒙數從頭

讀書，在我家鄉是件很不平凡的事。以當時的眼光來看，凡是讀書人的家庭，不但不會遭受別人的欺壓，而且能獲得地方人士的尊敬。到了　先父新甲公這一代，不僅重視讀書，更積極的希望讀書人能為國家和社會貢獻心力，造福人群。正因為　先父有這樣的遠見，所以當我年滿六足歲的那一年，在他親自教導下，就讓我啓蒙了。

所謂「啓蒙」，就是舉行一項簡單的祭孔儀式。讓孩子們正式開始上學讀書。在那個時代，啓蒙是家中的一件隆重大事。記得在我啓蒙的那一天，身穿一襲長袍，家中供奉三牲和水果，祭告聖人孔老夫子。我那時除了覺得很好玩以外，其他甚麼都不懂。當　父親上了三柱香以後，要我跪在用紅紙寫的那張「大成至聖先師孔子之神位」前叩頭作揖，這就表示完成了啓蒙的儀式。

啓蒙以後，我就正式入塾了。最初是學習認字，也就是要認識「上大人孔乙己……」之類的字，並學習寫字，寫字的第一步，就是「描紅」。即先生（指老師）寫了紅字，學生就用墨筆在「紅」字上面「描」，這就叫做「描紅」。在我認得了一千多個字以後，就正式開始讀書了。我最早讀的是「三字經」和「增廣昔時賢文」。接著讀「四書」、「幼學」、「詩經」、「鑑略離句」、「論說文範」。那時候私塾的教育方法，不知道由淺而深，循序漸進。一開始便是很艱深的課業，根本就不是啓蒙年齡的學童所能了解和負擔得了的，我當時的記憶力雖然不差，可是悟性不高，所以讀起來就覺得很費勁。

當年私塾學堂的教學要求，極爲認眞。如果用現在的眼光來看，簡直不可思議，也覺得非常好笑。我印象最深的，就是在私塾學堂內，約有十幾個學生，大家都擠在一間小小的屋子裡，每兩個學童共用一張長方桌，先生的方桌，是安置在最容易監視全體學生動靜的位置，對學生的管教，非常的嚴格，教學的方法也很呆板，通常不替學生講解書中的意義，只令學生硬背、死背，以能背誦得滾瓜爛熟爲度。先生規定某部書從第幾章起，逐日背誦，自一本累積至十餘本，都要從頭背誦下去。學生如果背誦的欠熟練，先生就把整疊的書本甩到地上，等到熟讀之後再來一一從頭背誦。至於書中的意義是什麼，學生是不甚了解的。

先生的桌上備有一塊長方形的竹片，頂端是竹子的節頭，通稱爲「戒方」，學生若不守規矩，或背書背不下去時，先生就用「戒方」敲打他的頭部或手心，打破打腫，都是司空見慣的事。有時，先生的桌子旁邊還放置一根很長的竹竿，如果發現學生交頭接耳，妄言妄動，或者打瞌睡時，先生毋須離開座位，就拿起竹竿，當頭打去。因爲屋子小而竹竿長，所以課堂內每個學生的頭，他都鞭長可及的。

從前學生的家長，都有著同樣的觀念，認爲嚴師出高徒。先生越嚴，學生們進步越快。因而作先生的也以作嚴師自豪。這種教學方法，用今日眼光看來，似乎難以啓發學生的智慧。致使一般學生都視書房爲畏途，每當提起先生，就有敬而畏之的感覺。我在當年讀私塾時，自然也不例外，因爲 先父是一位秉性剛直，教學態度極爲認眞的老師。同學當中被斥責、挨打、扭眼皮的，極爲尋常，那時候我實在感到有些無奈，對讀書已覺得沒有什麼興趣。不過現在回想起來，還是受益良多。

談起讀私塾，還有一點使學童感到無奈的，就是很不自由，因爲學童都被關在書房內唸書，每日多至十餘小時，沒有戶外活動，唯一可以溜出書房，閒散片刻的機會，就是藉口小便，或上「大號」，這是先生無法管束到的。因而從書房中出去「小便」或上「大號」的學童，常常是川流不息的，造成公然欺騙的惡習，也影響學童的心理很大。如今回想當年的情形，實屬好笑。

我鄉設立私塾的慣例，是由一位比較富有的人出面請師設塾，課其子弟，左鄰右舍的學童都來入塾讀書。塾師的束修，都是由學生的家長分別以食米或銀錢給付的。而敦請塾師的「東家」，除了給付束修外，並須供給學童的書房和塾師的住所。

先父在遠地任塾師時，平日生活所須的柴火、食米、蔬菜等都由當地學生家長供應。食油、食鹽及其他副食品，都從自己家中帶去。先母設想非常週到，每當我隨 先父離家去塾堂時，都準備一些食物，諸如炒熟的花生、燻好的臘肉、香腸，乾貨等等給我帶著。先父利用學童放學之後，自行著手烹飪時，我便引燃柴火，並學習煮飯、炒菜、蒸菜的技巧。用餐時養成替 父親盛飯的習慣。餐後清洗碗筷、鍋瓢、掃地、抹桌等工作，全由我包辦。因爲我從小就已學會在廚房的各種家務事項，對我成年以後的獨立生活，的確有著很大的助益。

天下父母都有望子成龍，望女成鳳的心願，我家父母自然也不例外。尤其是 父親兼老師，承受「養不教、父之過，教不嚴，師之惰」的精神壓力， 父親對我嚴格的要求，可說到達「苛責」的地步。記得有一次在歡渡春節的大年初一，大家都在快快樂樂地過年，可是 父親就命我背書，因爲背誦不夠熟練，立即遭受鞭打，使我的頭頂也腫了一團， 母親聞聲趕來勸阻， 父親仍沒有息怒，在恨鐵不成鋼的期待心理，母親也連帶被揍，這是一件很不合情理的事。如令回想起來，覺得自己挨揍是應該的，可是因爲沒有把書背好，使 母親連帶挨揍，眞是愧疚萬分，不知何以圖報？

在私塾學堂內讀了六年的私塾， 父親看到我的資質高於一般學童，且於十歲時就能寫作簡單的議論文，這在親友們的心目中，也認爲我是一個可造之才。同時 父親已體察到時代在進步，知識正發達，年輕人要想將來爲國家社會服務，創造一番事業，非私塾學資所能承擔。於是在民國三十一年送我去茶陵縣文江鄉中心國民小學，接受新制的國民教育了。

我讀了六年私塾，當年會背誦的書本，雖然不能領悟其中的意涵，可是時逾五十餘年，今天如就篤學、審問、愼思、明辨的角度來看，體會有得而能見諸行事之間的，亦即對於我修身、治事、待人、接物方面的，實在是受益良多。謹就幼時背誦大學、中庸、論語、孟子，印象深刻，且行有所得的章句，述之如後：

《大學‧經一章》：大學之道，在明明德，在親民，在止於善。知止而后有定，定而后能靜，靜而后能安，安而后能慮，慮而后能得。物有本末，事有終始，知所先後，則近道矣。古之欲明明德於天下者，先治其國；欲治其國者，先齊其家；欲齊其家者，先修其身；欲修其身者，先正其心；欲正其心者，先誠其意；欲誠其意者，先致其知；致知在格物。

《中庸‧第一章》：是故，君子戒愼乎其所不睹，恐懼乎其所不聞。莫見乎隱，莫顯乎微，故君子愼其獨也。

《中庸‧第十四章》：君子素其位而行，不願乎其外。素富貴，行乎富貴；素貧賤，行乎貧賤；素夷狄，行乎夷狄；素患難，行乎患難。君子無入而不自得也。

《中庸‧第二十章》：子曰：好學近乎知，力行近乎仁，知恥近乎勇。知斯三者，則知所以修身；知所以修身，則知所以治人；知所以治人，則知所以治天下國家矣。

凡事豫則立，不豫則廢；言前定則不跲，事前定，則不困；行前定，則不疚；道前定，則不窮。

誠者，天之道也；誠之者，人之道也。誠者，不勉而中，不思而得，從容中道，聖人也；誠之者，擇善而固執之者也。

《論語‧學而第一》：有子曰：「君子務本，本立而道生。孝弟也者，其爲人之本與。」

曾子曰：「吾日三省吾身，爲人謀，而不忠乎？與朋友交，而不信乎？傳，不習乎？」

〈爲政第二〉：子曰：「視其所以，觀其所由，察其所安，人焉廋哉！人焉廋哉！」子曰：「人而無信，不知其可也。」「君子無所爭，必也射乎！揖讓而升，下而飲，其爭也君子。」

〈里仁第四〉：子曰：「富與貴，是人之所欲也，不以其道得之，不處也。貧與賤，是人之所惡也，不以其道得之，不去也。君子去仁，惡乎成名？君子無終食之間違仁，造次必於是，顛沛必於是。」子曰：「朝聞道，夕死可矣！」子曰：「士志於道，而恥惡衣惡食者，未足與議也！」子曰：「不患無位，患所以立。不患莫己知，求爲可知也。」子曰：「君子喻於義，小人喻於利。」

〈公冶長第五〉：子謂：「子產有君子之道四焉：其行己也恭，其事上也敬，其養民也惠，其使民也義。」這是孔子佩服大政治家子產的四項君子之道。

〈雍也第六〉：子曰：「賢哉回也！一簞食，一瓢飲，在陋巷，人不堪其憂，回也不改其樂。賢哉回也！」

〈述而第七〉：子曰：「默而識之，學而不厭，誨人不倦，何有於我哉？」這是教與學的道理所在。子曰：「飯蔬食飲水，曲肱而枕之，樂亦在其中矣。不義而富且貴，於我如浮雲。」子曰：「三人行，必有我師焉。擇其善者而從之；其不善者而改之。」

〈子罕第九〉：子絕四：毋意，毋必，毋固，毋我。子曰：「三軍可奪帥也，匹夫不可奪志也。」子曰：「知者不惑，仁者不憂，勇者不懼。」

〈顏淵第十二〉：子曰：「出門如見大賓，使民如承大祭。己所不欲，勿施於人。」季康子問政於孔子。孔子對曰：「政者正也，子帥以正，孰敢不正？」

〈子路第十三〉：子曰：「其身正，不令而行；其身不正，雖令不從。」樊遲問仁。子曰：「居處恭，執事敬，與人忠。雖之夷狄，不可棄也。」子曰：「剛毅木訥，近仁。」

〈憲問第十四〉：子曰：「君子恥其言而過其行。」子曰：「上好禮，則民易使也。」

〈衛靈公第十五〉：子曰：「志士仁人，無求生以害仁，有殺身以成仁。」子曰：「君子求諸己，小人求諸人。」子曰：「君子不以言舉人，不以人廢言。」子曰：「巧言亂德，小不忍，則亂大謀。」子曰：「過而不改，是謂過矣。」

〈季氏第十六〉：孔子曰：「益者三友，損者三友：友直，友諒，友多聞，益矣；友便辟，友善柔，友便佞；損矣。」孔子曰：「君子有三戒：少之時，血氣未定，戒之在色。及其壯也，血氣方剛，戒之在鬥。及其老也，血氣既衰，戒之在得。」

〈陽貨第十七〉：子張問仁於孔子。孔子曰：「能行五者於天下，爲仁矣。」「請問之？」曰：「恭、寬、信、敏、惠。恭則不侮，寬則得衆，信則人任焉，敏則有功，惠則足以使人。」子曰：「鄉原，德之賊也！」子曰：「道聽而塗說，德之棄也。」

〈子張第十九〉：子夏曰：「日知其所亡，月無忘其所能，可謂好學也已矣！」子夏曰：「小人之過也必文。」子夏曰：「君子有三變：望之儼然，即之也溫，聽其言也厲。」子夏曰：「仕而優則學，學而優則仕。」子貢曰：「君子之過也，如日月之食焉。過也，人皆見之；更也，人皆仰之。」

《堯曰第二十》：子張問於孔子曰：「何如斯可以從政矣？」子曰：「尊五美，屏四惡，斯可以從政矣。」子張曰：「何謂五美？」子曰：「君子惠而不費，勞而不怨，欲而不貪，泰而不驕，威而不猛。」子張曰：「何謂四惡？」子曰：「不教而殺謂之虐。不戒視成謂之暴。慢令致期謂之賊。猶之與人也，出納之吝，謂之有司。」子曰：「不知命，無以爲君子也。不知禮，無以立也。不知言，無以知人也。」

《孟子》：梁惠王章句上（凡七章）（註：下屬數目字之標示，均代表章句）

一、未有仁而遺其親者也；未有義而後其君者也。王亦曰仁義而已矣，何必曰利。

七、謹庠序之教，申之以孝悌之義，頒白者不負戴於道路矣。老者衣帛食肉，黎民不飢不寒，然而不王者，未之有也。（按：第三章也有同樣的句子）

梁惠王章句下（凡十六章）

三、齊宣王問曰：「交鄰國有道乎？」孟子對曰：「有。惟仁者爲能以大事小，是故湯事葛，文王事昆弟。惟智者爲能以小事大，故大王事獯鬻，句踐事吳。以大事小者，樂天者也；以小事大者，畏天者也。樂天者，保天下；畏天者，保其國；詩云：「畏天之威，于時保之。」

五、老而無妻曰鰥，老而無夫曰寡，老而無子曰獨，幼而無父曰孤—此四者，天下之窮民而無告者；文王發政施仁，必先斯四者。

公孫丑章句上（凡九章）

一、齊人有言曰：雖有智慧，不如乘勢；雖有鎡基，不如待時。

二、昔者曾子謂子襄曰：子好勇乎？吾嘗聞大勇於夫子矣：自反而不縮，雖褐寬博，吾不惴焉？自反而縮，雖千萬人，吾往矣！

三、孟子曰：以力假仁者霸，霸必有大國。以德行仁者王；王不待大，湯以七十里，文王以百里。以力服人者，非心服也，力不贍也。以德服人者，中心悅而誠服也，如七十子之服孔子也。

四、大甲曰：天作孽，猶可違；自作孽，不可活。

八、取諸人以爲善，是與人爲善者也。故君子莫大乎與人爲善。

公孫丑章句下（凡十四章）

一、孟子曰：天時不如地利，地利不如人和。

滕文公章句上（凡五章）

三、陽虎曰：爲富，不仁矣；爲仁，不富矣。

滕文公章句下（凡十章）

二、孟子曰：「居天下之廣居，立天下之正位，行天下之大道；得志與民由之，不得志獨行其道；富貴不能淫，貧賤不能移，威武不能屈；此之謂大丈夫！

離婁章句上（凡二十八章）

二、孟子曰：規矩，方員之至也；聖人，人倫之至也。欲爲君盡君道，欲爲臣盡臣道：二者皆法堯、舜而已矣。不以舜之所以事堯事君，不敬其君者也；不以堯之所以治民治民，賊其民者也。孔子曰：「道二，仁與不仁而已矣。」

三、孟子曰：三代之得天下也，以仁；其失天下也，以不仁。國之所以廢興存亡者亦然。天子不仁，不保四海；諸侯不仁，不保社稷；卿大夫不仁，不保宗廟；士庶人不仁，不保四體。

四、孟子曰：愛人不親，反其仁；治人不治，反其智；禮人不荅，反其敬。行有不得者，皆反求諸己；其身正，而天下歸之。詩云：「永言配命，自求多福。」

五、孟子曰：人有恒言，皆曰：「天下國家。」天下之本在國，國之本在家，家之本在身。

八、孔子曰：夫人必自侮，然後人侮之；家必自毀，而後人毀之；國必自伐，而後人伐之。太甲曰「天作孽，猶可違；自作孽，不可活。」

十、孟子曰：自暴者，不可與有言也；自棄者，不可與有爲也。言非禮義，謂之自暴也；吾身不能居仁由義，謂之自棄也。仁，人之安宅也；義，人之正路也。曠安宅而弗居，舍正路而不由，哀哉！

二三、孟子曰：人之患，在好爲人師。

二六、孟子曰：不孝有三，無後爲大。舜不告而娶，爲無後也。君子以爲猶告也。

二八、孟子曰：不得乎親，不可以爲人；不順乎親，不可以爲子。

離婁章句下（凡三十三章）

五君仁莫不仁，君義莫不義。

十三、孟子曰：養生者不足以當大事，惟送死可以當大事。

十六、孟子曰：以善服人者，未有能服人者也。以善養人，然後能服天下；天下不心服而王者，未之有也。

二十八、孟子曰：君子所以異於人者，以其存心也。君子以仁存心，以禮存心；仁者愛人，有禮者敬人。愛人者，人恒愛之；敬人者，人恒敬之。

三十、孟子曰：世俗所謂不孝者五：惰其四肢，不顧父母之養，一不孝也；博奕，好飲酒，不顧父母之養，二不孝也；好貨財，私妻子，不顧父母之養，三不孝也；從耳目之欲，以為父母戮，四不孝也；好勇鬥狠，以危父母，五不孝也。

告子章句上（凡二十章）

六、孟子曰：惻隱之心，人皆有之；羞惡之心，人皆有之；恭敬之心，人皆有之；是非之心，人皆有之。惻隱之心，仁也；羞惡之心，義也；恭敬之心，禮也；是非之心，智也；仁、義、理、智，非由外鑠我也，我固有之也，弗思耳矣。故曰：求則得之，舍則失之。

十、孟子曰：生，亦我所欲也；義，亦我所欲也；二者不可得兼，舍生而取義者也。

告子章句下（凡十六章）

四、宋牼將之楚，孟子遇於石丘，力勸宋牼曰：「……為人臣者，懷利以事其君；為人子者，懷利以事其父；爲人弟者，懷利以事其兄；是君臣、父子、兄弟，終去仁義懷利以相接；然而不亡者，未之有也！……爲人臣者，懷仁義以事其君；爲人子者，懷仁義以事其父；爲人弟者，懷仁義以事其兄；是君臣、父子、兄弟、去利懷仁義以相接也；然而不王者，未之有也！何必曰利？

十五、孟子曰：「……故天將降大任於是人也，必先苦其心志，勞其筋骨，餓其體膚，空乏其身，行拂亂其所爲；所以動心忍性，曾益其所不能。」

盡心章句上（凡四十六章）

一、孟子曰：盡其心者，知其性也；知其性，則知天矣。存其心，養其性，所以事天也。殀壽不貳，修身以俟之，所以立命也。

六、孟子曰：人不可以無恥；無恥之恥，無恥矣。

七、孟子曰：恥之於人大矣。爲機變之巧者，無所用恥焉。不恥不若人，何若人有！

十四、孟子曰：仁言，不如仁聲之入人深也；善政，不如善教之得民也。善政，民畏之；善教，民愛之。善政，得民財；善教，得民心。

十八、孟子曰：人之有德慧術知者，恒存乎疢疾。獨孤臣孽子，其操心也危，其慮患也深，故達。

二十、孟子曰：君子有三樂，而王天下不與存焉。父母俱存，兄弟無故，一樂也；仰不愧於天，俯不怍於人，二樂也；得天下英才而教育之，三樂也。君子有三樂，而王天下不與存焉。

二十五、孟子曰：雞鳴而起，孳孳爲善者，舜之徒也；雞鳴而起，孳孳爲利者，蹠之徒也。欲知舜與蹠之分，無他，利與善之間也。

〣王子墊問曰：「士何事？」孟子曰：「尙志。」曰：「何謂尙志？」曰：「仁義而已矣。殺一無罪，非仁也；非其有而取之，非義也。居惡在？仁是也。路惡在？義是也。居仁由義，大人之事備矣。」

以上所列的章句，無論是整章的，或是從一章當中所摘錄的句子，都是我過去數十年來，在群己、是非、得失、義利、毀譽之間發生疑慮時，用理性作爲取捨、抉擇的準據。因此，我檢討幼年時期所受的私塾教育，雖然只會背誦，而不能有所領悟，甚至受到鞭撻，覺得非常痛苦，可是對於我一生在做人處世、進德修業方面，實在是受用不盡的。也正因爲有著這樣的感受，使我對嚴父兼嚴師的苦心教導，益增懷念與感恩！

第四章　戰亂時期受完中等教育

我以就讀一流中學為榮，但回想當年中共在湖南省立二中所掀起的學潮，餘悸猶存。

父親雖然是個鄉間的私塾先生，可是您的觀念，是跟著時代而進步的。他認爲讀私塾將來會趕不上時代的，所以於民國三十一年初，送我遠去茶陵縣文江鄉中心國民小學，去接受新時代的教育。

文江中心國民小學，座落於當年文江鄉（後改爲文秦鄉，現改爲馬江鄉）馬伏江的東邊，也就是以文江書院作爲學校的校舍，背山面水，平地都是稻田，一年四季，不論山崗田園，到處都可見到綠色大地，使生活在校區的師生員工，都有著心曠神怡的感受。

用古代書院充作校舍，在缺少現代化教學設施的窘境中，並沒有降低老師的教學熱忱，也沒有影響學生進取向上的心理，縱然教室內缺乏電燈照明，也未曾發現任何一個學生戴過眼鏡，這是當今在臺灣的各個學校所無法相比的。

我以一個私塾啓蒙的農村子弟，進入中心國民小學，對新式教育的一般課程，也就是相當於現在國民小學五、六年級的功課，都是很陌生的。尤其是算術這門課，從來沒有學習過，連加、減、乘、除，是怎樣的算法，一竅也不通，所以每當教算術的老師陳菊美先生，來教室授課時，我就有著煩惱的感覺。其他憑記憶力而能取勝的功課，在任何一次考試時，都能獲得及格，只有算術這門課，無論怎樣用功，都不容易過關，這是我就讀國民小學時期，最感頭痛的一件事情。不過在那時期，也有許多感到非常愉快的事情，至今仍然沒有忘記掉。那就是離開了私塾學堂，也就免除了老師的嚴厲管教，減少了被老師體罰的煩惱。同時進入小學以後，認識的老師和接觸的同學，自然也日益增多了。祇要遵守校規，好好地和同學們相處，就能享受到無拘束的快樂生活，在精神上也就沒有甚麼壓力了。在學校裡運動的機會，比讀私塾多得太多了。除了體育課是我最開心的時刻之外，晨間跑步和體操活動，都能呼吸到新鮮的空氣，這是私塾學堂所沒有的。因此，身體也比讀私塾時期強健多了。尤其是球類運動，更是我以前所不曾見過的遊戲。

因爲是留校住宿，起居作息都有規定的時間，使我養成了規律的生活習慣，對我一生眞是受用不盡；團體生活，能增進人我之間的關係，更使我懂得群己關係的重要。在那個時期，雖然年歲很輕，涉世未深，可是領悟到「在家靠父母，出外靠朋友」的眞諦。

從我家到學校約二十公里路程，星期假日不回家省親時，通常去文江鄉玄武頭雷芳藻同學家去住，在那裡我認識了許多的長輩和朋友，晝間很喜歡和芳藻兄去田野、河川抓螃蟹，捉泥鰍，釣青蛙，享受著大自然的生活情趣。來到臺灣以後，我之所以和芳藻兄一直保持聯繫，也就是因爲從小就建立起如同兄弟手足一般的情誼。

中心國民小學修業的時間，一共只有兩年，所學的課程，包括國文、算術、歷史、地理、自然、公民、音樂、體育、美術、勞作等，無論求學過程是多麼的辛苦，總算在民國三十二年畢業了。

中心國民小學畢業後，因爲沒有請教過任何長輩、老師或同學，純粹是以鄉下人進城的模樣，在茫然無知的情形下，到茶陵縣考取了湖南私立裕民職業學校，我選讀了染織科，經過一個學年之後，父親認爲在以農業爲主的現實社會裡，染織只是一種職業、技術性的教育，將來的發展很是有限的，所以要求我轉到普通中學去。可是，我向學校教務部門請求轉學時，學校不許學生轉學，也不准發給在學證明。這不但增加了我的困擾，也辜負了父親對我的期望。在經過一番思考和轉折之後，承蒙前在文江中心國民小學的老師，也是當年湖南私立匯文農業職業學校教務主任陳應昭先生的首肯，願爲我出具一紙名叫「陳煥新」的學生在學證明，這就是我從原名「志道」改爲「煥新」的由來。當我得到這紙在學證明以後，轉學的信心就大大地增強了。在經過一番準備之後，於民國三十三年插班考取了湖南私立協均中學二年級，這在茶陵縣來說，是一所頗富盛名的初級中學，因爲從該校畢業的學生，多能考取茶陵的最高學府—湖南省立第二中學高中部。協均中學不只是教學、生活設施完善，師資、校風，以及對學生的管教，深受學生家長和教育界的推崇。在體育方面，籃、排、足球，更受到茶陵各個學校的肯定。特別是籃球代表隊中，有一位校工是校隊的靈魂人物，凡是有他參加的對外比賽，因爲個人球技高超，射籃準確，而且能發揮團隊精神，所以都能戰無不勝。我在協均中學，經過一番苦讀之後，在迎頭趕上的自我要求下，學業成績並沒有因爲先前就讀裕民職業學校，而有任何影響，一切都和一般同學併駕齊驅。到了民國三十四年初，因受日軍侵犯茶陵縣城的威脅，學校在兵荒馬亂中，暫時搬遷到酃縣（現改爲炎陵縣）王家渡的一處山丘上，借用民間的祠堂作校舍，繼續開課。

先父不願讓我中途輟學，影響我未來的事業前途，在經過一番張羅之後，親自送我去酃縣，沿著挖斷（防止日軍車輛運輸）的泥土公路，背負著我日常需用的行囊，步行了一天半的路程，抵達王家渡臨時借用的校舍。　先父不辭長途跋涉的辛勞，寧可節衣縮食，不願讓我輟學的苦心，如今回想起來，不禁潸然淚下。

民國三十四年秋間，日本帝國主義宣佈無條件投降，全國軍民同胞無不額首稱慶，歡欣鼓舞，在熱烈慶祝抗戰勝利的時刻，協均中學也結束了流亡的苦難，遷回茶陵縣老虎山的原有校園，我也同時回到學校，繼續就讀三年級，至民國三十五年六月畢業。

我家的經濟狀況並不很好，可是　父母親對於我的撫育和栽培，從來不曾因經濟情況不佳而讓我輟學。爲了使我將來能爲國家社會有所貢獻，親友們也不斷地鼓勵我上進。在不辜負父母和親友的期盼下，於初中畢業後，立即考取了湖南省立二中高中部。

湖南省立二中，創建於公元一九○五年（清光緒三十一年）五月，始稱「湖南省官立南路師範學堂」，辛亥革命成功，推翻滿清，建立了中華民國，一九一二年改名爲「湖南公立第三師範學校」，民國三年（一九一四年）稱「湖南省立第三師範學校」，民國十六年（一九二七年）全省中學調整，廢師範，與中學，第三師範學校初師部與三女師初師部、第三中學初中部合併，稱「湖南省立第三初級中學」，民國十七年（一九二八年）更名為「湖南省立第五中學」，民國二十四年（一九三五）改稱「湖南省立衡陽中學」，民國三十年（一九四一）春，湖南省策劃十個行政區，以肆應抗戰需要，教育也相應分區設置中學，因「衡陽中學」屬省轄第二行政區，故定名為「湖南省立二中」。經省教育廳召集茶陵、攸縣、安仁、酃縣四縣縣政府代表協議，將辦在茶陵縣洣江書院的「茶、攸、安、酃聯立簡易師範學校」的校舍—洣江書院及其附近的劉家祠、龍家祠、羅家祠和書院後面的鳳凰山，以及右面的官山等土地，都撥給湖南省立二中，作為永久的校址。迄至一九五二年（民國四十一年）中共把全省省立中學調整，一律以所在地冠其校名，省立二中則更名為「湖南省茶陵縣第一中學」（註二）。

當年省立二中的學生，來自茶陵、攸縣、安仁、酃縣、常寧、耒陽、衡陽、長沙等縣市，每年招生考試時，上述各縣市的青少年，報名人數之多與考試競爭的激烈，和今日臺北市立建國中學相比，實有過之而無不及。我在協均中學畢業的當年，能順利考取這所學校，深感榮幸。消息傳到家鄉，親朋好友，莫不競相走告，好像從來沒聽過這樣的好消息。鄰里父老都到我家來道賀，賞賜的長輩、親友，絡繹不絕，這許許多多的人情債，至今仍舊掛在我的心頭。

自民國三十五年九月十日入校註冊後，為了不負父母和親友對我殷切的期望，我更加知道努力上進了，因為是留校住宿，起居作息不僅都是照表訂時間實施，而且要接受軍訓管理，譬如夜晚熄燈號吹過之後，不准講話，用餐時應聽號令開動，而且規定每人使用兩雙筷子，以確保衛生。這種種生活教育，對於我後來適應軍事生活，著實有著莫大的裨益。

我在讀高中時，國文和英文，是我最感興趣的課程，其次是中外史地。物理、化學等課的成績，也算不錯。數學方面，除了三角、幾何能得到滿意的成績以外，代數是我最感頭痛的一課。正因爲對國文、英文頗感興趣，所以在高二實施分組教學時，我選擇了文組，由於學校的師資優異，老師的教學態度也很認眞，使我在國文和英文方面的進步很快。那時候英文老師的要求很嚴，凡是選讀的課文，必須背誦，而且規定每週要寫英文作文一篇，每月要寫英文信件乙封。這些規定事項，持續到畢業時期，仍然沒有中斷。

省立二中的環境優美，校園內處處可以看到楊柳青青的叢林，晨間教室內外，處處都能聽到朗朗的讀書聲，每天下午課餘時間，操場內經常可以參觀各班隊的籃、排、足球比賽，特別是名噪一時的校內「KKK」和「白虹」兩支籃球隊，無論在任何時間比賽，都會吸引許多球迷圍觀，使全校歡聲雷動，熱鬧滾滾。在那三年期間，儘管有少數中共的職業學生，在校內故意製造學潮，所幸學校和政府當局仍能堅定立場，沉著應變，作了適時適切的處置，使一切校務活動，都在正常情況下運行。可是到了民國三十八年夏天，因中共渡過長江，國共幾度和談破裂，整個情勢急轉直下，學校爲了顧慮師生的安全起見，提前於六月十日放假，我們畢業班—高二十四至二十七班的同學，也就提前畢業離校，各奔前程了。

我在省立二中就讀三年，印象最深刻的事情，就是共黨職業學生，處心積慮製造「倒譚學潮」，它的經過情形，大概是這樣的：

省立二中校長譚菁華先生，是中國國民黨的忠貞黨員，歷任湖南省黨部監察委員，耒陽縣黨部書記，黨性堅強，在戡亂建國時期，對黨國著有許多貢獻，自接任二中校長以來，因治學嚴謹，意圖實現他崇高的理想，遠大的抱負，卻成爲中共打擊、清除的對象。

我於民國三十五年九月，到校註冊不久，學校開始爆發了聞名全省的「省立二中風潮」案，也叫「倒譚（菁華）學潮」。這一學潮，是中共在全國各大城市推行「反饑餓、反迫害、反內戰」、「要自由、要民主」的號召下，發展起來的。當時我們高一新生中，有一名叫李升平的，他接獲其哥哥從北平寄來的傳單，傳單的內容，就是「反饑餓、反迫害、反內戰」、「要民主、要自由」等等煽動性的文字。共黨職業學生在「反饑餓」的大前提下，便以「改善伙食」，並要求清查學校伙食賬目，作爲推展「倒譚學潮」的導火線。九月十三日開學的那一天，高十九、二十兩個畢業班次的學生，爲了要求「自由」，並「改善生活」，集體向學校抗議，拒繳食宿費用，不辦註冊手續，強要學校准許到校外餐宿，掀起了「倒譚學潮」。九月十五日晚上八時許，有一學生名湯其祥的，率領四十餘人，湧入學校辦公室，要求訓導主任吳正皇先生，允許他們通學，並揚言帶有手槍，形成要挾、包圍態勢。九月十六日，鬧事的學生用代電呈報省教育廳，揭露譚校長「貪污」、「揩油」等等劣跡，向各界呼籲聲援，批評學校「伙食昂貴」，要求撤換校長，准許學生通學，並揚言準備罷課。九月十七日，學校國旗桿上，突然昇起一面「怪旗」，旗面上繪製一個大型油餅，表示校長「貪污、揩油」的意思。譚校長菁華先生見狀況不妙，有意避開兩班鬧事的學生實施罷課，學校處於緊張狀態。校長上電省教育廳，除陳述學校情勢不穩的情況外，並請求派員代理校務，自己前往省府面報詳情。九月十八日，省教育廳電覆，除斥責應屬畢業生聚衆要挾，傷害校政，目無紀綱外，並指派督學盧覺兼程來校查辦，希妥爲因應。九月二十五日，盧督學抵校，調查風潮詳情，於次（二十六）日上午八時，集合全校學生訓話，宣布開除製造學潮主謀，計宋哲、李天健、湯其祥、鍾石夫等四人，並懇切告誡學生立即復課。九月二十九日，高十九、二十班學生復課。至十月二日，譚校長電省教育廳，報告學潮已經平息，但表示很難支持，復請准予辭職。十月十一日，省教育廳復電譚校長慰留，請打消辭意。這是民國三十五年下半年，學校風潮發展和處理的經過概要。

到了民國三十七年上半年，學校又爆發了一次規模不小的學潮，這次學潮，仍以「倒譚」爲主軸，經過的概況是這樣的：

三月二十三日，校務會議討論「如何爭取教員待遇和長沙、衡陽地區的教員待遇平等」的問題，經決議：一、電請全省各校呼應。二、請教員王貫三就近向省教育廳交涉。三、投稿報社，爭取輿論同情。四、在四月三日前如得不到圓滿答覆，決停教待命。

三月二十九日，繼開學初期，教員要求提高待遇案，另有教員要求帶學生附讀（即補習）的，或要求預支薪俸沒奉准的，或因在外賭博被查獲的，或因遲到而被扣發薪俸的，均和校方發生爭執，並群相怨尤而漸生訾議，醞釀於五月十二日向學校提出質詢。

五月十二日，學校召開全體教員會議，有備而來的教職員，借此機會擬妥二十項質詢，向校長開火，會中因語言發生衝突，有教員王貫三等十餘人中途退席，使會議不歡而散，隨即油印質詢事項，張貼於各班教室，學生閱後不無震驚。

五月十三日，王貫三等向省教育廳提出告發，控「譚校長有虧職守，貪污舞弊，請求撤換校長職務」。另以全體學生名義致電教育廳，指「譚校長經濟不公開，處理校務不當，致遭師生反對，已布告引咎辭職離校……懇請另派校長來校主持。」此外高二十四班學生張松樓，用該班學生名義，在茶陵縣城張貼反譚校長菁華標語。

五月十五日，散發「二中吼聲」宣傳倒譚，其內容有「漫畫」打倒魔王、「社論」譚菁華在二中的兩年。另有「譚菁華是眞心辭職嗎？」、「譚菁華出走前後」、「李白華生成一副走狗的骨頭」、「敬告教育廳的幾句話」等文章。用油印散發校內。當天譚校長布告離校，由李教務主任暗中維持，校務形成半癱瘓狀態，風潮隨之昇高。

五月二十日，省教育廳派督學張梅遜來校處理風潮事件，張分別和教員談話，集合學生訓話，穩定情緒。但有部份學生秘密開會，研討對策，聲言期考完畢後，沒有得到正式通知書，決不離校等等。

六月五日，學校召集全體教員開會，爲免事態擴大起見，作成三項決定：一、即日起舉行期終考試。二、六月十日放假，隨即發通知書。三、暑假期間，學生一律不准住校。

六月七日，發生兩起突發事件：一是高二有一學生上街購物，和店主發生口角，被人打傷，回校求援，部份學生聞訊上街，動手搗碎貨櫃。二是部份學生到承包學生伙食的米店，要求老闆周菊生先生改善伙食，周先生避不見面，學生即衝進店內打破家具，被路過該處的軍訓教官制止，社會輿論譁然，茶陵縣黨部與縣政府向省政府控告二中學生擾亂治安。

六月八日，張督學偕訓育主任吳正皇趕往耒陽，和譚校長面談，力勸發給學生通知書（按：譚校長曾於六月七日從耒陽致函學校，不負發通知書的責任），譚仍堅持不發通知書。李教務主任遵照校長的指示，拒不發通知書，當李主任秘密攜帶校印和譚校長私章去耒陽時，被學生阻止，李主任被迫在通知書上蓋章，終於發給學生通知書。

六月九日，學生放假紛紛離校。張督學將調查處理意見呈報教育廳，其要點爲：一、教員王貫三、黃象成、李文起、文景齋、陳長靖等有「鼓動學生風潮之嫌疑，下學期不予續聘」。二、該校學生向有囂張習氣，若不嚴予懲處，實無以維師道而肅校風。

七月十二日，教育廳電譚校長，指示對風潮作出處理，其具體作法是：一、王貫三等應即解聘。二、學生張松樓等二十八人，應予開除學籍。歐陽麒等二十人，應勒令退學。三、所有學生在暑假期間應一律離校。（註三）

這是當年省立二中，在中共主導下的兩次學潮，時間上雖然有先後之分，但鬧學潮的目標，卻沒有主從之別，都以「倒譚」爲主軸。從那兩次學潮的起因與「倒譚」的經過情形，便可看出中共的職業學生，爲了誣衊和打倒譚校長，都是從「改善伙食」開始，事實上，當年學校的伙食，並沒有像鬧事學生們所說的那樣不好，而只是故意借題發揮，以便製造矛盾，進行鬥爭，使學校陷於癱瘓，使社會處於動亂，使民心迷惑不安，這是中共當年推翻政府，奪取政權的一種手法。如今回想起來，確實是心猶餘悸。前面我曾說過，所幸學校和湖南省政府，仍能堅定立場，沉著應變，把鬧學潮的主謀和共犯，該解聘的解聘，該開除的開除，該退學的退學，使我們畢業班次的同學，能順利完成學業。

依據湖南省茶陵一中（即前湖南省立三中）九十年大事紀要（一九〇五—一九九五）第二十頁所載，一九四九年年終，被開除的學生張松樓等向省教育廳請願，該廳被迫批示部份學生復學，但多數學生沒有復學，而投奔中共，如李升平、張海琮等在武漢參加了「新民主主義青年聯盟」（後轉爲青年團），在中共組織領導下從事政治活動。周紹廉、李致德等參加了中共地下黨組織。張漢卿經李升平介紹，在衡陽見到了中共地下黨負責人李太平，被接受爲地下團員。據李升平說，參加當年鬧學潮的骨幹分子，大都在中共奪取政權的初期，就參加了當地政府的工作，成爲當地各方面工作的骨幹。從這裡我們更加可以明瞭中共的職業學生，當年在學校製造學潮的陰謀和目的了。（按：上述兩次學潮，在我腦海深處，印象非常深刻，但很難作詳細的敘述。一九九五年湖南省茶陵縣一中九十周年校慶後，前省立三中學長鍾政寬先生返鄉探親，取得該校九十周年大事紀要，送給我乙份，使我寫作兩次學潮的經過情形，就更加具體翔實了，謹向鍾先生致謝。）

第五章　烽火連連從軍報國

因中共叛亂而從軍，到考取政工幹部學校，就是我報國之路的唯一選擇。

抗戰勝利後，國民政府正積極準備從事國家的各項建設，尤是要樹立憲政的宏規。中國國民黨也願和全國各黨派共同協力合作，以謀國家的發展，甚至對共產黨採取寬大政策，希望以和平方式解決各種紛爭，但中共在蘇俄的直接援助和美國的間接支持下，於民國三十七年十一月初佔據了東北。三十八年一月十五日，天津淪落，傅作義與中共成立所謂「局部和平」，無條件向中共靠攏；一月二十二日，北平也落入共軍手中。

在東北淪陷，華北告急時，共軍集中六十餘萬兵力，圍攻徐州；國軍因士氣渙散，團隊精神崩潰，致接濟遲緩，終使徐州於民國三十七年十二月二日失守。這時候中共大肆宣傳，謂「蔣總統（中正先生）不下野，則中共不和；蔣總統不下野，則美援不會來。」而國內的所謂民主人士，也為中共奔走呼號；一些野心政客，更希望先總統　蔣公及早下野，他們以為　蔣公下野之後，中國問題就可得到解決。

民國三十八年一月八日，政府以謀和的決心，通知美、英、法、俄四國大使，由桂系主和的黃紹竑等在香港和中共接洽，一月十四日，毛澤東提出其所定的八項「和平條款」，要求國民政府全部接受。國民政府於一月十九日，由行政院發表聲明：「願與中共雙方無條件停戰，並與各派代表和談。」一月二十一日，　蔣公爲顧全大局，不以個人毀譽得失爲念，毅然引退，由李宗仁副總統代行總統職權。一月二十七日李宗仁致電毛澤東，願意接受「和平八條款」。（按：八條款爲：一、懲治戰犯；二、廢除憲法；三、廢除中華民國法律制度；四、依照「民主原則」改編國軍；五、沒收官僚資本；六、改革土地制度；七、廢除「賣國條約」；八、召開政治協商會議，「反動分子」不得參加，成立聯合政府，以接收南京政府與其各階層的權力）。條件之苛，就是逼政府投降。行政院院長孫科憤而辭職，何應欽繼任不久亦宣布辭職。一月二十六日，中共公布所謂「戰犯」四十五人名單，包括　蔣公中正先生在內的政府所有高級人員，要求李宗仁迅予逮捕，交由中共懲處。這時李宗仁仍執迷不悟，經多次延宕，迄至四月一日在北平開始和談。和談中，除毛澤東以前所提的八項條款以外，又附加二十四項補充要求，中共堅持必須全部接受。四月十五日，中共並發布最後通牒，限政府於四月二十日前接受，並聲言不管政府接受與否？共軍必須渡江。

四月二十日，政府電令和談代表黃紹竑等，拒絕接受中共要求，和談因而決裂。是夜，共軍分道渡越長江。四月二十一日，中共發表所謂「國內和平協定」，毛澤東旋即下達總攻擊令。這時候　蔣公已經下野，國軍也陷於無統帥狀態，和談也愈益擾惑了民心，共軍渡江之後，更逼近到上海的外圍。四月二十三日，南京陷落。五月二十七日，上海也相繼淪陷，長沙的秩序因而大亂，茶陵縣城有著山雨欲來之趨勢，人心普遍爲之阢隉不安。（註四）

先父面對這種情勢，經過一番研判分析之後，當面諭示我說：「國家到了危急存亡的重要關頭，汝已完成中等教育，應該出去爲國家效命，也應爲自己的前途去奮鬥，假若將來臺灣守不住，中華民國也就不會倖存了。」如今回想起來，　先父雖是一位鄉里的私塾先生，可是他那敏銳的前瞻力，精細的思考力和正確的判斷力，並不亞於一般知識分子。　先父當年之所以能深受地方人士的推崇和敬重，也就是因爲他具備了這些優越的條件。

我當時也仔細想了想，家鄉於民國三十六年，因辦理第一屆中央民意代表選舉所形成的派系紛爭，地方人士彼此間的心結，始終未曾解開，將來演變的結果如何？誰也無法判斷。爲了避免鄉親間的自相殘殺，也爲了避免　父親和我同遭不測，　父親的指示，應是我前進的方向，奮鬥的目標，不應有所猶豫了。於是立刻前往茶陵縣城打聽一下情況，說來時機非常湊巧，當我到達茶陵縣時，遇見了一位茶陵縣籍的先進鄧謹先生，他就是從臺灣奉前陸軍訓練司令部派去茶陵招收陸訓學生的官員之一，謝謝他將招生的宗旨、入伍生的訓練概況、以及學生未來的發展等等作了介紹。我把這些資訊帶回家，向　父親面報，　父親聽了以後覺得非常滿意，並認爲有這樣好的機會，眞是天大的喜訊。就這樣使我下定了從軍報國的決心。

民國三十八年（公元一九四九年）七月二十一日（農曆六月二十六日），我懷著依依不捨的心情，拜

別了　父母的慈顏，前往茶陵縣城，走到位於湖南私立正本中學對面的一家客棧，也就是陸訓學生茶陵招生處報到時，恰好遇見了昔日和我私塾同窗的鍾繼武（後改名爲鍾明光）和楊志敏二位學長，因爲大家都願意去臺灣從軍報國，談起來都有著志同道合的志趣。這時候客棧的老闆鍾昭陽先生（是父親的好友）看見了我，問我來茶陵幹啥？我說要去臺灣從軍，他聽到之後，立即勸阻我說：「我鄉周治國先生的公子周耀漢剛從臺灣回來，說臺灣的情勢也很亂，你爲什麼還要去臺灣呢？你可不必啦，我寫信給你父親，你馬上回去吧！」在鍾先生熱情的勸阻下，我只得尊重了他的意見，並立即攜帶他的信件回到家裡，　父親見我回來，覺得非常訝異，我把鍾先生的親筆信函呈給　父親，他看完了信件之後，立即對我說：「父親絕對不是不疼惜兒子，硬要迫使你出去，而是希望兒子將來在前途事業方面有所發展，如果你要待在家裡，將來很可能是父子都會死在一起。」我聽了　父親的話，內心非常感動。　母親站在我身旁沒有表示任何意見，只是沖了一碗甜酒，端給我解渴，我喝完了甜酒以後，因爲太陽已經西下，時間也不早了，我立刻提著簡單的行李，再一次也是最後一次向　父母親辭別，趕往茶陵，準備在次日離開茶陵，向臺灣出發了。

當我抵達陸訓學生茶陵縣招生處時，夜幕深沉，應招報到的同學都已酣睡了。次日清晨起床，於用罷早餐之後，惟恐被鍾先生再度看見我而相見尷尬，於是夥同幾位同學急急忙忙地離開客棧，趕往茶陵汽車站，交付銀圓乙元，搭乘前陸軍工兵二十團的工程車前往耒陽。我一上車便赫然發現一具棺材停放在車子的中間，聽說是運送已故陸軍工兵中尉的遺體去湖南耒陽，我們這些搭便車的乘客，無形中成了「送葬」的旅客似的。這種情形，對於我們年輕人的心理，著實有點害怕和忌諱的，幸好和我同行的楊志敏學長，因爲他的年齡比我們大了許多，立即向大家說了幾句吉祥的話，以打破禁忌，他說：「棺材！棺材！大家出去既能升官，也能發財。」這時候，車上的乘客，一個個都笑逐顏開，再也不會沉默無語了。

我們乘坐的工程車，由於沒有蓬架，加上夏天的太陽，熱的像火傘一樣，車輛行駛在泥土的公路上，塵土飛揚，使每一個人都有著「灰頭土臉」的模樣，失去了原有的面貌，縱然是最熟悉的同學，如果不聽聲音，幾乎是辨識不出來的。經過一整天的車程，終於到達了耒陽，在一家小吃店裡用罷了晚餐，就和當地應招的同學，一同搭乘夜車去衡陽，眼看著拖家帶眷，肩挑手提的難民群，一個個都是憔悴的面孔，痛苦的表情。一群群攀上火車頂蓬上的難民，因爲人山人海，覓一席地而坐的空間，也很是難得，佇立在前端或兩邊的難民，因車行速度過快，在夜色茫茫中遇到樹枝或電線時，一不小心，便被刮落地面，做了孤魂野鬼，那種怵目驚心的情景，實在不堪回首。

火車開到衡陽後，同學的人數越來越多了，當住在輔仁中學期間，大家都被管制起來，所幸停留的時間，也只有兩三天，大夥兒因爲旅途勞累，利用機會好好休息，也是頂好的。到了最後要乘火車去廣州時，再度看到了逃難的人潮。我們乘的是一節沒有頂蓬的車廂，平素是用於運輸煤炭的，因爲沒有設置座位，大家只得席地而坐，有人架設行車床，床底下也有人躺著，因爲人多擁擠，要想回頭向坐在後面的同伴講話，也不太方便。至於備有頂蓬的車廂，無論是車門兩旁，或車下鐵輪上端，只要是有空隙的地方，都有人用繩索編織成吊床，或把人體捆綁固定起來，以達到逃命爲目的。從那種種情形看來，便可瞭解國家到了危急存亡的重要關頭，人民所過的日子是何等的困苦和悲慘！人民的生命財產，那更是不用說了。

從各地來到廣州的「陸訓學生」，都住在興建中的中央銀行宿舍約一個月之久，在那裏沒有床鋪，大家都睡在地面上，好在已經獲得補給，每日兩餐尙可裹腹。我和志敏、繼武兄，憑著佩戴「陸訓學生」的識別證，很喜歡出去搭乘免費公車，或免費欣賞電影，或遊覽中山公園、漢民公園、黃花崗七十二烈士公墓等等名勝。有一天我獲知同宗的長輩前陸軍第四十五軍軍長陳陣中將，來到了廣州，住在廣東省政府主席薛岳將軍的官邸。因爲我在茶陵出發前，　父親曾帶領我去拜訪過他，他對我的出處很是關心。來到廣州，除作禮貌性的拜訪以外，沒有別的請求。見到面時，他以親切的態度，誠摯的留我在薛公館共進午餐，閒話家常。並告訴我說：「他要去貴州參加游擊隊。」指示我去臺灣後，要好好地工作，爲自己的事業前途努力奮鬥。並說：「他如果到了臺灣，一定會找我。」就這樣向他拜辭了。後來我到了臺灣不久，聽說他在中共當政初期，就被逮捕處決了，噩耗傳來，深感哀痛。

當交通工具獲得解決之後，我們這批陸訓學生，奉命要離開廣州，搭乘「萬民號」貨輪，航向臺灣。當輪船啓錨，駛出廣州黃埔港不久，因爲強風大浪，輪船擺盪厲害，暈船嘔吐的人數，越來越多了。船上沒有吊床，睡覺的地方，全靠自己設法解決。大部份的同學都躺在甲板上，仰望那藍天白雲，海鷗飛翔的自然美景，倒有著「天爲羅帳地爲毯，日月星辰伴我眠」的豪情。而擠在左右舷或船艙底下的人們，因爲空間窄狹，能夠找到一處躺下，或坐下來靠背的地方，那也就很幸運了。在船上要能喝到一杯開水，也是不容易的，口渴時只得去洗手間沾幾滴海水，把嘴唇潤濕一下，就算可以解決一點問題了。至於吃飯，對於暈船的同學來說，那更是一樁苦事。這些生活上的細微末節，我因爲年輕，體力也很充沛，所以尚能勉強克服。尤其是晝間，當輪船航行於臺灣海峽時，我還能爬上甲板，遠望著碧海藍天，更激起了我「乘長風破萬里浪」的豪情壯志。

經過三天兩夜的航行，於民國三十八年八月二十七日，到達了臺灣基隆港碼頭，整隊下船之後，大家因爲饑腸轆轆，到處都想尋購食物，隊伍到達基隆車站，一見到小販，就拚命上前搶購，最好笑的是從來沒吃過香蕉的同學，拿到了香蕉，連蕉皮也一併吃下，被懂得吃香蕉的人提醒之後，才知道自己是「土包子下江南」，大家只得哈哈大笑。

從基隆搭乘臺鐵夜行的貨運車廂，那也是運送煤炭的專車，用作運送學生，大家都能隨遇而安，沒有聽到任何怨言，足見我們這批志同道合的青年，是能明大義，識大體的。同學們暈了幾天的船，柴油的氣味，使大家嘔吐，體力的消耗，概可想見。到了搭乘敞篷的火車，雖然是席地而坐，可另有一番滋味。當晚的車速很快，一切都很順利，於次日凌晨抵達高雄鳳山車站，旋即將我們這批從湖南招來的「陸訓學生」，一起分發到陸軍總部的工兵營第二連，我的職稱是二等兵，大家都要接受爲期三個月的入伍訓練，也就是從單兵立正、稍息、原地轉法的基本教練學起，我自然也不例外。

從這時候開始，起居作息都要照著一個口令，一個動作去做。在操課方面並不覺得勞累，每天晨跑五千米，也不會有什麼困難。生活方面，一日三餐都很正常，凡是有黃豆燉豬腳，大家都會笑逐顏開，「衝鋒陷陣」。只是當年的政府財政困難，物資貧乏，我們每人只發了兩條軍毯，棉製的長、短袖軍便服各兩套，紅色短褲兩條，黑色膠鞋乙雙，毛巾兩條，每班配發大型蚊帳乙頂。晝間操課，室外都是戴著斗笠，穿著紅色短褲，赤著胳膊，由於南部的天氣格外炎熱，打一個月的赤膊下來，每一個人都脫了好幾層皮，由文質彬彬的白面書生，一變爲雄赳赳氣昂昂的黝黑戰士。在工兵專業課目的訓練方面，從個人散兵坑到伍、班、排，以及機槍、六〇砲、八一迫砲掩體的構築，都已學會了獨立作業。

我平素對於環境的適應力極強，既然願意出來當兵，就有一種吃了秤鉈鐵了心的感覺，並沒有什麼後悔。只是志敏、繼武二兄都認爲長期做工，沒什麼意思，如果能去步兵部隊服務，那就輕鬆多了。說來也非常湊巧，同年十一月間，前陸軍步兵第二〇六師有一位姓曹的中尉排長來到鳳山灣仔頭營區，策勵新招來的士兵，到他那一個部隊去服務，並說明擔任海防勤務是多麼的輕鬆愉快，志敏、繼武二兄曾直接和曹排長交談過，都認爲是一個很好的出路，比工兵部隊要好得多。我當時年輕，一切都還要志敏、繼武兄照顧，自離開茶陵開始，我和他倆有著相依爲命的情誼，他們兩人都願意離開，假如我過於堅持，實在有些過意不去。就這一念之差，便和志敏、繼武採取了一致的行動，於某日凌晨，以擔任採買爲由，從營區的側門開溜，跟著那位只有一隻眼睛的曹排長，從鳳山車站搭乘火車經由高雄到了嘉義，再由嘉義乘坐臺糖的小型火車直達新港，那就是前陸軍步兵第二〇六師六一七團第三營第四連的駐地。這是國軍當中具有光榮歷史的青年軍，訓練精良，官兵的素質整齊，體格健壯，部隊行進時雄壯威武，歌聲嘹亮。每當高唱「保衛大臺灣」那首軍歌時，（按：歌詞的原文爲：「保衛大臺灣，保衛大臺灣，保衛民族復興的聖地，保衛人民至上的樂園。萬衆一心，全體動員；節約增產，支援前線。打倒蘇聯強盜，消滅共匪漢奸。我們已經無處後退，只有勇敢前進，我們已經無處後退，只有勇敢前進。」）可立刻使民心士氣振奮起來，如今回想起那首由孫陵作詞、李中和作曲的歌曲，在當時的確有著勝過十萬雄師的力量。戍守嘉義新港期間，雖然住著竹子編成的茅草營房，但軍民相處非常融洽，能眞正表現出軍民一家如兄如弟的情感。

新港地區民風淳樸，百姓都是討海人家、對軍人非常尊敬。有一天我路過一對青年男女正在辦理結婚喜事的家庭，順便趨前道賀，男女主婚人端來一盤檳榔請我品嘗，我因爲從來沒有吃過這種果實，看著檳榔的顏色特別耀眼，在盛情難卻的情形下，便撿起一顆放進嘴裡，我一咬破，就覺得那種苦澀的滋味難以忍受，並有著「天搖地動」的感覺，使我整整一天不得舒服，從那一次以後，數十年來對檳柳始終不敢嚐試，縱使現時代的「檳榔西施」，我也是望而卻步。

當年部隊的任務很單純，除了戰技訓練，便是海防勤務。那時候，我每天至多擔任三班衛兵，每當深夜輪值濱海瞭望哨的勤務時，從營房出發，步行約二十分鐘，再行大揹槍，爬上約十餘公尺高的瞭望台，眼看漁船燈光閃耀，耳聽海濤洶湧澎湃，遙望彼岸失去的山河，使我頓時想起在這夜深人靜的時刻，能爲國家擔負戍守海疆的任務，感到格外的驕傲。

在拚湊不完整的記憶之中，我們三人在新港待了將近兩個月之久，連長張上尉和班、排長（都忘記了他們的姓名）以及連上的弟兄，待我們非常客氣，一切狀況也都已熟悉了，那位曹排長以「老馬識途」的姿態，再去鳳山灣仔頭營區挖友軍部隊的「牆腳」時，被陸軍總部工兵營的幹部逮個正著，追查我們三個人的去向時，當即坦承不諱，經二〇六師代表和陸軍總部人事部門談判結果，在不把我們三人交還工兵營，並保證今後不再發生類似誘逃行爲，作爲基本條件，二〇六師才同意送我們回陸軍總部。

民國三十九年剛過完了元旦，我們三人就被送回陸軍總部，旋即就被送往禁閉室，禁閉了五十九天。在那些日子裡，我曾睡過靠糞坑的邊緣，清理過人犯的大小便，也在警衛人員的看管下，打掃過營區周圍的環境。這一切的遭遇，固然是生平最大的恥辱，但我們仍是無怨無尤，敢做敢當，心甘情願地接受懲罰，並視爲今後邁向成功之路的寶貴經驗和教訓。還記得民國三十九年的春節，是我離開老家以後的第一個春節，誰也料想不到因一念之差，竟是在禁閉室渡過，實在覺得咎由自取，愧對父母親友。尤其是那年除夕的夜晚，在禁閉室中遙聽外面司令臺演出的同樂晚會，使我憶起往年在家團聚的溫馨情景，不禁淚流滿面，悲從中來。

民國三十九年三月一日，陸軍總部軍法處軍事法庭正式宣判：我和志敏、繼武三人因受友軍誘騙離開原工兵營，並非主動，亦非自願逃亡，爲體念我們三人初到部隊，不懂軍法，所以也就不予起訴。總部人事部門就把我們分配到陸軍總部警衛營第二連任上等兵，我被分發到第一排第一班，連長稅康中尉（陸軍官校騎科二十一期）、排長鄭溶新少尉、班長朱仲如上士等都對我愛護備至。部隊駐於高雄鳳山五塊厝營區，平日除了操課、勞動服務、克難生產之外，以擔任警衛勤務爲主要任務。我們第一班曾於民國三十九年六、七月間奉派到屏東市擔任前陸軍總司令孫立人將軍官邸的警衛勤務，因當地的氣候異常炎熱，在不適應水土的情形下，罹患嚴重的痢疾，發高燒到達四十餘度，感覺非常的痛苦，所幸得到班長和全班同袍給予我殷切的關懷和照顧，使病痛很快得到痊癒。

由於部隊的任務單純，有相當充裕的時間，可以用作自我進修。就從那時候開始，體認到革命的事業，確實在於高深的學問，軍人要想向上發展，創建一番事業，除了報考軍官學校以外，別無他途。於是在民國四十年春季，懷抱堅定的信心，報考了陸軍軍官學校第二十四期，然而事與願違，第一關接受體格檢查時，因罹患痔疾，便沒有通過，內心覺得很不是滋味。這時候雖然感到前途茫茫，但是並沒有灰心喪志。在這同一時期，獲悉國防部將於同年七月創建政工幹部學校，頓時又出現了柳暗花明的心情。爲了希望通過體檢的第一關，於是申請去臺南陸軍第四總醫院住院，以切除痔瘡爲主要目標，奉核准後，立即按照預定計畫執行。

從住進醫院的第一天算起，除了因傷口疼痛，無法下床行動的時間以外，我都手不釋卷地複習高中的課程。當年替我開刀的醫師名叫焦永年的（後晉任陸軍少將院長，爲一皮膚科專家），他對於病患的照顧，非常的週到，能眞正做到視病猶親。我在療養期間，一切都遵照他的指示和醫院的各種規定去做。當傷口痊癒時，忽然想起我堂叔當年罹患急性盲腸炎的那件悲情，那也就是我鄉的醫療設施貧乏，堂叔的盲腸炎發病後，在病榻上痛苦呻吟長達二十四小時之久，家人無法給予急救，竟眼睜睜地看著他離開了人世。從這樁悲慘的事實，使我聯想到將來反攻大陸時，在戰鬥中萬一罹患急性盲腸炎，誰能保證類似這樣的悲劇不會發生呢？於是請焦大夫繼切除痔瘡之後，替我再割掉盲腸，以除後患。焦大夫也欣然接受了我的請求，並囑示稍待時日，讓我的體力恢復之後再做。約過了三個星期，經檢查在一切都很正常的情況下，施行了第二次開刀手術，把那有也不多，無也不少的盲腸，一刀割掉了。同時我又可以利用在醫院療養期間，增加了複習功課的機會。在我住院期間，茶陵同鄉陳仲梅先生（民國六十一年病故）、王益民先生、曾希禹先生（已故）都曾先後來醫院看我，特別是陳仲梅先生經常利用早晚時間來陪我，這番誠摯的情誼，永記在心。

時間一分一秒的過去，醫生和護理小姐，對於我的醫護態度十分親切，尤其對於我用功讀書，進取向上的精神，表示佩服，對此，至今仍有著深刻的印象。當傷口痊癒，體力恢復常態時，我便出院回到部隊了。連上的長官都認爲我連續開了兩次刀，體力還沒有恢復過來，准我全休兩個星期，也就是在兩星期內，可以免除我一切的操課和勤務。這樣又增加了許多複習功課的時間。對於連長稅康中尉、排長鄭溶新少尉、班長朱仲如上士這番愛護的情懷，至今我仍銘記於心，永遠難忘。

人世間許多巧合的事情，有時候來得不可思議。就趁我住院切除痔瘡、盲腸，並利用療養的機會，複習各種功課，已全部就緒的時候，政工幹部學校招生的廣告，終於公布出來了，經奉長官核發准考同意書後，於同年八月十七日前往鳳山招生處報名，於繳驗部隊准考證時，招生人員問我有沒有高中的學歷證件？我說高中畢業的證書遺失了（按：我高中畢業的臨時證書，在我入伍時，請工兵營第三連的班長陳勇上士代為保管，陳班長是茶陵同鄉，詎料他於開小差時，把我的畢業證書也帶走了。）僅存有一紙高中三年二期的註冊證可以嗎？招生人員答說：「你拿來看看。」於是我從口袋中取出一紙包裝幾幀照片的註冊證，交由招生人員檢驗，那位先生發覺註冊證上蓋滿了許多收費員的印章和金元券的數額，當即認定無誤，也就是判定不會有偽造情形，於是就准我報名了。八月二十八日參加筆試之後，我想了想如果沒有別的因素，按照考試的成績，應該是有希望上榜的。到了九月二十六日，看到中央日報公告的錄取名單中，果然獲得正取。消息傳出，連上的長官和戰友們，都紛紛向我道賀，認為這是我事業前途的轉捩點。十月二十三日奉准離開部隊，前往政工幹部學校報到，就從那一天開始，我和患難與共，休戚相關的志敏、繼武學長，正式各奔前程了。

第六章　復興崗育我成長茁壯

復興崗是我發跡的所在地，我獲得的，不光是五紙畢業證書，也不只是當年的少尉官階，或學士學位；而是母校師長們所育身教、心教、言教、法教、事教的寶貴資產，以及當年創辦人蔣總統經國先生崇高志節的精神感召，這些無形的財富，對於我的一生，是受用不盡的。

國軍政戰制度，創始於民國十三年黃埔軍校建校之時，當年　國父孫中山先生接納先總統　蔣公中正先生「要建立軍隊，必先創立軍校」的建議，任命　蔣公創辦黃埔軍校。爲使軍校學生建立中心思想，具備革命精神，成爲創建革命軍的基幹，所以特別指派黨代表，並成立政治部，推動軍校政治工作，以貫徹革命建軍的目標。這就是政工制度的初創，也是今日政戰制度的起源。後來由黃埔校軍改編爲黨軍、再由黨軍擴建爲國民革命軍，無不是秉持這一優良的革命傳統，普遍推行政工制度，進而發展爲政戰制度。

民國三十八年戡亂戰事遭受挫敗，原因固然很多，但政工制度被迫取銷，也是其中重要因素之一。民國三十九年四月一日，國防部通令實施政工改制，就是基於以往大陸戡亂失敗的慘痛教訓，而採行的重大決策措施。蔣公中正先生當即指出：「政工制度的建立，是我從復行視事以後，就認定所要建立軍隊制度的一個重要問題。現在政工制度的本身，及其所規定的業務，我以為國軍不要反共復國則已，否則這個制度是絕對重要而正確的，而且是必不可少的制度。」蔣故總統經國先生當年主持政工改制，仰體　蔣公改革政工制度的意義，曾闡述政工的定義說：「我們的政工，就是要訓練一支有思想、有活力、有生命的三民主義國民革命軍。」又說：「當初在開始建立新的政工制度的時候，就明確的定了一個方向：我們的政工制度，是為統一部隊意志，鞏固部隊團結，強化部隊戰力，為爭取作戰勝利、復國成功而存在的一個制度。而這一政工制度，與整個國軍是血肉相連的，是整體裡的一部份。」基於政工對國軍的重要性，也基於政工幹部對於推動政工制度的重要性，才有政工幹部學校的創立。（註五）而我在這一關鍵時刻，能考取這所學校，的確也是莫大的榮幸。為求做好政戰工作，所以我願苦讀、苦學、苦修。

一、養成教育（本科班）的回顧

民國四十年十月二十四日，我遵照學校規定的時間，前往北投報到，一進校門，便看到四週都是雜草叢生，幾幢破舊的營房，的確是簡陋不堪，從幾位一同來報到的學長所傳來的訊息，說學校的現址，原來是日據時代的競馬場，學校西區的房屋，都是馬房。我心想無論是競馬場，或是什麼馬房？為了實現理想，展現抱負，就毋須計較校舍的好壞了，別的同學都樂意來，我還有什麼猶豫？尤其當我看到離校門不遠的道路兩側，豎立著「要做官的莫進來，想發財的請出去」兩條標語，更鼓舞著我來校報到的勇氣。

進入校門的第一關，就是口試，首先我有點惶恐不安，可是在口試完了以後，覺得回答的問題沒有錯誤，於獲得通過後，立即領取口試及格證明，前往教育處註冊，並馬上參加編隊，我被編入第六中隊，從隊長、區隊長到全隊的同學，根本找不到一個熟識的面孔，所幸隊長佟瑞麟中校（軍校十一期）、訓導員王洞波少校（後晉任陸軍少將）、區隊長陳作葵上尉等都很熱心負責，幫助同學們進入狀況，瞭解環境，照顧生活，使大家都感到非常溫馨。

學校當年的生活設施，非常簡陋。住的寢室原是日據時代的馬廐，有時候還能聞到馬屎的臭味。學校發給我的個人裝備用品，包括：棉製的軍毯兩條、斜紋布長短袖軍便服各一套、單人蚊帳一頂、白色被單一條、軍用水壺一個、軍帽一頂、膠鞋一雙、布製綁腿一副、皮帶、毛巾各一條、襪子兩雙。

編隊之後，接受了爲期兩個月的入伍訓練，這是一段比較艱苦的過程。隊上的長官對我們的要求很嚴，訓練的課目包括：單兵、伍、班、排基本教練，戰鬥教練、體能器械操訓練，射擊教練（含實彈射擊）等等不一而足，每一課目都要達到一定的標準，絲毫不得馬虎。在操作時我常發現年齡比較大的學長，汗流浹背，氣喘如牛的情形，眞有些吃不消的樣子。我因爲在兩年前接受過一次嚴格的入伍訓練，基本動作都在一般水準之上，所以有時被分隊長張（濤安）學長叫出來擔任示範，所以並不覺得有什麼苦的滋味。不過在器械操方面，諸如爬竿、單雙槓，木馬、超越障礙等項，是我不感興趣的課目，尤其是木馬併腿跳，更是最頭痛的一環。可是因我素有逆流而上，變不可能爲可能的奮鬥精神，曾利用兩個星期的午休時間，加強自我訓練，按照併腿跳的各種要領，一次又一次地全力衝刺，終能克服困難，順利過關，那時候內心的喜悅，是無法形容的。

在入伍訓練期間，我不只是再度加強了軍人基本動作的訓練，而且在精神教育方面，增進了心性修養。諸如學校創辦人經國先生，於十一月一日訓示革命幹部的特質，即「絕對性的信仰主義」、「無條件的服從領袖」、「不保留的自我犧牲」、「極嚴格的執行命令」。十一月十六日講授「做人的意義和做事的道理」，勗勉我們「做人是爲做事而做人，必須堅守原則，堅持立場，絕對不是爲做人而做人。」十二月三日在週會上訓示誠實的意義和榮譽的關係時，特別強調「做一個革命幹部，心、口、行動必須完全一致，與時俱進，才有生命，才有意義」。又說：「榮譽的基礎是誠實，虛榮的基礎是虛僞。」特指示學校要提倡「誠實運動」，建立「誠實校風」。這兩者的關係是：「誠實運動是建立誠實校風的手段；誠實校風是貫徹誠實運動的目的。」並對誠實運動和誠實校風，提示了具體的做法，那就是「違犯紀律，自動報到；心中有事，和盤托出；內心乾淨，人格完整。」我爲了貫徹誠實運動，實踐誠實校風，特就我在民國三十八年十一月擅自脫離前陸軍總部工兵營的不當行爲，做了一次「誠實報到」。從那個時候開始，經由懺悔，決心做到今後去任何單位服務，絕對面對現實，奉獻於政戰工作，永不逃避責任，更不做「政戰的逃兵。」

入伍訓練期間，使我銘記在心的大事，就是接受先總統　蔣公中正先生十一月十日在北部林口臺地的親校大典。學校對同學們來校第一次參加　總統親校，特別重視。曾再三叮嚀我們要厲行精神動員，保證圓滿成功。研究班、本科班和業科班的全體同學，於十一月七日出發，搭乘火車到桃園，駐於林口的一所國民小學，接受北部防守司令石覺將軍八日的總預校，贏得石將軍的讚譽。十日上午八時，正式接受　蔣公親校，這是我生平第一次見到偉大的　領袖，他那神采奕奕，容光煥發的神情，使參與大典的三軍將士，肅然起敬。閱兵完畢，集合隊伍訓話時，訓勉大家要效法黃百韜、邱清泉將軍在戡亂戰役中爲國家慷慨成仁，從容就義的氣節，使我們深受感動。

民國四十年國曆除夕，是我們入伍教育結束的一天，大家都在興奮愉快中渡過了除夕之夜。四十一年元旦午夜時刻，在酣睡中忽然聽到緊急集合的號音，大家在急忙中起床，原以爲又是緊急集合演練（按：十二月二十六日曾舉行過一次緊急集合），可是當隊伍集合到大禮堂時，才知道是國防部總政治部主任蔣經國先生蒞校主持的元旦團拜。他在致詞時，訓勉同學們：「在新的一年開始，要克服一切困難，並下定決心，做最艱苦的奮鬥，用我們的血汗，作爲反共勝利的保證。」充分表示出對同學們殷切的期望。

民國四十一年一月六日，我很榮幸的參加了先總統　蔣公躬親主持的第一期學生開學典禮，這一光輝的日子，就成爲政戰學校爾後每年一度的校慶日。典禮是莊嚴而隆重的，　蔣公訓話時，特別強調：「政工人員是軍隊的靈魂，士兵的褓姆，軍民的橋樑，希望大家要努力學習，充實自己。」　蔣公訓話時，聲音鏗鏘有力，我們聽來極爲感奮。（按：各級政工機構和一般政工人員職銜，於民國五十二年六月十八日，國軍第十屆軍事會議討論通過改名，易銜。並於同年七月十二日簽奉　總統(52)臺統二光字第〇四二八號代電核定全面修訂，自八月十六日起實施。原稱「政工人員」，改稱「政戰人員」。原稱「政工幹部」，改稱「政戰幹部」。原稱「政治工作」，改稱「政治作戰工作」。而「政工幹部學校」，於民國五十九年十月，配合各級政工機構的正名，奉核定改稱「政治作戰學校」。）

民國四十一年一月十日，學校爲了貫徹蔣主任經國先生「實習士兵生活」的指示，命我們第一期同學，都去部隊當兩個月的二等兵。我奉分配到前陸軍第五十二軍駐於新竹香山的一個連，因爲我是第二次當二等兵，對於士兵的生活和工作情形都很熟悉，一切都不會感到有什麼困難的。在那短暫的時間內，我和連上的長官、弟兄們相處得相當愉快，除了操課、勤務（站衛兵）都跟士兵一樣之外，而且還要輪流擔任政治教官，並在晚點名時作時事報告。由於我沒有放棄任何一次學習的機會，準備都非常認眞，所擔任的政治課程或時事報告，都深受連上長官和弟兄們的熱烈歡迎與好評。實習士兵生活，不只是和士兵生活在一起，操課在一起，工作在一起，每月所領的薪餉（新臺幣壹拾貳元）也和士兵一樣（按：我們入校後是中士待遇，實習士兵生活期間領二等兵待遇，差額返回學校後補發。）因爲同學們都很愛護自己和學校的榮譽，所以博得全連官兵一致的讚譽，當我們於三月十日要離開部隊返回學校時，大家都流露出依依不捨的情懷。

我們回到學校正式開課約一個月時，學校發動全校官生，對學校所在地的正名問題，進行了普遍的討論。從當時提出來的幾個名稱中（包括中興崗、復興崗、梅花崗）選定一個。經過熱烈討論之後，贊同命名爲「復興崗」的爲最多，於是由學校函請臺灣省政府明令公布「政戰學校」所在地名爲「復興崗」。而原先的「競馬場」，就成爲歷史名詞了。民國四十一年九月十七日，學校創辦人經國先生訓勉全校官生：「要使復興崗名副其實地成爲復興崗，也就是要使每一個青年都培養成始終不渝，堅忍不拔，以擔負復興中華民國爲己任的氣魄。」並指出：「復興崗的眞正意義，是要繼打天下的黃埔精神，與守天下的廬山精神，熔爲中興天下的復興崗精神。」這就是今日「復興崗」的由來，也是政戰學校的代名。從這裡便可以看出經國先生對「復興崗」的期許，是何等的殷切。我過去三十多年來，在政戰工作崗位上之所以兢兢業業，不畏艱難，不計毀譽，復興崗精神所給予我的鼓舞，是至深且鉅的。

我們第一期同學，絕大多數都是政府播遷來臺時的流亡學生，也多是大陸一流學校出來追隨政府來臺的知識青年。因爲都體會到失學的痛苦，也考慮到未來開創事業前途的重要，因此希望再回到學生時代，接受一些新的知識，來充實自己。果然學校的教育計畫，非常週密，對我們第一至三學期所配當的課程，也非常用心，使我們學習的內容，極爲充實，包括軍事校院和一般大學的各種課程，諸如政治學、政治制度、經濟學、法律學、行政學、社會學、國文、國父遺教、中國通史、中國近代史、中國文化史、蔣總統行誼、中華民國憲法、國防地理、俄帝侵華史、中國國民黨政綱政策，加上許多軍事和政治作戰的課程，不下四十餘項。而任課的教授，如但蔭蓀、曹伯森、李方晨、任卓宣、黃昌穀、傅啓學、左潞生、黃季陸、李潤沂、左舜生、牟宗三、范錡、許君武、錢堯賢先生等，都是集一時之選的學者名流。而軍事和政戰課程的教官，也都是從國軍各軍（兵）種中，挑選學有專精，熱心負責的優秀軍官擔任。正因師資優異，並懍於經國先生的精神感召，同學們更能兢兢業業，奮發圖強。我在那一年半的養成教育階段，一本積極進取，力爭上游的決心，都能把握機會，珍惜時光，認眞學習，自感知識日增，信心十足。在語言表達方面，恪遵當年教育長王昇將軍訓示「口誅筆伐的重要性」，經由小組討論的不斷磨練，講話的技巧，也有日新月異的進步。特別是對於克難建校運動，無論是課餘或星期假日，參與挖水溝、鋪草皮、種樹木、修道路、平操場、闢池塘、築圍牆（當年笑做萬里長城）、塡中正堂地基等等勞動服務，我都發揮了實幹苦幹的精神，和同學們胼手胝足把那遍地荒蕪，雜草叢生的競馬場，改變成為今日名揚中外的復興崗，自問付出了不少的心血。

學校教育的內容，是多元化的，除了正常的學術課程之外，還有多彩多姿的社團活動。當時我依自己的興趣，參加了舞蹈研究社，指導老師是名舞蹈家李天民先生，每星期六下午配當兩節正課時間，從基本動作開始練習，到團體舞的綜合演練，都有一定的步驟，經過兩個多學期的研究、學習，在畢業前曾舉行過成果驗收，正式演出，獲得觀衆一致的好評。（按：我於民國五十八年在馬祖北竿前陸軍步兵第五十一師一五三團任政戰處處長時，能親自教導戰士排練民族舞蹈，參加部隊小型康樂競賽演出，就是得力於當年在學校舞蹈研究社所學的一些技藝。）

民國四十一年十月二十五日，學校和救國團、國防部聯合主辦了一次歡迎全球歸國僑胞參觀復興崗的盛會，在全校官員生的歡迎隊伍中，編組國旗隊、領袖肖像隊、學校校旗隊，另有十支陣容龐大的化裝隊伍，扮演著工、農、商、學、兵各種角色，我曾大膽地打扮成一個造型很美的「克難小姐」，這是歡迎隊伍中最突出的角色，不僅受到歸國僑胞和參與歡迎人員的矚目，而且榮獲經國先生的讚賞，在他頻頻拍手時，並和我合影留念，可是因我當時年輕，不敢向攝影人員索取那幀照片，深感遺憾。

實習士兵生活，是我們入伍訓練結束以後，深入部隊基層，向士兵學習的一種訓練。當第二學期結束時，於民國四十一年十一月十七日至二十三日，又舉行了爲期一週的外島實習，是我們走向前線，迎接戰鬥的工作考驗。我們第二大隊（本科班）奉命前往馬祖列島，展開慰勞訪問、宣傳服務、康樂活動等項實習工作。我們往返馬祖，是搭乘海軍的運輸艦，登艦後大家都住在船艙內，於航行期間，暈船的同學，都無法起來行動，我當時的體力還算不錯，可以起來幫助暈船的同學，倒掉嘔吐的廢棄物，或是供應同學們的餐飲等等服務。到達馬祖南竿後，我們駐在一處用茅草搭蓋的營房內，在工作實習期間，我曾擔任士兵級的政治課程教官，並教練過民族舞蹈，發揮了學以致用的效果，也增進了我後來堅強的工作信心。

學校爲了培養同學們自治的精神，並藉以磨練政戰工作技能，於民國四十二年一月七日成立了學生自治團，我被選爲第一屆學生自治團文康組的幹事，並擔任誠實報社社長，負責「誠實週報」的編印與發行。前第二大隊所發行的誠實週報，因受各種因素的限制，無法按時出刊，只得改爲半月刊。自我接辦以後，感謝蔡仁厚學長、曹伯一（原名蘭芳）學長、劉業劭學長的指導和盡力幫助，立即恢復週刊，當我把發行第一份誠實週報，親自呈送到教育處副處長李宗瑞中校（前第二大隊訓導主任）

的手裡時，他被感動得熱淚盈眶。當第二期同學入學報到時，在連夜加班的情形下，特編（油）印了「歡迎特刊」，發給人手一冊，對於幫助新來的同學瞭解學校的狀況，大有裨益。由於我展現了主動負責，積極進取，夜以繼日，不眠不休的服務熱忱，曾博得師長和同學們的讚許。

當一般社會科學和軍事、政戰專業課程行將結束，距畢業只有一個多月時，學校於民國四十二年三月二十三日至三十日，在臺南地區舉行為期一週的期終野營訓練。我們是於二十二日搭乘火車南下，二十三日清晨抵達臺南番仔田，下車後實施徒步行軍，以磨練同學們的耐力，隊伍經由臺南市區，進入臺南工學院（即現在的國立成功大學）才駐了下來，因旅途勞頓，精神十分疲憊，休息了一個整天。自二十四日開始，正式展開野營戰鬥訓練，先是土工作業，每班只負責一項工事的構築。第二天進行步兵排攻防對抗演習，第三天實施連攻擊，第四天演練營攻擊，第五天舉行檢討與講評會議，大家對於這次野營訓練演習，都發表了仁智互見，利弊皆有的看法。第六天也就是三月二十九日訓練結束，於下午六時搭乘火車北上，於三十日中午返回臺北。我在這次野營訓練和戰鬥演習中，不但不覺得勞累，反而利用去臺南的機會，順便會晤了許多的老戰友。這一無形的收穫，內心更覺得非常的愉快。

返回復興崗以後，我們便接受了一連串的畢業考試和期末訓練，因為這是成績總驗收的時刻，誰也不願錯失最後總複習的機會，所以大家都兢兢業業，希望自己能得到滿意的成績。

當畢業考試結束，接受期末訓練時，我們心目中最敬愛的創辦人經國先生，在向同學們精神講話時，曾提示：「考試成績及不及格，並不重要，重要的是希望大家對革命不要交白卷。」經國先生這番話，當時雖然逗得大家哄堂大笑，可是對我們所賦予的革命責任，也就是我過去在工作崗位上，朝乾夕惕的工作指標。

先總統　蔣公中正先生於民國四十二年四月二十八日，躬親主持我們一期同學畢業和第二期同學開學典禮時，殷殷訓誨：「政工人員就是代表黨，代表　總裁，也就是代表本人，你們要把本人的革命精神，帶到部隊去。」　蔣公這番話，更是對我們同學的重視和信任，也是我過去三十多年來在軍中爲國家奉獻，爲官兵服務的努力方向。

四月三十日，在驪歌聲中，我懷著滿腔熱忱，高高興興地追隨研究班一同分發於臺中師管區的陳玉麟學長等六人，本科班的王淼學長、熊仁義學長、王子翰學長、曾易之學長、蕭正學長，以及業科班的王甦學長、歐陽顏學長、陳德聰學長等三人（合計十五人），踏上了嶄新的旅程，爲政戰工作的使命，也爲自己的理想，迎接艱苦的挑戰。

二、正規教育（初級班）的省思

政治作戰學校基於加強政戰幹部教育的任務需求，學校組織經多次擴大編併，教育制度也迭有檢討改進。在建校初期，區分爲養成教育、召集教育、委託教育三大部份。至民國四十六年，劃分爲基礎教育、專科教育、深造教育三大階段。自四十九年一月起，將一般政戰業務的訓練班次，歸併到高、初級班（後改爲正規班）實施，以簡化召訓班次。

我自民國四十二年四月完成了養成教育（後改稱基礎教育），離開復興崗之後，曾在臺中光隆和新竹湖口歷練連輔導長長達六年半，並在臺中清泉崗裝甲兵司令部政戰部任職參謀兩年多，都因任務需要，工作繁忙，直屬長官都不願意讓我離開工作崗位，以致遲遲無法返回母校受訓。直到民國五十年七月，因爲即將晉任少校，必須具備初級班的學歷，所以才被推薦去接受初級班第三十九期的正規訓練。

當我收到調訓的命令時，首先使我感受困擾的，就是家庭的安置問題。民國四十九年十一月結婚後，因月薪有限，租屋困難，未及半年，連續搬了兩次家，當我即將去學校報到前，剛搬到臺中市陸裝中村，那是陸軍裝甲兵司令部政四科科長王震上校的眷舍，因爲是獨立家屋，庭院寬廣，對年輕的內人來說，一個人單獨居住，實在有點膽怯。爲了貫徹命令，我只得拜託隔壁鄰居陳謨上校（時任陸軍裝甲兵學校政治教官組主任教官）的夫人，給予關照。好在內人當時也能體諒我受訓的重要性，同意我準時去學校報到，這是我在心理和家庭方面所克服的第一道難關。

在當年受訓的同學們，多數都已經成了家，由於薪入極少，借餉度日的窮境，很是普遍。在野戰部隊服務的同學，於受訓期間，每逢星期或國定假日，都能獲得回家探眷的機會，所以對受訓很感興趣；可是在軍事機關或學校服務的同學，因爲自己這份主副食必須帶往學校食用，對家庭生活卻不無影響。尤其是交通費用的開支，更增加了不少的負擔，在捉襟見肘的情形下，如無法獲得足夠的免費乘車證（每月至少須用八張）時，有不少的同學都動腦筋摹仿別人在免費乘車證上「動手腳」，那就是在填寫完乘車證的姓名和起、迄車站後，把乘車證的頂端（也就是車站用來加蓋日期的空白處）塗抹一層薄薄的膠水或漿糊，於進站時交由票房加蓋使用日期的印章。在進、出車站與火車行駛途中，儘量避免剪（查）票人員驗票，以免把車票軋了洞就無法「做手腳」了。當火車抵達目的地時，也不經由收票口出站，這樣便可以把使用過的車票保留下來。等到返回家中或學校時，把免費乘車證加蓋日期的印章字跡，用水輕輕地擦拭掉，等下次回家（校）時，再交由車站票房加蓋使用日期的印章。如此反覆使用一至二次，甚至三至四次，便解決了部份交通費用的困擾。這種「窮極無聊」式的僞造證照，本是一種違法的行爲，可是在當年，那是一種萬不得已的做法，現在回想起來，像這樣坐「霸王車」的事情，說來覺得非常好笑。古人說：「衣食足而後知榮辱」，這話在當年來說，也未嘗不是沒有道理的。可是如果能做到「人窮志不窮」，豈不是更加理直氣壯嗎？

依據「政戰學校教育綱領」的規定，當年的正規班，是以學習「能策劃、能組織、能領導、能戰鬥」的工作技能爲重點，並以加強革命精神教育，提高軍事戰術素養，與熟練「思想、組織、安全、服務」的工作方法爲共同要求。而「訓導綱領」的規定，是以實踐「親愛精誠」校訓，貫徹「誠實」校風、發揚「復興崗精神」爲要求。在思想教育方面，著重「智育」的啓發，在精神教育方面，著重「德育」的陶冶，在生活教育方面，著重「體育」、「美育」的培育，在組織教育方面，著重「群育」的發展，並以作之君、作之親、作之師、作之友爲訓導作風。這些教育、訓導綱領，都是梁公孝煌和化行老師當年任教育、訓導處長時，親手擘劃而成的。

我在受訓期間，雖然心理上承受了家庭的負擔，可是我仍然能夠把握住學校教育和訓導綱領的各項規定和要求。在教育方面，舉凡政教、政訓、組織、文宣、心戰、監察、保防、民事、福利、服務、調查、演講技術等政戰專業課程，與連、營軍事戰術學課，以及中國近代史、國文、寫作技術、政治學、經濟學、法律學、行政學等一般人文、社會科學等，都會一本苦讀、苦學的精神，用心鑽研。至於訓導方面的各種課程與活動，如專書選讀、心得寫作、小組討論等等，更是兢兢業業，力求上進。特別是參加「仁愛故事」演講比賽，我以「田單復國」爲題，經評定爲全期第三名，奉校長周中峰中將頒發獎狀乙紙，並榮獲嘉獎乙次。

不過在那爲期二十八週的學習過程中，因內子分娩，長男定輝出生時，爲了照顧家務，請事假的時數，超過了學校的規定，因此總成績被扣除了十多分，使名次落在全期倒數第三名。對我來說，這是一件很不得已又感到很慚愧的事情，對當年推薦我去受訓的長官，也確實是無法交代的。

三、專科教育（高級班也是補修專科學分班）的長進

政戰學校的創建與擴展，從政戰專業訓練，進至政治作戰教育；由培養政戰專業人才，進而造就政戰領導幹部，於是逐項充實了政戰幹部的缺員，全面提高了政戰幹部的素質，使政戰幹部的發展，從根本上得到了有效的解決途徑。

我於民國五十一年二月十三日，從學校初級班畢業以後，至民國五十三年五月，奉命調回復興崗

接受爲期三十六週的高級班訓練（五十二期）。在當年的教育體制上，本是屬於正規教育。可是因爲政戰學校的正期生，從第六期起改爲專科教育，爲了統一學制，我們一至五期的同學，須要補修專科學分，所以我這次返校受訓，也被列爲補修學分班第九期，我在標題上稱作「專科教育」，就是這個意思。

當年我在陸軍裝甲兵司令部政戰部服務，從政五科到政二科，一待就是六個年頭，歷任主任對於我的工作能力和績效，都很讚許，可是對我的出路，卻從來不曾予以思考，也不主動要我去受訓，而我自己也從來沒有爲未來的前途預作安排，在這種情形下，曾引起軍報社社長黃樹森中校（軍校十一期）對我的關切，他有一次在人評會中仗義執言：「陳國綱在工作崗位上，夜以繼日，不眠不休，這種幹部實在難得，應多給予鼓勵、拔擢。」由於這位長官的建言，才激起武（宦宏）主任的重視。在那時還有政一科的參謀楊華鑫中校，以關懷的語氣告訴我說：「你陳國綱只知道伏在辦公桌上埋頭苦幹，有什麼用呢？你爲什麼不站起來向窗子外面看一看，今天是一個什麼樣的時代？」楊中校的這番話，我當然很瞭解，也很感謝他的心意。可是我是一個從不爲自己打算的幹部，在當年仍然是繼續埋頭苦幹，對於一年調升兩次的同仁，也絲毫沒有羨慕，更不會有任何嫉妒的心理。可是到了五十三年，由於補修專科學分的期限即將屆滿，若在這次不返校補修，勢必失去補修的機會，也直接損害到我自己的權益，這就是那次返回復興崗受訓的緣由。

我於是年五月二十四日準時向學校報到，從二十五日開學之日起，就下定決心要湔雪上次在初級班受訓，因請事假超過規定時數，被扣分數太多，而使名次落至全期倒數第三名的恥辱。我之所以持有這樣的信心和決心，是因爲我的資質並不很差，而且在受訓前已經分配到眷舍，不像在初級班受訓時，連續搬了兩次家的那種窘境。同時由於眷舍就在桃園縣中壢市內壢里的自立新村，距學校的車程僅須一個多小時，對家眷的照顧非常方便，所以心緒極爲寧靜，學習也自然來得愉快而認眞。

這次受訓的課程很多，在軍事課程方面，以團的人事、情報、訓練、後勤補給、運輸、通信，以及步兵團的各種戰術講授、作業、演習爲重點。政治作戰方面，以思想、組織、軍紀、保防、福利、服務、民事等課程所包含的各項工作爲重點。因爲是和補修專科學分合併實施，所以在社會科學方面的學術課程，佔有極重的分量，其中包括中國政府、中華民國憲法、中國政治思想史、西洋政治思想史、各國政府及政治、國際公法、理則學、心理學、行政法等。這些軍事、政戰以及社會科學的課程，我都花了很多的時間，下過苦讀的功夫，無論是作業或測驗，都曾獲得極爲滿意的成績。特別是有關社會科學的研究，在論文寫作方面，諸如「孔子論仁之研究」、「孟子論得民心之研究」、「儒家論戰爭之研究」、「孔子學說與三民主義」、「耶穌教在西洋政治思想史上之地位及其與政治的關係」、「聯合國憲章對於會員國國籍之喪失或特權之停止問題研究」、「美國總統選舉制度平議」等等，因立論精闢，見解透徹，都獲得「甲上」的評分。

在訓導活動方面，我一直把它當作砥礪自己德業、才能的重要課程，無論是專書選讀、心得寫作、分組討論等，我都熱心參與。所寫「西銘讀後心得」，闡述人生的意義與價値，在於發揮人性，以求「

變化氣質」，能「變化氣質」，就能「盡性而天」。要做到「盡性而天」，必須從「大其心」以「體天下之物」做起。能「體天下之物」，便會把天下的人，視之如兄弟，把天下的物，視之如同類，到了那個境地，便覺得「天地與我同生，萬物與我爲一」了。人和人之間，也自然沒有親疏之分，人我之別了。換言之，也自然不會發生你爭我鬥，自相殘殺的不義行爲了。這篇心得曾獲得肯定。在參加辯論比賽時，經抽籤決定爲甲組，辯論的題目爲「美援停止後利多於弊」。我擔任主辯，經評審結果，名列第二。受訓期間，我曾當選爲第二屆自治幹部的副學員長（學員長爲蕭鳳山學長），對環境內務的整理，一直是盡心盡力，任勞任怨，實踐篤行，鉅細無遺的。當學校舉行環境內務比賽時，因計畫週詳，分工適切，督導認眞，並能得到全體同學的支持，經評比爲全校第一名，奉核定嘉獎一次。因爲我在學業和訓導方面的各項表現，能做到百尺更進，於民國五十四年一月三十日畢業時，在九十七名同學中，我被名列前茅，眞的湔雪了初級班受訓時名次爲倒數第三名的恥辱。

四、深造教育（政戰研究班）的豐收

在部隊服務的時間愈久，就愈感覺充實本職學能的重要，這也和機器一樣，運作的時間愈久，愈需要給予充電的機會，以便補充熱能，增加動力。所以受訓，在當年長官的心目中，認爲是給部屬的一種照顧，甚至把它視爲福利。我自民國五十四年一月，由高級班（補修專科學分）畢業以後，因爲部隊工作需要，再加上於民國五十八年調任團政戰處長，在馬祖前線服務，由於戰備任務繁重，無法離開工作崗位，接受深造教育。一直到民國五十九年，從馬祖回到苗栗時，陸軍步兵第二十六師政戰部主任周濤上校（後晉任陸軍中將，並任聯勤總部政戰部主任），認爲我的品德、學能、工作績效，可資勝任更高一層的職務，因而保薦我參加政戰學校政治作戰研究班的考試。於受命之初，我正追隨旅長周世斌上校（後晉任陸軍中將，歷任師、軍長、金防部副司令官、警總副總司令、警察大學校長、退輔會主任委員等軍政要職），駐於新竹縣新豐鄉坑口社區的一處民宅，督導陸軍步兵第二十六師七十六旅第一、三營參加六十年度的營測驗，這是一項艱鉅而重要的任務。在那一段時期，無論晝間或夜晚，都須出去督導、慰問部隊，根本沒有時間用來準備入學考試的各種課程。再加上內人的健康欠佳，血壓很不穩定，晝夜都無法安睡，並且不思飲食。在臺中地區遍訪中西名醫，治療長達兩個多月，也未見痊癒，使我心裡非常焦慮。旅長周世公對於我的入學考試，極爲關心，認爲事關我的前途發展，至爲重要，特囑示我於督導營測驗完畢，在營區內毋須參與任何活動，以便專心準備應考的有關課程。就在那短短的兩個星期內，我的確下過很多的功夫，把三民主義、總統訓詞—新生活運動綱要、蘇俄在中國、民生主義育樂兩篇補述、新剿匪手本、中國之命運、政治作戰綱要、政治作戰參謀組織與作業程序、步兵旅等書籍，都作了深入的研讀，重要的內容，還作了筆記。於參加考試後，自覺各課都很滿意，沒有多久果然獲得錄取的消息，而且成績在前十名之中（本科班同期學長項守瑜告訴我的）。民國六十年二月十日，當我正式奉到調訓命令時，旅長周世公和同仁們都爲我高興。不過因爲「實平演習」（也就是旅實兵對抗演習）在即，我去受訓不克參加，增加代理人—監察官羅邦柱少校（後任聯勤兵工技術學校上校政戰主任）的精神壓力和工作負擔，使我心存感激，也覺得忐忑不安。

我於二月十三日，準時前往復興崗政治作戰研究班（二十一期）報到，接受爲期二十六週的深造教育，這是學校的最高班次，也是國軍中、高級政戰幹部教育的最高學資。訓練的課目，以「思想戰」、「組織戰」、「謀略戰」、「心理戰」、「情報戰」、「群衆戰」政治作戰六大戰爲重點，任教的老師有王上將化行老師、滕傑先生、任卓宣先生、李大山先生、沈之岳先生、馮龍先生、曹敏先生、魏景蒙先生、許朗軒將軍、江海東將軍等，都是當代的儒將與集一時之選的學者專家。軍事學課方面，計有師的各種戰術、野戰戰略、軍、軍團作戰、現地戰術、政治作戰參謀組織與作業，諸如師攻擊、防禦時之政戰計畫、狀況判斷、政戰命令，地圖判斷、野戰戰略、野戰通信、裁判勤務、政治作戰配合軍事作戰的各種實務研究、想定作業。再加上訓導方面的各種課程、作業等，其項目之多，使受訓的同學們，深感壓力甚重，我自然亦不例外。所幸在我入學不久，便請了在學校戰地政務班任教的林天樹學長（已於民國八十三年十二月病故），替內人實施中醫治療，使病情獲得好轉，復偕內人帶著定輝、建宏二兒同來臺北住了一個星期，除繼續服用中藥外，同時接受針灸治療，如此雙管齊下，對症下藥，使病情由穩定而至完全康復，對我完成深造教育，增加了堅定的信心。

因對家庭事務無後顧之憂，所以對上述各種課程的研究與作業，都能安心向學，精益求精，深獲長官和同學們的讚譽。特別是政治作戰六大戰的重要課程，以及師戰術（含軍事與政戰）的各種想定作業，都能深入狀況，本著闕疑好問的態度，虛心研究，徹底探討，使每項作業，或測驗成績，都超過了我想像中的標準。

在課餘之暇，或體育活動時間，我置身於太極拳的研習，歷經三個多月，一本鍥而不捨的精神，終於學會了這一「有病治病，無病強身」的「中國功夫」。從那時候開始，每天清晨無分風雨寒暑，都能持之以恆的練習一遍。如今我雖年逾古稀，尚能保持充沛的體力，就是受益於當年在政戰研究班的額外收穫，更感謝第一屆學員長賀德恆上校（後晉任空軍少將，並任空軍總部政戰部副主任）的熱心傳授。

至於訓導方面的各項課程與活動，無論是專書選讀、心得寫作、分組討論等，不僅從不缺席，而且都能熱心參與，認眞學習。在被選任自治幹部生活股幹事期間，對伙食的改革、創新，凡是擺在餐桌上的菜色，或是吃進肚內的美食，都曾受到全班長官和同學們的讚賞，任務結束以後，曾榮獲嘉獎一次。至民國六十年八月二十一日畢業時，被舉薦爲優秀學員，所給予的綜合評語焉：「思想純正，信仰堅定，忠黨愛國，樂觀奮鬥，品格高尚，守正不阿，做事主動，思維縝密，生活嚴謹，刻苦自勵，有豐富之想像、領導，表達能力，及旺盛之企圖心，榮譽感，乃一深具發展潛力，有爲有守之優秀政戰幹部。」這是我第四次回到復興崗，接受薰陶所得到的考評與肯定，使我有著滿載而歸的感覺。

五、大學教育（補修學分）圓我學士學位的夢

政戰學校自民國四十年創校以來，基於建軍備戰的實際狀況需要，由克難建校，而至迅速、全面

的擴展，已成爲國軍的最高政戰學府。在創建與擴展的過程中，由初期的研究班、本科班、業科班，至民國四十六年，經教育部核准自第六期起改爲專科部，分設政治、新聞、音樂、美術、影劇、體育等六科。民國四十九年，復經教育部核准，自第八期開始，將上述專科部改爲四年制大學部，分設政治、新聞、音樂、藝術、影劇、體育等六個學系，畢業後由教育部授予文、法、教育學士學位。

我們第一至七期的同學，當年在復興崗鑽研革命理論、學習戰鬥技能，根本不曾計較自己的名利和學位，只希望能爲國家奉獻犧牲自己的一點心力，就會感到心滿意足了。可是時代在進步，知識在擴展，部隊官兵的素質提高了，軍事幹部因三軍官校、中正理工學院、國防管理學院、國防醫學院的教育體制都改變了，這些院校畢業的學生，也都有著各種不同的學位了。再加上資深退伍的軍官，因缺乏學資，要想謀求一個適當的教職，也不是一件很容易的事情，甚至已發現有被歧視、排擠的現象。基於這種種因素，一期本科班的盧守忠學長（時任總統府機要室主任）、賀雨辰學長（時任政戰學校副校長）、孫森學長（時任政戰學校教育長）、曹伯一學長（時任政治大學教授）、繆全吉學長（時任臺大教授）、汪元仁學長（時任總政戰部第一處副處長），以及在教育部任職的李競白學長等，因志同道合，關心同學們的權益，乃自然形成了一個非正式的策劃小組，推動一至七期同學補修大學學分的專案工作。經過客觀的分析，深入的研究，精心的設計之後，先向母校前校長，也就是當時國防部總政戰部主任王上將化行老師，面報有關補修大學學分的具體做法，奉諭示：「在不動用政府經費，不影響同學們的正常工作，並應依據教育部大學法的規定，認眞辦理。」經奉化公首肯後，這幾位熱心的學長，即洽請母校各有關單位，給予行政支援，諸如辦理公開招生、調配教學場地、聘請兼任教授，以及其他事務的協調等等，充分發揮了團隊精神。

爲了減輕同學們的負擔，避免往返交通的不便，規劃於臺灣北、中、南三個地區，分別設置教授班：北區在復興崗本校，中區設在國立臺中商專、南區在高雄正修工專，並分政治、新聞、音樂、藝術、影劇、體育等六個學系，利用周末、星期例假，或國定假日授課。這一完整的構想和週密的計畫，終於獲得教育部核准。

民國七十年春，我任職國防部總政治作戰部戰地政務處副處長，家住臺北市北投區文林北路的慈光五村，距復興崗的車程，約十幾分鐘，深感學業和學資的同等重要，決定參加第二期轉學生招生考試。在考試之前，有一名叫「覺園出版社」的，編印發行了一本參考書籍，其中都是一些國文、英文、國父遺教，以及各學系專業課程的考古題，對我這個工作繁忙，記憶力退化的「老考生」來說，確實有著很大的幫助。經充分準備，並參與考試結果，幸獲錄取。於開學不久，即七月二十七日，我奉命調回復興崗任職政治作戰研究班班主任，對我補修學分來說，更加減輕了不少的途勞，再加上可在班部用餐，也減少了許多經濟方面的負擔。

在補修學分的課程方面，政治系應補修的學分爲：政治學㈡、社會學㈡、經濟學㈡、法學概論㈡、行政學㈢、國際政治㈡、政黨論㈡、哲學概論㈣、理則學㈡、共黨理論批判㈡、共黨策略及對策研究㈡、中共禍國史㈡、英文㈡、中國通史㈣。這些課程，在以往補修專科學分時，多已研修過的，只因所修的學分，還沒有完全符合教育部的規定而已。就這樣經過兩年四個學期的周末和星期例假，最後通過畢業考試，終於完成了大學教育，並由教育部於民國七十二年二月二十七日，頒授法學學士畢業證書，使我在從軍報國之初，就希望能獲得學士學位的美夢，果然成眞，實在値得慶幸！

我自民國四十年踏進復興崗，從做本科班的學生開始，歷經正規教育（初級班）、專科專育（高級班）、深造教育（政戰研究班），直到民國七十二年，完成補修大學學分爲止，進出復興崗計有五次之多。因此，復興崗是我的母校，是我發跡的所在地。我獲得的，不只是那五紙畢業證書，也不只是當年的少尉官階，或最後的學士學位。而是母校師長們所賜身教、心教、言教、法教、事教的寶貴資產，以及創辦人經國先生崇高人格、偉大精神的感召，這些無形的財富，對我的一生，是受用不盡的。

有人說：「人生像演戲。」我認爲「演出要認眞」，檢討我過去四十多年來，在人生的舞臺上，所扮演的角色，的確做到了「演什麼就像什麼。」從來不會虛應故事，敷衍塞責，投機取巧，虎頭蛇尾。一向是實事求是，認眞負責、腳踏實地，有始有終的。無論在任何單位，歷練任何職務，我對四大信條的實踐（吃人家所不能吃的苦、冒人家所不敢冒的險、負人家所不肯負的責、忍人家所不願忍的氣。）對復興崗精神的發揚（絕對性信仰主義、無條件服從領袖、不保留自我犧牲、極嚴格執行命令。）我都沒有辜負師長們的期許，縱然是處於逆境之中，也未曾忘記「革命幹部的典型」——「開闊」、「大方」、「忠厚」、「實在」、「徹底」的指標，昂首闊步，勇往直前，眞正是俯仰無愧，心安理得。在這裡我之所以肯定「復興崗育我成長茁壯」，的確是發自我由衷而誠摯的心聲。

第七章　新訓中心初試啼聲

事實證明：我發揚了復興崗精神：極嚴格執行命令、不保留自我犧牲。

民國四十二年四月三十日，從政戰學校畢業，向分發的新職單位—臺中師管區報到。五月一日，司令林杞將軍集合我們一同分發的十五位同學講話，並一一點名，當點到研究班的高姓學長，尊稱他為高上尉時，那位高學長起立回答，「我是高××，而不是高上尉」。司令立刻向高學長說：「我稱你為高上尉，難道不對嗎？」場面顯得有些尷尬。

我和曾易之學長，一同被分發於步兵第一團第三營，曾學長任職於第七連，我在第九連，兩人同為政治指導員（後改稱輔導長）。沒有多久，劉新旭學長從友軍調任重兵器第三連的輔導長，黃恢亞學長調任第七連幹事，都在同一個營服務，使我又多了兩位可資請教的學長。連的編制計軍官二十八員，士官兵十二員，受訓的補充兵或新兵一六〇員。連長、輔導長都是上尉編階（自民國四十三年一月一日起，輔導長改為中尉編階），副連長、排長都是現階中尉，連內有四個排，每排有四個班，先頭班的班長也是現階中尉，其餘三個班的班長，都是少尉，連部的政戰幹事、文書軍官、特務長、補給軍官，分別是少、准尉編階。我初任政戰少尉，面對那麼多的官兵，特別是現階比我高的排、班長，在推展工作時，顯得有些不十分方便，要想達成任務，的確是一項嚴峻的考驗。

師管區所屬各步兵團的軍官，大多是從當年軍官戰鬥團調撥而來的。我們第九連的軍官素質，是參差不齊的，甚至還有極少數的軍官，是來到臺灣之後，才開始學習認識幾個字的。因此，對於某些問題的看法和想法，諸如怎樣做好部隊的管教？如何端正部隊的風氣等等，在觀念上和做法上，都有許多的偏差。舉例來說，有些軍官認爲最有效的管教方式，就是「打罵」；團體的伙食結餘，應該留作幹部的福利。像這些問題，使我感到極爲困擾。

「問題考驗幹部，幹部解決問題」，是我初任連輔導長時，所接受的一種挑戰。面對那些棘手的問題，我曾以誠懇的態度，謹愼的做法去因應。

到部隊才脫掉便服，換上軍裝的那些補充兵或新兵，對於部隊的一切，都是陌生的。要過著單調的軍事生活，接受嚴格的軍事管理，在心理上原本就是不習慣的。讀過書的知識青年，能說且懂國語的，絕大多數都能適應，可是不曾讀書、識字、既不會聽，也不會說國語，資質愚魯，反應遲鈍的新兵，那就難以適應了。這類新兵如果遇到個性急躁，缺乏愛心、耐心和教練方法的班、排長，那就容易發生管教不當的事件了。連長董樑上尉（軍校十五期），是一位忠厚、實在、苦幹，且具親和力的部隊長，他曾不斷地透過幹部會報，宣導有關管教方面的做法和禁令，勸導各級幹部應發揮愛心、耐心，做好管教工作，嚴禁體罰、凌虐等不法行爲，可是效果不大。我也曾不厭其煩地利用幹部會報、小組專題（有關管教方面的）討論會議，或個別接觸時機，疏導班、排長的情緒，說明不當管教對個人前途、國軍軍譽、政府形象的不利影響。然而體罰事件，仍舊不斷發生。少數班、排長爲了蔽人耳目，經常利用夜晚時間，把難以接受，或不服管教的新兵，叫到不易爲人發現的暗地，施以嚴苛的操練，諸如將槍枝掛在頸上，命其匍匐前進、超出體力的交互蹲跳、跑步等等，都是屬於變相的體罰。有的因而遍體鱗傷，或鼻青臉腫。當初，我對於這些事件，都本著愛護國家幹部的一片摯誠，用誠懇的態度加以規勸，祇要能夠知所改進，就不必認眞追究，以免影響同仁們的前途發展。然而，無論怎樣規勸，始終未見改進，甚至還有我行我素，剛愎自用，變本加厲的情事發生。連長對於這些管教不當的幹部，也感到無奈。這時候我實在無法繼續忍耐下去了，因爲體會到新兵的尊嚴和安全，不能得到保障，我應該負起責任。同時更體驗到新兵是從民間來到部隊，結訓後仍將復回民間，幹部是如此殘酷的對待弟兄，勢必導致其親屬對政府的不滿，對國軍的埋怨和對幹部的憤恨，其後果實在很難想像。在一切辦法（甚至包括連保連座的切結在內）都運用到無效的時候，我只有不計個人的得失和毀譽，把體罰新兵成傷的排長A中尉和排附B中尉，先後報請團部處理，奉核定各記大過乙次。我這種做法，雖然收到了懲一儆百的效果，可是激起了班、排長的反彈，認爲我這種認眞的態度，妨礙他們的管教至深且鉅。爲了消除管教的障礙，並造成我的挫折感，據傳有人要對我採取報復行動，可是我並不因此有所動搖，相反的我認爲祇要能把握至公至正，對事不對人的態度，就可心安理得，問心無愧了。

伙食，是屬於官兵的直接福利，也影響到官兵的士氣。特別是新兵的操課勞累，伙食不好，體力就難以支持，士氣就很低落，怨聲也就隨之而起。督導伙食委員會加強採買、監廚的責任，做到經理公開，是我應盡的職責。在做法上，規定副食費須按起伙人數，定量發給，每日應公布主副食品的帳單；主食（含米麵）應視操課與天候狀況，由監廚決定發放數量，並親自督導下鍋，以防止炊事人員舞弊，把米、麵、雞、鴨、魚、肉收藏在暗處，或置於餿水缸內，於夜晚賣給收購餿水的村民圖利。

正因收購餿水的村民有利可圖，光隆營區（原名車瀧埔）附近的農村婦女，對於炊事人員很尊重，有的村民寧願把自家的女兒，嫁給炊事做老婆，卻不願意嫁給連長做太太，他（她）們認爲連長的薪俸比不上做炊事兵的，這是當年天大的笑話，這也足以證明當時鄉下人的知識，是何等的淺薄，眼光是多麼的短視、近利。更可以證明臺灣同胞在民國四十年代的生活，是非常的清苦。

連部承辦糧秣補給的人員，也有輕視法紀的情事發生，儘管伙食委員會對於炊事人員的監督，極爲認眞、嚴密，可是經管糧秣的仍然有機可乘。民國四十三年春，有很長一段時期，受訓的補充兵，用餐經常出現「打衝鋒」的現象，負責監廚和發放糧秣的同仁，都異口同聲的說：「應發的大米，全部下鍋了，秤量也是足夠的。」可是煮出來的米飯，爲什麼老不夠吃呢？說來很是奇怪，而且誰也查不出它的弊端，經再三檢討之後，我便請一位伙食委員，偕同當天的監廚，以及承辦補給的負責人，帶著每天使用的秤和一袋食米，去和團本部使用的磅秤，作一比對，竟發現我們連上使用的磅秤，較團本部所使用的標準磅秤，每六十公斤短少了六公斤，這就是米飯不夠，造成喫飯「打衝鋒」的主要原因。我爲了整飭紀律，並對全連官兵有所交代，曾把這一貪瀆不法的疑案，報請團部處理，經調查屬實，即轉報臺中師管區依法偵辦，幾經審理，判處特務長C少尉有期徒刑三年，於執行一段時期後，被假釋出獄，因已被撤職，連上的建制官兵，體念他處境困難，特發起樂捐，我當即捐助一個月的薪餉計新臺幣五十四元，以便救急。

我這種種認眞、負責的態度，的確引發了少數人士的不滿，甚至出現消極抵抗的現象，其中有人向團部建議，指控我在連上人地不宜，希望把我調離。沒多久，團政戰主任王（汝濟）中校果眞召見了我，在垂詢連內有關情況時，我便把連上班、排長對新兵管教不當的具體事實，與特務長C少尉貪瀆不法的情形，以及我對於上述各種事件的處理經過等等，詳細面報。主任聽完了我的報告後，還徵詢我是否須要調換工作環境的意願？並解釋說：「調換工作環境，旨在紓解情緒，並不表示不支持我執行命令的認眞態度。」我聽過主任這番關懷的言詞之後，即誠懇的回答說：「若是我的品德、操守不好，或工作不力，績效不彰，因而調離，我當然是心甘情願的，可是爲了端正部隊風氣，要求班、排長合理管教，執行上級的命令，因而調離，這豈不是助長部隊的歪風嗎？我寧願忍受誣衊、苦痛，卻不願意無緣無故的調離。」團主任於聽完我的報告時，也很受感動，認爲我的工作立場值得肯定，而調職的事情，也就擱置下來了。從此以後，連上的風氣和幹部對士兵的管教，都有著耳目一新的感覺，我和全連官兵的相處，仍舊是誠摯、親切而自然，並沒有因爲我的工作立場嚴正，態度認眞，而有任何過意不去的事情發生，進而證明了是非公道自在人心的正面意義。

四十年代的基層政戰工作，是相當複雜而繁重的。

思想工作：補充兵、新兵、預備士官的政治課程，各有不同的教材。除預備士官訓練的政治課程教學，是從各軍事院校調來的專任教官、教授授課之外，補充兵或新兵訓練四個月期間，沒有像今日現代化的「莒光日」電視教學那樣簡便，所有政治課程，都由連輔導長親自授課，另外還要擔任國語教學、軍紀（法）、保防、愛民教育的教官，工作負擔和精神壓力之重，概可想見。

爲了加強新兵國語教育，陸軍預備部隊訓練司令部，曾於民國四十四年三月，在新竹埔頂營區，成立了國語師資訓練班，規定各步兵團指派國語教官二員參加受訓，我有幸被推薦去該班接受爲期一個半月的師資訓練，把國語注音從頭學起，當時來班授課的老師，都是前臺灣師範學院的國語（文）、國學大師，如王壽康、梁容若、齊鐵恨教授等知名之士。由於這些老師的熱心教導，使我改變了湖南的方言，也使我對語言的表達，有著顯著的進步，更奠定了我一生參加演講或辯論比賽，都能榮獲前三名的基礎。期末筆試與口試（聽音辨別力）的成績，平均高達九八．五分。從這時候開始，回到連上擔任國語教學，不僅信心大增，而且經常代表團部擔任示範教學。記得民國四十四年六月四日，經國先生，任國防部總政戰部主任時，蒞臨臺中光隆營區視察補充兵訓練情形時，團長楊玉方上校（後任陸軍少將師長、副軍長）陪同到教室來視察我所主持的國語教學，且停留長達半小時之久，離去時頻頻點頭，狀極愉快。據團長和政戰主任王中校事後面諭，經國先生對我所做的國語教學，甚感滿意，我也覺得非常榮幸。

擔任補充兵和新兵的政治教官，其主要任務在使受訓的士兵深植國家觀念、民族意識，並瞭解做為一個中國人，必須要瞭解自己國家的光輝歷史和悠久文化，以及地理環境，激發其忠愛國家的赤忱，進而使其知道爲自己的國家奉獻犧牲，是最光榮的事。這是我當年在思想工作方面，努力的目標。所以無論當時的環境，是如何的困苦，工作負擔是如何的繁重，對於這項工作，我是始終不曾掉以輕心的。

組織工作：政工改制時期的基層組織繁多，計有特種組織、官兵組織和保防組織：

特種組織方面：設有區分部、小組，前者每半個月須開會一次，後者每星期開會一次，這兩種組織的會前準備與會後對決議案的執行，都要全力投入，以免造成會而不議，議而不決，決而不行的缺失。

官兵組織方面：設有㈠中山室工作委員會，規定每月須開會一次，對於文化宣傳、康樂、體育活動、官兵聯誼等工作，都應透過這一組織來策劃、推展。㈡生活檢討會，每月必須開會一次，凡屬人事升遷、獎懲，伙食帳目，文康、體育、聯誼活動，安全維護等，都應分別提出報告、檢討，以促使官兵意見公開，加強部隊團結。㈢伙食委員會，每月須召開會議一次，將當月起伙總人數，及其主副食發放、審查、結算情形，提出報告、檢討，會後並應公布賬目。㈣人事評判委員會，每月開會一次，將全連官兵當月的賞罰、升遷情形，提出審議、檢討、建議，以促進人事公開。

安全工作：連裡的安全工作，置重點於保防佈建、安全資料的建立、塡註，以及預防措施的加強，這都是非常繁重的一環。當年補充兵、新兵或預備士官訓練，都以四個月為訓練期限，每人從入伍開始，由基本資料的建立，到離營時的資料移轉，前後也只有四個月的時間，每人一份，一共就有一六〇份，每人每週的動態資料，團部規定至少應填註一條，每月就要填註六四〇條，其工作負擔之重，非局外人所能想像。我對於動態資料的註記，一向極為慎重，不只是不可隨便，而且要做到是非分明，對國家、社會和自己良心負責。我初出茅廬擔任連指導員，對於這項工作毫無經驗，特請政戰幹事偏勞，因資料來源困難，第一期補充兵安全資料績效評比，名列全團倒數第一，我當時覺得非常慚愧。

不過，我是一個知過必改，從不服輸、不氣餒的人，經過那一次失敗的教訓以後，我曾虛心地檢討、研究資料蒐集、研判、整理的要領，經由鍥而不捨的創新、突破，從第二期補充兵訓練開始，每一梯次新兵的安全資料評比，都是名列全團第一。這種轉敗為勝的要訣，就是一個「勤」字。

新兵訓練期間，對於維護訓練安全，預防意外事件發生，也是非常重要的：諸如操場教練時，防止新兵因體力不濟而中暑暈倒。實彈射擊時，預防流彈傷亡，或靶溝勤務管制不當而生意外。手榴彈、迫擊砲實彈投擲、發射時，對於誤投，或緊急狀況的處置；餐飲衛生的監督、管理、預防食物中毒等等措施的加強，都須注意到人員編組與講習。由於同仁們都能發揮團隊精神，做到分工合作，無論補充兵、新兵或預備士官訓練期間，從來沒有發生過意外事件，這的確是很難得的事情。

服務工作：基層連隊的服務工作繁多，除了辦好伙食，改善官兵生活，已在前面作了說明，原本不應重複敘述。可是對於端正部隊風氣方面的，也是有關於伙食方面的事情，我還要補充一點，那就是當時有些連裡的伙食結餘，多採取控制措施，等到新兵結訓離營後，把結餘下來的米、麵變賣現金，作為建制官兵的福利，諸如在梯次間隔期間的官兵會餐、加菜、為建制內的軍士官兵購買便服、皮鞋、手錶等等。我對於這種種損害多數，圖利少數的不當做法，卻很不以為然。我認為這是敗壞社會風氣，傷害政府威信，破壞國軍形象的不良作法，不值得仿效。我曾經向建制的官兵說明過，新兵受訓期間，辦好伙食，使他們吃得飽，也吃得好，就是對弟兄們的一種服務，也是一種照顧，如果把結餘的伙食，當作我們建制官兵的個人福利，不只是違法，而且於心不安。假若我們自己的孩子在部隊服役，有人把孩子應得的生活福利，剋扣下來，飽入私囊，而使孩子吃不飽，要向我們做家長的索取金錢，去福利社購買食物充饑，增加家長的負擔，我們的孩子和做家長的作何感想？因此，我對於連裡的伙食結餘，要求做到絕對公正、公開，報繳米麵所得的現金，除用於平日加菜和結訓時的官兵會餐外，建制內的官兵不准享受任何特權。結訓時責成伙食委員（並規定為新兵），向全體官兵公開報告全期伙食帳目，做到涓滴歸公。

做好新兵家屬服務，也是服務工作最關重要的一環。為人父母的，對於自己親生骨肉，入伍訓練的關注，乃是極為正常的現象，而新兵弟兄對其家屬的惦念，尤其是對於遭受急難疾苦的紛擾事故，更會浮現「人在軍營心在家」的徬徨心態。為了促使新兵安心受訓，平安離營，除經常要求班、排長，並透過相關組織成員主動發掘問題，反映新兵的心理狀態，或填寫家屬服務事項申請表外，並定期一一約見新兵弟兄，瞭解事實眞象，把能夠幫助做到的事項，立即轉請有關單位辦理。於法無據，或格於限制因素，難以辦到的事項，也當面予以解釋，務求做到案案有著落，事事有結果。這樣盡心、盡力、盡責的服務態度，縱使沒有解決困難，也能得到弟兄們的諒解。

新兵訓練單位，除非特殊情形，通常在入伍後的第二個星期天，辦理家屬來營會親。從上午九時至下午四時，指派專人分組辦理接待家屬的各項事務。這是新兵弟兄最高興的時刻，他們不但能見到家裡的親人，而且能吃到從家中帶來的各種美食。在整整七個小時當中，離情別緒，無不暢所欲言。而連部對安全維護和茶水供應，通常須要妥善的安排，使來訪的新兵家屬有著賓至如歸的感受。民國四十三年夏季的一個星期日（忘記了確切日期）下午三時許，有一新兵的母親（忘記其母子姓名），在將結束會親前，因氣候炎熱，體力不支，突然暈倒在竹子構建的餐廳內，使在場的人們都震驚起來，我獲悉後立即通知醫務所，派遣醫官趕來急救，經注射藥劑後，立即甦醒過來，眞是阿彌陀佛！稍微休息一陣子後，連長囑咐我護送至苗栗縣後龍鎭一處偏遠的鄉村，雖然已是萬家燈火的時刻，因爲很平安的抵達家門，村裡面的男女老幼，都趕來探望，對部隊愛護新兵家屬的熱忱，莫不欽佩與感激。當我回到營區時，全連的新兵弟兄，對於我照顧新兵家屬的誠摯心意，也是讚不絕口。

民國四十四年元旦，奉核准例晉陸軍政戰中尉，從此以後，在連內再也沒有階級高低的顧慮了，對於環境的適應力，也較以往好多了。同時對於基層政戰工作，更有著駕輕就熟的體驗。因此，凡是全團主辦的軍歌、演講、壁報、小型康樂晚會演出競賽，我連的成績都是名列前茅，爲團體爭取了不少的榮譽。不僅如此，團部所舉行的新兵懇親大會，有關精神佈置與各項活動的策劃，以及國語師資訓練班的設班計畫等，都指定由本人負責，我都本著多經一事，多長一智的認知，全力以赴。我這種勇於任事的精神，深受後任團長田（榮祖）上校，團政戰主任桂（作棵）中校的嘉許。同年十一月榮獲中國國民黨中央委員會選拔爲第一屆優秀基層幹部，奉總裁　蔣公中正先生頒發證書乙紙，我領受這份榮譽，深感榮幸！

民國四十五年一月一日，部隊奉命改編爲陸軍新兵訓練第五團第三營第十一連，我仍繼續擔任原有的職務，雖然在同一工作崗位上，經歷了三年多的時間，可是沒有任何厭倦的感覺，反而有著再接再勵的幹勁。在精神上顯得更加愉快，特別是對於訓練預備軍官第五期的教勤支援任務，更有著成就感。於訓練結束後，奉陸軍總部核定，調任陸軍裝甲兵第一師砲兵第四營第十一連上尉編階的輔導長，於十二月十六日報到前夕，連內的建制官兵，曾舉行惜別餐會，參與會餐的官兵，對我平日嚴格執行命令的工作態度，不但沒有怨懟，且普遍獲得諒解，而且交相讚譽，感人的熱情場面，讓我留下了美好的回憶。

第八章　服務裝甲部隊的成就感

在裝一師續任連輔導長，並任全師軍官級政治教官，頗受讚揚；在裝甲兵司令部任參謀六年，能適應司令蔣（緯國）將軍對作業方面的要求標準，引以自豪。

民國四十五年十二月十六日，從臺中乘火車抵新竹湖口，承連長王（允漢）少校，親自到車站來接我，使我的行程既順利又愉快，內心非常的感激。

陸軍裝甲兵第一師野戰砲兵第四營第十一連，駐於湖口二營區，砲指部暨所屬部隊，都駐在同一營區內。用木材構建的營房，形式上和臺中光隆營區的兵舍，沒有任何差別。這是國軍隨政府播遷來臺時推行克難運動的產物，從這裡便可以瞭解當年國軍官兵的生活設施，是何等的簡樸。

裝甲部隊砲兵連的編制員額，遠比新兵訓練單位，或步兵連的官兵少了許多，可是官兵的素質整齊，知識程度也比步兵連要高得多，對於政戰工作的推行，自然也比較容易。尤其因爲官兵人數不多，生活照顧與一切服務工作，更容易收到效果。

當我到職不到半年，也就是民國四十六年五月，臺灣曾發生了一次流行性感冒，新竹湖口也不例外。全連官兵罹患的比例，高達百分之九十以上，感染嚴重的官兵，都是頭痛、嘔吐、全身發熱，不思飮食，臥病長達一星期之久。爲了避免波及未受感染的官兵，特別把全連的行軍床，集中於連部中山室、餐廳、以及走道旁，讓受到感染的官兵，安靜的療養。我當時雖然也受到感染，但情況並不嚴重。正因爲這樣，所以我仍可以起來爲弟兄們遞送鹽開水、藥物等等服務工作。經過這次病痛的考驗後，全連弟兄對我這個「新兵」做人處事的態度，已有深刻的印象了。

湖口營區的地勢很高，素有「湖口臺地」之稱。冬季的風力強勁，氣候寒冷，營區週邊種植的樹木，存活力極少，眞說得上是不毛之地。可是到了夏季，天氣又相當炎熱，因爲樹木稀少，每當塵土飛揚，弟兄們都有著「灰頭土臉」的感覺。營區附近的空地寬廣，用水並不困難，我把握住「地盡其利」的原則，建議連長策動官兵開墾多處荒地，分配各砲、組，種植蔬菜，經過一番耕耘和競賽評比後，成果非常可觀，不僅改善了官兵的伙食，而且開拓了官兵活動的空間，使弟兄們在精神上有了寄託。

民國四十六年十月，最使我感到榮幸的一件事情，就是雙十國慶的那一天，和全連官兵一同參加了先總統　蔣公中正先生躬親主持的閱兵大典。經過將近四個月的嚴格訓練，無論官兵的基本動作，裝備保養，安全維護，或後勤支援，都達到了零缺點的要求。當部隊進駐於臺北市立大同中學時，我對於官兵生活的照顧，軍紀安全的維護，文康福利和服務工作的加強等等，無不設想周全。十月十日國慶閱兵的當天，全連官兵精神振奮，士氣高昂，裝備完善，車隊以分列式通過閱兵臺，向大閱官致敬前後，未曾發生任何意外事故，這完全是由於連長王允漢少校（後晉升陸軍砲兵上校任師副參謀長）勞心勞力，以及全連官兵發揚團隊精神之所致。

裝甲部隊對官兵的政治教育，極爲重視而認眞。爲了集中人力和時間，做好思想教育，強化精神武裝，各裝甲師都以任務編組方式，成立了政治教官組，把所屬部隊中學有專精，且具教學經驗與堪爲人師的政戰幹部，調來擔任教官，每星期一至星期五，巡迴各單位，分軍官、士官、士兵三級實施政治教學。我來裝一師原是「新兵」，根本沒有一個熟人，不知爲何把我調任軍官級的政治教官？向教官組報到時，總教官梁（兆勤）中校，教官談（嵩峰）少校、王（月明）少校、王（明寬）少校、高（承基）上尉、凌（鋒）上尉、張（文冰）上尉、鄭（瑜）中尉、翟（丕樟）少尉、陳（豫舜）少尉、曹（尚斌）少尉、周（以昆）少尉等雖然都是初次見面，但知道他們都是全師政戰幹部的精英。當我進入狀況，認識工作環境之後，總教官接著分配我講授「蘇俄在中國」、「解決共產主義思想與方法的根本問題」、以及「時事分析」等課程，我對於這些課程，雖然沒有講授經驗，可是有信心把每一課程講好。經過兩個多月的準備工作，正式巡迴各營區的軍官團展開施教，依據聽課的軍官和主管部門的調查反映，我所講的課程，都受歡迎，且獲好評。在那時期，我和談嵩峰、張文冰兩位教官合編了一本「蘇俄在中國題解」，深受官兵喜愛，所以銷路十分快速，無意中賺了一點外快，同時也奠定了我成家的經濟基礎。

教官組和當年享譽中外的「捷豹」克難樂隊，同駐於一幢木造營房，該隊僱有十幾位美麗大方的小姐，如綽號「小皮球」、「傻大姐」等，都是受官兵歡迎的女歌手，每當政治教育季考時，隔壁的這些小姐，都會主動要來替我們評閱考卷。儘管小姐們袒胸露背，對教官們毫無戒心，但我們這些「王老五」（形容當年未結婚的人）都是規規矩矩，目不斜視，看來都是一副爲人師表的模樣，爲同仁們留下了愉快的回憶。民國四十七年十一月，應邀擔任新竹軍三民主義講習班的政治教官，主講「臺海戰役的勝利對世界局勢的影響」，也受到全體受訓官兵的肯定，並榮獲軍長馬安瀾中將（後任陸軍二級上將陸軍總司令及國防部副參謀總長兼執行官）當衆表揚，讚許我是青年才俊，將來對國家一定能做出貢獻。馬將軍這番獎飾之詞，對我的鼓勵極大。

就因爲我教學熱心，工作認眞，師部政戰部不讓我回到連上去服務。可是自從我離開連部之後，許多實際困難、複雜的問題，就接二連三的發生，有些弟兄常常打電話向我訴苦，或親自來教官組看我，請我趕快回到連上去處理。經過一番考慮，把須要講授的課程授完之後，堅決請求師政戰部，准我返回部隊服務。

民國四十七年十二月，我終於辭卸教職，回到原單位了。許多弟兄把連上所發生的各種問題，和盤托出，我把那些屬於官兵之間，或部屬與長官之間的隔閡、誤會，以及心理上的疑難問題，一件一件地解決掉。剩下來的，就是不正常的男女關係，與久病不癒，始終無法送醫治療的兩件事情了。

俗話說：「清官難斷家務事」，意思是說家務事，單位主官（管）不一定處理得了的。原來連裡有一姓胡的食勤士官，因私自結婚，無法獲得眷補，妻子和兒女的生活比較困難，食米多靠連裡的伙食結餘予以補助，而胡士官罹患肺疾，久未痊癒，我沒有去師部政治教官組服務前，曾協助他進住花蓮肺病療養院，照理說對胡士官原本是一件好事，可是沒想到自從他住院以後，他的妻子便和連內一位觀測官發生了曖昧關係，這不僅妨礙了胡士官的家庭，而且有損軍官的形象和部隊的士氣。這件醜聞，在法律上本來是告訴乃論的。可是當連內許多官兵，把這件事情像「羅生門」似的傳來傳去，並向我直接反映之後，若是不予處理，的確有虧職守。因此我曾以嚴肅的態度，當面勸導那位觀測官，要他和胡太太斷絕往來，但是沒見效果，在「乾柴遇到烈火」的情形下，事實上很不容易使它「熄滅」。全連官兵對這件事，仍然當作茶餘飯後的笑料，使我和連長都感到為難。經研究結果，應即採取斷然措施予以處理，以免影響官兵的團結和士氣。

在一個寒冬的深夜，當全連官兵酣睡時，有一S中尉軍官突然來我寢室反映：「某觀測官又去胡太太那邊去了，」我立刻起床穿好禦寒的服裝並向連長請示，奉准前往處理之後，偕同一名和該觀測官私交很深的侯士官長，帶著手電筒，在不驚動連內任何官兵的狀況下，以輕便的步伐抵達胡士官住家的前門，由侯士官長呼叫該觀測官數聲之後，胡知道情況不妙，也無後路可逃，於是開門低著頭走了出來，我保持五公尺的距離，隨著他們兩人的後面跟進，蓄意不讓他們發覺我的行蹤，回到連部。為了不打草驚蛇，讓該觀測官好好地入睡。連長陳（滙川）少校不希望讓事情擴大，在夜深人靜的時刻，當面請求營長孔（繁焜）中校（後晉任陸軍少將裝甲兵旅旅長），於翌日清晨令該觀測官先行離開營區，去師部待命，沒有多久，奉命調去陸軍步兵部隊任職了，使這一棘手的問題，獲得圓滿的解決。

久病不癒待在營區的「老病號」，既住不進醫院治療，又無力隨同部隊操課，的確爲部隊帶來不少困擾，也使患病的官兵感受痛苦。連內有一下士名叫王才幹的，罹患胃疾達數年之久，在營部衛生隊有限的診斷能量情況下，病情始終沒有得到改善。而這種慢性病，野戰醫院因床位有限，也不容許長期居住，我把各種狀況深入瞭解、分析過後，曾親自陪同王下士前往新竹芎林陸軍第×野戰醫院門診三次，並請求住院，主治醫師看我對病患官兵的照顧至爲熱心、眞誠，終於獲准住院治療，全連弟兄眼看這些困難的問題，全部得到解決，無不爲之感動、讚佩。可是我自己認爲這是應該盡的職責，實不足以掛齒。

從師部教官組回連服務的主要目的，是爲了解決官兵的實際困難，當我把那些問題一件件解決之後，連長張（之澤）少校和副連長陳（杼）上尉，都歡迎我和他倆一同參加中等學校的軍訓教官考試，因爲我對於這項工作的意願不高而婉拒。而且師部再度命我去教官組任教，爲了不錯過教學相長的機會，我於四十八年四月，再度返回教官組，總教官楊（華鑫）少校，除指定我繼續擔任軍官級的課程，講授「蘇俄在中國補篇」和士官兵級「人生眞諦」以外，並兼任教務組組長一職，我對於這項任務感到非常惶恐，由於得到全體同仁的支持，使全盤教務工作，在順利中進行，特別是在各營區軍官級講授「蘇俄在中國補篇」、士官兵級講授「人生眞諦」，普遍受到歡迎時，陸軍裝甲兵司令部政戰部增編了政五科，裝一師政一科科長張（素行）中校，奉核定調升政五科科長，他到職不久，認爲我很適任參謀職務，於是把我調去，承擔開創性的工作。

我於民國四十八年八月六日，向新職單位報到，科長立即授予我接掌官兵服務的業務，並且馬上釐訂官兵服務實施規定，接著成立官兵服務中心。

十月初準時設置官兵服務中心，其工作項目包括：急難救助、醫療服務、法律輔導、糾紛調處、疑難解答等五項。自服務中心成立之後，接受官兵服務的案件並不太多，處理也不算很難。最使我感到困擾的，就是司令蔣（緯國）將軍交辦的一些私人函件。因爲蔣將軍的接觸面很廣，需要請他解決的問題，多是昔日舊屬、政府官員、社會賢達、藝文名人、學者專家等等寄來的函件，平均每天約五至十件，而請託的事項，包括工作介紹、急難救助、書刊推銷、法律訴訟、題辭、作序等等爲最多。以蔣將軍當年的聲望和地位，大家都認爲只要他願助一臂之力，一切問題都可迎刃而解。就因爲這樣，使我的工作加重了不少的負擔。原因是對於這些來信的處理，不只是坐在辦公室裏寫幾封八行書，就能交差了事的。最麻煩的作業程序，是先要瞭解來信者的背景資料，包括當年在部隊服務時的詳細單位、級職、直屬長官姓名、並瞭解其以往在部隊的表現情形，諸如品德、操守、學識、才能、工作績效等項。如果是請求介紹工作，還要瞭解他的專長，受介紹的單位有無缺額？把這些相關的事項查清楚以後，才能進行作業。簡單的案件，通常是簽稿併呈，較重大而且是關於原則性或政策性的案件，那就要「先簽」「後稿」。正因爲蔣將軍所要求的標準甚高，連標點符號也不准發生錯誤，若有差錯，每錯一個標點，承辦人就要受申誡一次，而核稿的主管長官，從科長、政戰部副主任、主任及副司令等都要連座，所以我這個承辦人的工作負擔和精神壓力，是相當沉重的。

蔣將軍對於參謀作業的要求標準不僅很高，而且在速度上更是要快。民國五十年六月十七日中午上班時，中華婦女反共抗俄聯合會陸軍裝甲兵分會，爲了響應裝甲兵於民國四十九年九月所發起的「反共復國人人有責」運動，及民國五十年四月二十九日，舉行「民族英雄鄭成功復臺三百週年擴大紀念會簽訂公約」，特交辦以分會主任委員蔣丘如雪女士（蔣將軍夫人）的名義，寫給裝甲部隊全體官兵眷屬的公開信，並限於十一時前呈核。我對於這項突發性的緊急任務，眞是忙得喘不過氣來。所幸我能瞭解「反共復國人人有責」運動發起的意義和做法，以及「紀念鄭成功復臺三百週年簽訂公約」的目的和要求，因而能在限定的三個小時內，終於克服困難，完成交卷的任務。類似於這種既要夠標準，又要加速完成任務的工作，自民國四十八年八月到民國五十一年十二月，三年多來，不知經歷過多少次！凡是經由蔣將軍親自核閱批示的文件，也是不記其數，可是自始至終沒有發生過差錯，更沒有使核稿的長官受到連座的處分。這是我夜以繼日，鍥而不捨，朝夕惕厲的工作態度，所得來的結果。

在政五科服務期間，專責處理蔣將軍交辦的私人函件，除了學到了許多寫作的技巧，增進一般學識和參謀作業能力之外，最使我感到快慰的，就是做了許多救苦救難的事情。也就是對於需要幫助的人，提供了及時的幫助，這種雪中送炭的工作，絕對是可遇不可求的，甚至花錢也買不到的。諸如貧病交加的軍眷、久病不癒，情況危急的住院傷患官兵、退役後無人事（社會）關係的榮民弟兄、受人欺壓，權益受損的袍澤等等，每到無法解決困難，甚至生活陷於困境的時候，都會寫信請蔣將軍賜予救援。我對於這些案件的處理，都是本著人饑己饑，人溺己溺的心境，無論認識與否？都會一視同仁，盡力設法予以幫助。我總認爲服務是一種良心工作，有了機會，就應把握機會，不讓輕易放過。如果失去了服務的機會，再要尋找服務他人的機會，那就不容易了。至於接受服務的人士，對於我是否表示感謝？滿意？那就不是我願意聽到或見到的。這種爲善不欲人知的做法，可能也是我以往在軍中服務三十餘年來，好幾次面臨生死存亡的重要關頭，終於化險爲夷，轉危爲安的因果關係吧！

我到裝甲兵司令部政五科服務，前一年兩個月的職缺，是寄於裝一師砲兵指揮部政戰處上尉民事官，民國四十九年九月十六日調任裝甲兵司令部政戰工作隊上尉文教分隊長、五十一年八月一日調任該隊上尉副隊長。至同年十二月十六日，始調任政二科少校編階的心理作戰官。從這裡便可以了解我在政五科服務三年四個多月當中，只有盡心、盡力、盡責的工作，卻沒有一天靠「編」的職份。

民國五十二年一月一日，奉核定晉任陸軍政戰少校。一月三日，當我離開政五科，交代那種繁重的業務時，心中有著如釋重負的感覺。

一月三日，我正式向政二科報到，科長武（克讓）上校，指定接掌康樂業務。因爲我缺乏這方面的工作經驗，顯然又面臨到嚴酷的挑戰。所幸「三三」國劇隊已被裁撤，沒有督導專業單位的負擔，只是承辦部隊的小型康樂、軍歌教（演）唱、晚會演出和電影放映等項工作，精神壓力不大，在科長的領導下，一年來一切都能勝任愉快。

民國五十三年元月二十一日，司令部由副司令趙（志華）少將，率領各有關單位指派的軍士官，於當天上午九時，抵達新竹湖口裝一師，實施裝備檢查，並事先通令各受檢單位，將車輛的油廂加滿（含戰車），受檢的各種武器應攜帶實彈。當受檢部隊集合完畢，趙某講話時，對政府和裝甲兵的若干措施，嚴加批評、指責、謾罵，意圖挑撥、分化、煽動官兵盲目地跟隨他去中央政府所在地的臺北市，製造事端。這時候除了極少數無知和缺乏判斷力的官兵，偶爾起立附和一兩聲之外，其餘百分之九十九點九的官兵都不予理會，也就是不表示支持，在僵持了兩個多小時之久，部隊仍按兵不動。趙某見狀，心中難免有些不安，於是把自己攜帶的手槍掏了出來，置於講桌上面，他的用意是只要那一個不聽命令，就會當場被槍斃。沒想到，有一戰鬥群（忘記了部隊的番號）的政戰處長朱寶康中校（後晉任聯勤總部政戰部少將副主任），忽然站了起來（參與的全體官兵都席地而坐），走近司令臺的側翼，假稱支持趙的行動，並立即步上司令臺，揚言要保護「副司令的安全」，就在趙比手劃腳，繼續講話的時候，朱中校以迅雷不及掩耳的手法，將趙某置於講臺上的手槍奪了過來，然後將手槍對著趙某，逼他下臺。這時司令臺下，立即上來幾個人把趙某挾往指揮部，旋即轉送龍岡第一軍團司令部（當時的司令爲羅友倫將軍），使震驚一時的「湖口事件」，很快獲得平息。

當事件的消息傳到臺中清泉崗裝甲兵司令部時，我正在政戰部主任的辦公室內，報告有關慶祝裝甲兵「三三」隊慶各種政訓活動的計畫方案，武將軍於接聽電話後，神情突然凝重，我見狀立即返回自己的辦公室。等到當天下午參與裝檢的人員，返回司令部時，才知道上述事件的始末。據有關單位檢討結果，這完全是趙某個人的意氣用事，根本不是當時媒體所傳說的什麼「湖口兵變」。具體的說，就是趙本人沒有得志，對新任的某司令頗表不滿，因趙比某司令資深，趙任裝一師師長在先、某司令在後。再加上趙某因私人事務請求新任司令予以解決，未予核准（據傳聞得知）。因此，在趙某失去身心平衡時，發生了這一震驚中外的「湖口事件」，事後命名為「伏魔案」，就是這個意思。

民國五十三年三月一日，國防部通令裁撤師級單位的業餘康樂隊（係任務編組），裝一、二師頗富盛名的「捷豹」、「迅雷」克難樂隊，隨即裁撤，由裝甲兵司令部負責併編為國軍藝工第五隊，將上述兩隊的演藝人員選優編成，器材和隊職人員的調撥，曾遭受到許多的困擾。經過將近三個月的奔走、協調、籌措，終於獲得解決。接著制訂了組織規程、作業細則、部隊巡迴演出實施規定等業務手冊，使組隊的任務圓滿達成。從此以後，我對於主管康樂工作，已有了堅定的信心，也具有許多的工作經驗。而藝工隊成立之後，無論是隊職幹部、演藝人員的遴選、訓練，以及勞軍演出各項工作的推行，隊長陳（豫舜）上尉（後來晉任中國電影製片廠上校廠長）出力最多，貢獻最大，他的工作熱忱和協調合作的圓融，以及有為有守的表現，實在值得肯定。

民國五十三年十二月一日，裝甲兵司令部奉命改編為陸軍裝甲兵訓練指揮部，並從臺中清泉崗遷到新竹湖口長安基地，仍和裝甲兵學校駐在同一營區，司令部政戰部各科，全被裁撤，改編成一個幕僚群，政二科的成員也都全部調離，這時候我在政戰學校接受高級班（也是補修專科學分班）訓練，主任周（國煌）將軍認為我做事負責盡職，所以把我留在指揮部政戰部，承辦原屬政二科的全般業務，底缺被安置於裝甲兵訓練中心，任組訓官職務。民國五十四年年初，我從政戰學校高級班畢業返部後，犧牲休假（照規定可休假一星期）立即返部上班。因爲新建的營區，室內、室外的各種精神佈置、播音系統，軍、士官兵俱樂部等等設施，都須要我策劃。而原先政二科的康樂活動、心戰工作、文化宣傳、新聞發佈，都沒有因爲部隊裁編而有所省略，再加上原來只是隸屬於陸軍總部，爲總部的直屬部隊，改編後又多了一個指揮機構，那就是陸軍訓練作戰發展司令部。在「雙頭馬車」的壓力下，只僱用了一位播音員來幫忙。我在工作方面的負擔，便可想而知了。尤其是當兩個裝甲師參加實兵對抗，或高司演習時，我還要擔任政二部門的裁判勤務，等到演習任務結束之後，又要處理積壓已久的各種業務，更加使我忙得喘不過氣來。正因爲工作繁忙，連星期六下午，或整個星期天，都須要加班。在無怨無悔的工作過程中，就在前後兩個星期六的下午或星期例假，曾先後接獲陸訓部政戰部主任李（中）將軍尋找主任周（國煌）將軍的電話，都因周將軍沒在辦公室，總機的值勤人員把電話轉到我這裡來，無形中使李將軍對我有了深刻的印象。因此沒有多久，就發布命令調任預備第四師砲兵第十六營的輔導長了。李將軍對於我的愛護和提拔，至令我仍是銘感肺腑，永誌不忘。

在長安營區裝訓部服務期間，最使我念念不忘的，就是把新建營區四週的精神佈置，播音系統設置完成，並在人手奇缺，也可說是在孤軍奮鬥的困境中，設置軍、士官兵俱樂部各一處，當時的政戰部主任周（國煌）將軍，爲了充實這些設施，曾請求當年國防部總政戰部主任高（魁元）上將，核發了新臺幣九八、三〇〇元，經協調主計和監察部門，依作業規定議價，由臺北市葉山企業公司承包，把軍、士官兵俱樂部的交誼廳、餐飲部、吧檯、貴賓接待室等設備，裝置起來。使營區官兵在公餘時間，有一舒適的休閒處所。等到這些重大工程完成之後，周主任（國煌）將軍偕同政戰部全體同仁，舉行餐會，歡送我去新職單位報到。頓時使我想起，在裝甲部隊，雖然虛度了九歲年華，但以一個上尉、少校時期的基層軍官，能完成許許多多極有意義的任務，的確有著令人滿意的成就感。

第九章　在陸訓部隊屢創佳績

在預四師任營輔導長，奉命創立師部政治教官組，並任總教官，深獲好評；在陸訓部政二組任幕僚，連續兩年膺選優秀參謀，殊感難得。

自民國四十二年五月一日任連輔導長起，至民國五十四年八月底，由裝訓部幕僚調任營輔導長前，長達十二年四個月之久，若不是承蒙陸軍訓練作戰發展司令部政戰部主任李（中）將軍的拔擢，還不曉得要等到何年？何月？才有調任營輔導長的機會。

按照命令生效的時間，應在民國五十四年九月一日，去陸軍預備第四師榴彈砲兵第十六營接任輔導長新職，因爲裝訓部新竹湖口長安營區的各項文康設施，沒有如期完工，經徵得陸訓部的同意，准予延至同年十一月一日正式到職。

砲指部所屬的部隊，都是簡員編成，也就是除了軍官和少數士官以外，是沒有士兵現員的。所有部隊都集中駐於桃園縣八德市的更寮腳營區，平日也都是照表作息，通常是課堂上的學術課程、體能訓練、裝備保養、勞動服務、政治教育等項。全營區的軍、士官，合併爲一個伙食團，集中在一起用餐（無餐廳設施），伙食由各營輪流主辦，並採競賽方式進行，爲了爭取團體榮譽，大家都不敢掉以輕心，所以伙食的質與量都很不錯。正因爲生活和工作都很正常，一切都不像野戰部隊那樣緊張、繁忙。

營長陳（芳華）中校（山東省籍陸軍官校十九期砲科）爲人誠正、心地善良、做事謹愼、御下寬厚，是一位苦幹實幹型的長官，由於他具有獨特的忠厚性格，使少數部屬誤認他是「懦弱」。某天午睡起床時，營長爲了寢室的內務能整齊劃一，要求値星官轉達所屬軍士官將所有床頭上吊掛的衣物收藏起來，或移到外面晒衣場去，經値星官宣布後，其中有第二連副連長L中尉當場抗拒，値星官說：「這是營長的指示」。他仍是抗拒不從，並公然咆哮：「誰指示要把掛在床頭上的衣服移到晒衣場去，誰就是王八蛋。」儘管受到在場軍、士官的善意規誡，仍未被L員接受，這不僅使營長臉面無光，其他人員也深感無奈。我爲了維護部隊長的威信，也爲了珍惜L副連長的前途，免得因此遭受處分，曾數次請他向營長道歉，也沒被接受。營長爲了維護自己的尊嚴和威信，在L副連長堅持不願悔過致歉的情形下，乃將這一公然侮辱長官的案件，呈報指揮部轉呈師司令部依法處理。當L副連長接到師部軍法組的傳訊，並予收押後，我曾謁見師長趙（錦）將軍，請求准予從輕發落，並去軍事看守所再度勸L副連長向營長悔過、道歉。L員深知後果嚴重，於是接受了我的勸導，規規矩矩地寫了一份悔過書，經師長核准開釋後，再向營長當面致歉，使這一公然侮辱長官的案件圓滿化解，發揮了愛的教育、鐵的紀律的效果。

指揮部政戰處處長李（前用）中校（四川人後晉任陸軍砲兵學校總隊部政戰上校輔導長），個性耿直，操守清廉，是一位埋頭苦幹，勇於任事的長官，對我非常倚重、愛護，當我到職不久，即指派我編印一份油印報刊，參加師司令部比賽，經評比爲第二名，這是我離開政工幹校以後，第一次親手編印的刊物，覺得很有意義。

預備師照規定每年應進駐臺中成功基地，實施爲期一個月的動員召集教育，也就是把過去從部隊退伍返鄉的官兵召集回營，再加訓練，以充實國軍的後備力量。凡是進駐基地的部隊，無論距離遠近，都須徒步行軍，餐風露宿，任何軍、士官都不准例外。部隊從桃園經臺灣縱貫道，也就是第一號道路，到彰化八卦山營區，徒步行軍歷時四天半才能到達，這是我從軍以來，步行最久的一段路程，也是我體能的一大考驗。

在爲期一個月的動員召集教育過程中，我爲部隊做了幾件極有意義的事情。

從應召員報到至解召的一個月當中，因安全維護措施周全，所屬部隊安全責任區的劃分都很明確，經常提醒官兵「多管閒事」，隨時注意可疑的人和事。火砲實彈射擊時，要求各級指揮官，切實做好防險工作，使教召全程未發生任何意外事故。

尊重應召官兵的志願，並激發其從軍報國的勇氣，策動各級幹部辦理志願留營工作，全營軍士官兵留營人數共計七十二人，爲國軍充實了戰力。

這是我第二次服務於砲兵部隊，對於砲兵操作和戰鬥的程序，都很瞭解，可是自部隊進入集結地區至陣地轉移，有關政治作戰方面的實施事項，都不夠充實，也不夠生動，經過這次基地訓練，我研擬了一套野戰砲兵營、連政治作戰準則草案，規定營連砲兵在集結地區、戰鬥陣地、火砲射擊、陣地轉移各階段，政治作戰應採取的各種措施。經師司令部轉呈陸軍訓練作戰發展司令部，納入政治作戰準則修訂的參考，並奉國防部核准備查。

在爲期一個月的動員召集教育進程中，當我到達彰化八卦山，剛歡迎應召員報到後，就罹患了重感冒，發燒高達四十度，感謝營長陳中校的熱心關懷和照顧，很快獲得痊癒。也正因爲這樣，才能如期完成教召任務，並偕同建制內的軍士官，隨著指揮部沿著彰化、臺中、苗栗、新竹原來的路線，徒步行軍返回桃園。

教召任務結束不久，奉命去臺南某一營區（忘記了營區的名稱）參加爲期一週的實踐講習班訓練，專門研究「新剿匪手本」，因爲這是先總統　蔣公中正先生躬親訂定的革命戰法，在講習一個星期當中，受訓的軍官，個個都很認眞，競爭也很激烈，期末測驗，我的成績得到九九．二分，名列第二，榮獲獎品乙份，返部後復奉指揮官王上校頒發獎金新臺幣壹佰元，榮譽假三天。

民國五十五年七月，奉師司令部派任政治教官組總教官，這是爲了強化官兵政治教育而成立的任務編組。受命之初，師政戰部主任蔣（文白）上校，先召見我面示成立該組的意義，並希望我承擔全師政治教育的實際責任，期能堅定官兵五大信念，體認「爲何而戰？爲誰而戰？」的政治認識。我奉到主任蔣上校的指示時，深感責任重大，並自感學能淺薄，惟恐有負厚望，當即表示擔任教官一職，在盡心盡力的自我要求下，還有信心可以達成任務，如要我擔任總教官的職務，實在有些惶恐，所以我認眞表示不願接受，並建議請任何一位中校團處長或副處長，或資深營輔導長來擔任較爲合適，可是蔣先生堅決要我承擔，不作第二人選的考慮。在盛情難卻，而且軍令如山的要求下，我祇得敬謹接受這一莊嚴的任務。當年的師主任蔣上校爲人誠正，是一位主動負責，積極進取，有爲有守的長官。在他的認眞督策之下，政治教官組承蒙師部政一科的協助，立即成立於桃園縣八德市的大湳營區中正堂，雖然那是一座電影院，晝間和夜間放映一至二場電影，供營區官兵欣賞，可是對教官組的正常工作並沒有形成干擾。特別是在生活方面，同仁們同在十一團餐廳搭伙，同睡在一間寢室的通鋪上，大家都有著同甘苦，共患難的情感道義。

自我報到之日起，在兩個月之內，完成了教學的一切準備工作，並親手研擬了政治教官組的組織規程，政治教學巡迴施教實施辦法，軍士官政治教育督考實施規定等作業，均奉核定頒布後，爲預備師政治教育締造了新的模式，也是我對預四師在政治教育方面，提供了一點小小的貢獻。

政教組成立之後，師司令部把所屬部隊學有專精、口齒清晰，善於表達，且具表率型的優秀政戰軍官，如葉（萬興）少校（後任陸軍兵工學校中校政治教官）、李（漢儒）少校、魏（守智）少校（後任陸軍總部政二處上校參謀）、閻（品致）少校、周（蓉生）中尉（後任國防部總政戰部中將副主任並爲執行官）方（木通）中尉（後任聯勤二〇三廠上校政戰主任）等都是全師政戰幹部的菁英，大家對於教職工作，都有著高度的責任心和使命感。

按照師部頒布的政治教學巡迴施教實施辦法，每月定期巡迴師司令部、更寮腳的砲兵營區、大湳營區的步兵第十一團、臺北關渡營區的步兵第十二團、臺北六張犁營區的步兵第十團各一天（按：當年尚未實施莒光日電視教學）。由於各位教官同仁在施教前的準備工作都很充分，試講也很認眞，所以講課的內容非常充實，採用五段教學法（閱讀、疑難詞句解釋、講授、討論、測驗）也極生動，深受各單位軍士官的好評，榮獲師長趙（錦）將軍及主任蔣上校多次的讚揚。

我在教官組服務期間，曾擔任師司令部和各團軍官級的政治教學，其主要課目爲先總統　蔣公中正先生的軍事思想（也就是　領袖軍事思想）。這一課程使我對於　領袖的軍事哲學、軍事科學和軍事藝術，有著深刻的認識，並獲得了很多的心得。現從當年講授第一章所擬的綱要，便可瞭解我對於這一課程的研究，是多麼的認眞。

第一章　領袖軍事思想概要

壹、前言

一、思想的意義。

二、軍事思想的意義。

貳、本文

一、我們爲什麼要研究　領袖的軍事思想？

㈠認識　領袖在軍事上的偉大成就。

㈡認識　領袖軍事思想，是我們修齊治平的南針。

㈢認識　領袖軍事思想是反共必勝，復國必成的保證。

二、我們應如何研究　領袖的軍事思想？

㈠研究的態度：

1.不存井蛙之見，勿戴有色眼鏡。

2.不宜復古，更不能斷章取義，或任意曲解。

3.踐履篤實，不宜信口雌黃，不標新立異。

4.本著力行求真知，已知更篤行的態度，切實去行。

㈡研究的根據：

1.國父遺教。

2.古今中外的兵學名著。

3.黃埔、峨嵋訓練集、抗戰言論集、剿共文獻。

㈢研究的原則：

1.要分別不變性與可變性：

(1)原則性者為純理論的，不受時代環境的限制，是永恆不變的。

(2)政策性和方法性者，應隨時代環境而變易，是隨時可變的。

2.要把握軍事哲學、科學、藝術的連貫性，不制為片面之見。

三、領袖軍事思想的時代背景：

(一)從苦難的時代來說：國內有不斷的變革，國際間有巨大的動亂。

(二)從時代的思潮來說：有三民主義的政治思潮，有反三民主義的共產邪說。

四、領袖軍事思想的淵源：

(一)繼承中國的道統：

1.王道文化的傳統精神：以仁為體，以行為用。

2.主張仁者無敵的王道戰爭。

(二)接受　國父的遺教：

1.國防與民生併重。

2.革命戰術重於正規戰術。

3.精神力量重於物質力量。

(三)擷取古今中外的兵學精萃：

1.以東方兵學精神為體。

2.以西方兵學精神為用。

(四)凝結革命戰爭的實際經驗。

五、領袖軍事思想的重要內容及其完整體系：

(一)重要內容：治軍、練兵、用兵、選將。

(二)思想體系：

1.軍事哲學：戰爭思想的基礎。

2.軍事科學：國防建軍的依據。

3.軍事藝術：克敵致勝的憑藉。

叁、結論：

「軍事哲學」課程，由葉（萬興）少校主講，葉少校國學深厚、所授課程，深獲一般軍官肯定。至於我另外講授的「軍事科學」和「軍事藝術」的綱要，因篇幅太多，不便備載。

民國五十六年初，陸訓部政戰部主任李（中）將軍，交代秘書封（惠南）上尉（後任連江縣縣長）從政戰學校一至三期學生當中，遴選具有康樂專長，且任過營輔導長的人員，去該部政二組承辦康樂業務。封秘書和政一組人參官阮（瑞雲）中校（後任上校師主任）就營輔導長名冊中，查出我具備這些條件，經簽報主任李將軍核定調任新職，並限於一月廿六日前報到。我奉通知後，立即從大湳營區政治教官組，直接前往臺中干城營區，向陸訓部報到了。

陸軍訓練司令部，是由陸軍預備部隊訓練司令部改編而成的，再把作戰發展司令部併編進來，就成爲陸軍訓練作戰發展司令部了（通稱陸訓部）。下轄步兵、砲兵、裝甲兵訓練指揮部、技勤指揮部、九個新兵訓練中心、九個預備師、加上陸軍所有的兵科學校，如陸軍步兵、砲兵、裝甲兵、工兵、兵工、通信、化學、衛生勤務、士官學校等軍事學校，規模相當龐大，一般稱爲小型的陸軍總部。司令由陸軍副總司令羅（友倫）上將兼任。當年能調到司令部來當參謀的，都感到非常的榮耀。

政戰部第二組，主管心理作戰、文化宣傳、政訓活動、部隊康樂等業務。組長李（楓林）上校山東省泰安縣人，個性豪爽，待人誠摯，御下寬厚，文學造詣很深，對政二部門的本職工作非常熟練，而且有許多創新的作法，深受長官肯定，部屬敬服。

我到職後，奉命承辦部隊康樂、政訓活動，並協助康樂官邱（瑞光）中校辦理干城藝工大隊的專業康樂工作，負荷相當繁重。幸好以往在陸軍裝甲兵司令部（裝訓部）承辦過這些業務，所以有著勝任愉快的感覺，而且信心滿滿，不會辜負長官的厚望。

因爲五十六年度的各項施政工作即將辦理結束，新的五十七年度的各項施政計畫須要策訂，在工作上顯得十分繁忙，所幸家眷遠居桃園內壢自立新村，除了週末回去探眷之外，平日的慰勞假，從來就沒有休過。家中的一切事務，全由內人負責處理，的確減輕了我不少的負擔。就在這樣一個無後顧之憂的環境中，短短的半年之內，除了熟悉各種業務狀況之外，策訂了部隊小型康樂實施計畫及競賽規定。部隊軍歌教唱實施計畫及競賽規定、軍事學校軍歌教唱實施計畫及競賽規定、軍事學校小型康樂實施計畫及競賽規定、司令部軍士官團南投霧社郊遊活動實施作法等等作業程序。

民國五十六年四月十五日與民國五十七年三月三十日（都是週六），先後兩次辦理軍士官團前往南投霧社和日月潭郊遊活動時，每次調度的軍用二又二分之一T載重車和吉普車，都在二十輛以上，參與活動的軍士官及其眷屬，都超過二百多人。由於計畫周詳，協調圓滿，無論餐飲、舟車安全維護、參觀活動等項，都有充分的準備，妥善的安排，使每次活動都能順利完成，讓參加的每一個官兵及其眷屬，都有著「不虛此行」的感受。

民國五十六、五十七年，依據年度施政計畫，分別辦理部隊小型康樂、軍歌演唱競賽各一次，各軍事學校軍歌演唱競賽一次。因能把握時效，提前辦理成效驗收（評比），使各優勝單位有著充裕的時間，用來準備參加陸軍總部的複賽。在競賽激烈的複賽過程中，民國五十六年，裝甲兵第二師榮獲陸軍小型康樂部隊組的冠軍。就我所知道的實況，那是因爲裝二師當年的政戰部主任胡（志直）上校（後任臺北市政府教育局軍訓室陸軍少將主任）親自策劃、指導所得來的殊榮。胡將軍學識淵博，平易近人，主動積極，有旺盛的企圖心，高度的責任感，是一位多才多藝的將領，深受一般部屬景仰。

民國五十七年在組長李（楓林）上校的指導下，對所屬部隊、學校軍歌演唱和小型康樂的規劃、評比更爲積極、認眞，使部隊的營區和學校的校園，都充滿了蓬勃的朝氣，經評選出來的優勝單位，在參加陸軍總部複賽時，囊括了部隊組軍歌演唱的冠軍和亞軍，小型康樂的亞軍和季軍。學校組軍歌演唱的冠軍和亞軍。這一連串的勝利，固然歸功於各級長官的卓越領導，和各單位官員生兵努力演練，爭取榮譽的結果，可是對我承辦這項業務，確實也增加了不少的工作經驗，更有著「與有榮焉」的感覺。

開創司令部軍士官團社團活動，是一項創舉，就在民國五十七年上半年，先後策訂了象棋、圍棋、橋藝、書法、國畫、國劇研究社等組織章程、實施細則與比賽、展覽、演出規定各一種，並分別成立各該社團組織，對促進軍士官的身心健康，情感交流，以及鞏固團隊精神，都有著相得益彰的效果。

在司令部服務兩年四個月期間，除了在工作上的磨練，獲得許多的績效和進益之外，還有幾則使我難以忘記的人和事，那就是：

政戰部主任李（中）將軍，是一位剛毅正直、廉潔自持，文韜武略兼備的傑出將領。也是心地慈祥，親兵愛兵，一向受人崇敬的好長官。特別是有所爲、有所不爲的做人原則，有所變有所不變的工作立場，對於我在做人做事方面，有著莫大的教化意義。

政戰部爲了提升幕僚素質，加強作業效能，特訂頒了參謀選任實施規定一種，要求各幕僚單位選任參謀時，必須注意其品德、操守、學識、才能。新進的參謀，須先試用三個月，試用若不合格，應勒令歸建，絕不寬貸。民國五十六年五月間，作戰發展室政治作戰組，從預五師調來了一位營輔導長，經試用結果，評爲不合格，於勒令歸建時，曾懇求予以救援，並訴說「已接受過服務單位的熱烈歡送，怎好意思回去呢？」人事部門爲了不使這位營輔導長感到爲難，只好把他調到另外一個部隊繼續擔任原有的職務了。在這樣的嚴格要求下，凡是試用合格的參謀，都有著高度的榮譽心。任職期間，也都有著強烈的責任感，絲毫不敢隨便。我就在這樣的環境裡，得到了許多的啓示和進益。

司令部對於強化參謀作業的標準，曾訂頒了優秀參謀作業績效評比實施辦法一種，每一年度由司令部各有關單位主管組成評審委員會，評選優秀參謀若干人。凡參加業務績效評比的參謀，照規定應檢送個人作業的原有案卷，按計畫、執行、考核（檢討）一併送審。參與評審的委員，都一本大公無私的精神，和為國舉才的超然態度，認真審核。我先後奉組長李（楓林）上校的指示，把民國五十六年度軍士官團郊遊活動和民國五十七年度軍歌演唱與小型康樂競賽兩宗案卷，代表政戰部參加評比，結果分別榮獲民國五十六年和五十七年度的兩度優秀參謀。這些榮譽的得來，應該感謝組長李（楓林）上校當年的指導和同組的參謀官張（錫嶺）中校（後任預一師某團政戰處長）的協助。

民國五十八年夏季，當我積極辦理五十八年度軍士官團郊遊活動的各項準備工作時，奉命調任陸軍步兵第五十一師一五三團政戰處處長，於同年五月二十二日，去馬祖前線報到。就這樣使我對陸訓部的深刻印象，成為永恆的懷念。

第十章 團（旅）處長走過遙遠的路

任團（旅）處長兩年十個月，從馬祖北竿，南竿到臺中縣潭子、大甲，再移防到苗栗大坪頂。儘管工作績效顯著，且榮膺陸軍第十六屆優秀政戰幹部，但卸任前，部隊有過兩次遺失手槍的事件，最後雖然失而復得，但總有白璧微瑕之憾。

民國五十八年四月，調任陸軍步兵第五十一師一五三團政治作戰處處長。這是第一次去外島服務，因此在心理上不但要能適應戰地的生活，而且還要接受戰鬥的考驗。

五月二十二日，我去臺北市承德路外島服務處報到時，巧遇返臺休假期滿的團長沈（志鵬）上校，於當晚八時一同搭乘海軍運補艦前往馬祖，啓航後遙望基隆港口四面八方的燈光，交織成美麗如畫的夜景，儘管內心惦念著住在臺中的家人，可是在甲板上和團長閒聊時，臉上仍露出愉悅的笑容。

由於我有暈船的習慣，當軍艦駛離基隆港之後，就進入艙內爬上用麻繩吊掛的第四層鋪位而入睡了，一直到次日凌晨六時起床盥洗後，才走上甲板，當我從遠處眺望著馬祖列島的風光，好像是我國海疆的長城時，心底眞有訴說不盡的高興。沒多久軍艦駛近福澳停泊時，背著簡單的行囊，跟隨同艦的官兵，依序換乘小艇，乘風破浪駛進福澳港（當時無碼頭），再由小艇換乘木筏，最後由港口連的弟兄一一背負上岸。等我辦妥入境手續後，再由港口連的弟兄背著我踏上木筏，接駁到交通船，開往北竿島的白沙。從這種輾轉的過程，便可想見當年的馬祖，在交通運輸方面，是多麼的不方便。

團本部駐於雷山，部隊散駐在北竿各個駐點和小丘、高登、亮島。凡駐在北竿本島的部隊，每星期我都去探看一次，各離島原則上每月必須去慰問一次，往返須要一個整天，如遇八級以上的巨風，就會發生嘔吐而不舒服，可是因爲責任在身，去部隊慰問官兵，或加強工作輔導，是例行性的重要工作之一。

駐在北竿的官兵，平日最感困難的，是飲用的水不足，必須由部隊派車運補，亮島每月由運補艦運送一次，官兵們每看到有運補艦駛來，就顯得特別的高興。爲求解決這一難題，當馬防部司令官雷（開瑄）中將蒞臨師部，召集營長以上幹部座談時，我曾提出這一方面的建言，沒想到曾引起師長**N**將軍對我的不諒解。不過我一向是個實情實報的人，憑良心說話，照道理做事，是沒啥顧慮的。

在一五三團服務的時間，雖然只有短短的幾個月，可是值得一提的，應該是以下幾件比較有意義的事情：

一、督導北海坑道作業：這是一處部署在深海一〇〇餘公尺的艦艇坑道，也是爲著保持戰力與發揮戰力的戰備指示而挖掘的土工作業，使艦艇在備戰時期，停泊在敵人無法偵測的海水坑道內，一旦有了戰鬥任務時，艦艇駛出坑外，即可發揮戰力於海上，這項工程，眞正稱得上是鬼斧神工。戍守於北竿的步一營，每天須輪流調派部隊前往施工，因巖石堅硬，必須使用炸藥才能開挖，這雖然是工兵部隊的爆破作業，但須要步兵部隊官兵搬運炸落下來的石塊，因爲是二十四小時的全天候作業，所以督導工作，也是全天候式的。官兵們夜以繼日，不眠不休的工作，固然是非常的辛勞，而剛爆破過的坑道，頂端隨時會有落盤的危險，也可能會隨時發生意外的事故。然而我毫不在意，每當輪我督工時，不但準時到場執行任務，而且還協助士官兵搬運石塊，以鼓舞士氣。

民國五十八年七月有一天中午，前陸軍步兵第五十一師工兵營副營長單（士林）少校，在施工時不愼被炸藥炸死在坑道口，使許多參與作業的弟兄，心生畏懼而卻步，對士氣與工程進度頗受影響，我立即建議施工部隊的部隊長，在坑道入口處設一神桌，供奉福德正神牌位，要求參與施工作業的官兵，於每天上工時向神位膜拜，從此以後，官兵的心靈就安定多了，足見宗教的影響力，是多麼的神聖。

二、推展部隊小型康樂活動：戰地生活，難免有些單調乏味，五十年代的外島地區，還沒有電視機和卡拉ＯＫ，師部也沒有藝工團隊，團以下的部隊，除了推展兵演兵，兵唱兵的小型康樂以外，沒有別的辦法可資調劑官兵的生活情趣。我爲了解決這一難題，並迎接馬防部五十九年度小型康樂的成果驗收，特就團部各直屬部隊，遴選具有歌唱、舞蹈、民俗藝術（含相聲、數來寶、拉洋片），以及各種樂器演奏等才藝的官兵，組成一支小型克難樂隊，按照參與官兵的特長和興趣，編成大合唱、詩歌朗誦、克難樂器演奏、獨唱、民俗雜藝、民族舞蹈、小提琴獨奏等節目。其中除了純康樂性之外，還富有教育與宣導意義的節目，但是沒有低級趣味的。經由我親自策畫、編導，衛生連輔導長葉（潤淮）上尉認眞執行，在爲期一個半月的早、晚時間，終於練成一支陣容相當堅強的業餘藝術工作隊，於接受馬防部成效評比時，確有令人刮目的績效，獲得防區團級第二名。因爲推出的節目，全部適合碉堡、據點演出，所需道具也能就地取材，克難創造，所以要求承辦同仁排定日程，前往各碉堡、據點，展開巡迴演出，並於連戰備測驗時，指派各節目組分別實施宣慰工作，對鼓舞情緒，激勵士氣，確能發揮積極的功效。

三、督導海漂作業：這是敵前心理作戰最重要的一項工作，在執行海漂任務時，無論浪高湧急，或深夜或沸曉時刻，我都風雨無阻，一定親臨現場，認眞督導執行，致民國五十八年度的作業計畫，均能順利完成，奉師司令部（五九）人令勤字第〇一七號令記功乙次。

四、熱心本職工作：對全盤政戰工作的策畫、督導、執行，績效優異，經師部五十八年度第二次政戰督考，列爲團級第一名；復接受師部五十八年度第二次「毋忘在莒」運動成果驗收，名列團級之冠，並被選拔爲全師模範團，奉師部（五八）人令勤字第〇一一號核定各嘉獎乙次。

因爲陸軍即將實施「嘉禾案」（陸軍部隊整編），五十一師所屬各團行將裁撤，只剩下營級單位。在「嘉禾案」實施前，承陸軍步兵第二十六師政戰部主任石（政求）上校（後晉任陸軍總部政戰部少將副主任）的徵召，於民國五十八年十月一日奉核定調任該師七十六團政治作戰處處長，於十月二十九日前往南竿到任。

七十六團的部隊，都集中在南竿本島擔任各據點的守備任務，其中也有執行坑道作業的工程，我同樣負有督導施工的責任。不過和北竿不同的，就是沒有走訪離島的精神負擔。等我把部隊的狀況熟悉之後，就開始實施「嘉禾案」，也就是在民國五十八年的十二月十六日，將步兵團改編為步兵旅，我也隨著部隊改編為旅政治作戰處處長了。

旅部駐於中山門外，各幕僚單位都駐在附近的坑道內，每逢單日也和北竿一樣，要防備中共的砲擊。有一天時近黃昏（確切日期記不清楚），中共射來一發砲宣彈，從參二辦公室的外牆，穿透到室內的床鋪下，幸好那位情報官在參四辦公室吃狗肉宵夜，幸運逃過一劫。第二天旅長虞（子輝）上校為他做了豬腳麵線消災。參與吃狗肉的同仁都嬉說：「吃狗肉能逃過劫數」，一時傳為佳話。

每當部隊改編，無論被裁編的單位，或被調離的官兵，都有著依依難捨，悶悶不樂的心境，尤其在「吃散伙飯」時，有些同在一個部隊相處多年的軍、士官，因失去了歸宿感，有著前途茫茫的感傷，會發生絕食與其他意外事件。因此，在「嘉禾案」實施前，幾乎每天都深入基層，輔導營、連各種會議，強調「嘉禾案」於國軍「精兵政策」的重大意義，及政府對資深官兵離營後的種種照顧措施，藉以消除弟兄們心中的疑慮，並協助部隊長採取各種有效的防範措施，期使部隊在整建過程中，不致發生任何影響安全的事故。

自來到二十六師以後，除了執行「嘉禾案」，圓滿達成任務外，在部隊尚未輪調臺灣前，策劃下述幾項工作，替部隊爭取了不少的榮譽，同時也爲自己在新的工作崗位上，奠定了堅定的信心。

民國五十八年十二月一日，爲求統一海防部隊政治教育的做法，曾舉行一次政治教學示範觀摩，南竿各守備部隊的旅處長、政戰官、營、連輔導長均參與觀摩，因展現的各種工作做法，既符合上級規定，又切合任務部隊的實際需要，不僅深受觀摩人員的讚譽，並榮獲馬防部核定爲優等單位。

我雖然不是音樂科班出身，可是對於指導軍歌教唱、比賽，都有點經驗和興趣。而各部隊對這項工作的推展，基於榮譽心的驅使，也都能密切合作，所以五十九年度全師第二至第四季軍歌比賽成績，除第二季被評爲第二名外，第三、四季都榮穫第一名，先後奉頒獎牌計冠軍兩面，亞軍乙面。

時事教育可拓展官兵的知識領域，增進官兵認識國內、外情勢的發展，也是一種統一思想，堅定信念最有效的作法，由於各級部隊執行認眞，致五十九年度上、下半年時事教育測驗時，都獲全師旅級第一名。

五十九年春節，馬防部辦理民間遊藝比賽，旅分配步一營擔任舞龍、舞獅；步二營擔任雜耍：包括旱船、彩蚌、春牛、猛虎、龜、兔、毛驢、青蛙、老背少、推車、魚等；步三營擔任踩高蹺。規定利用晨間與夜晚的課餘時間演練。各單位無不兢兢業業，全力以赴，各營營長和輔導長都是親自督導。尤其步三營營長趙（文玉）中校（後晉任至陸軍少將），幾乎是每場必到，對於每一個角色的指導和鑼鼓聲的配合演練，都很細緻，特別是孫猴子和豬八戒的演藝，可說到了出神入化的境地，每場表演，無不使圍觀者開懷大笑。正因各部隊都能力爭上游，比賽結果，榮獲防區總成績第一名，奉頒單項、總項冠軍獎牌共三面。

五十九年二月，部隊由馬祖內運的「長泰演習」，因準備充分，執行認眞，無論陸地或海上運輸，都曾實施安全、服務編組，對官兵的生活照顧也很周到，致演習全程，未發生重大違紀、違法與意外事件，奉師司令部核定記功乙次。

五十九年四月十八日至五月三十一日，旅奉命參加中美聯盟第十一次特種作戰「前驅二號」演習時，步一營第一連班長何（豫東）中士，於五月十八日在臺中東勢溪，實施夜間渡河演習，不幸滅頂殉職，次日凌晨監察官羅（邦柱）少校向我反映，我立即前往東勢陸軍野戰醫院處理善後，當我抵達該院太平間時，眼見何故班長的右腿彎曲不能伸直，研判是因爲在水中浸泡的時間太久而僵硬的關係。我立即上了三柱香，站在遺體前默哀致意，請他安息。未幾，何故中士的父親也趕到，經撫摸撫摸，何故中士的眼睛就閉起來了，右腿由他父親用手拉動一下，也伸直了，由此可以想像親子關係，可能是有心靈感應的。當天下午大殮之後，我親自護送靈柩到新竹關東橋的何府，並協助辦理安葬事宜。等一切善後工作完成，因體恤何故中士的父親體弱多病，乃母罹患癌症到了末期，年幼的弟弟妹妹，還在中、小學讀書，無謀生技能。因此我寫了一紙募捐啓事，經面呈師長趙（錦）將軍核准後，透過各旅及砲（支）指部發啓募捐活動，共得新臺幣貳萬捌仟零伍拾參元，經由承辦同志交給何故中士的父親，以示部隊慰問之意，並依作戰陣亡的標準，給何故中士辦理撫卹。

我在七十六團（後改爲二七六旅）處長任內，曾先後追隨過三位部隊長，即虞（子輝）上校（浙江籍）、史（堃）上校（山東籍），都是腳踏實地，誠正坦率的長官，第三位便是周（世斌）上校（四川籍），這是一位學驗俱豐，有爲有守，親兵愛兵的領導者。五十九年十二月三十一日，隨同旅長進駐於新竹縣新豐鄉坑口社區一間民宅，督導步一、三營參加營測驗的先期訓練，在爲期一個月內，部隊都實施日夜顚倒作息，即晝間休息與裝備保養，夜間實施行軍訓練。我都全程陪同旅長跟隨部隊行動，每遇到體力較差，行軍掉隊的弟兄，我都會幫助他們背槍，或扛背包。尤其是寒冬的夜晚，氣溫降到攝氏十度左右時，中途稍作休息的部隊，弟兄們因寒風刺骨，極易罹患感冒。旅長爲了保持弟兄們的體力，每在夜間戰備行軍時，都準備著薑糖開水，於部隊休息中，主動遞送熱飲，期能增加熱量，預防感冒。這項工作，持續到各營測驗完畢，方告結束。

六十年一月十一日步三營接受測驗，十二日中午行軍將抵達新竹關西時，發現第二連火三班班長許（本田）中士失蹤，歷經兩個多小時的搜尋，仍未發現其蹤影。因許班長攜有步槍，爲免發生意外，我於當天晚餐過後，開車返回駐地，始找到那位許班長，並知道他因罹患感冒，在中午休息後，即將繼續行軍時，便搭乘新竹貨運車返回駐地休息。經查屬實，所以未予責備，只是把他帶回部隊，繼續參加測驗。

除了以上幾項值得回憶的工作之外，最使我念念不忘的一椿大事，就是參加先總統　蔣公最後一次主持的國軍第十五屆軍事會議。會期是民國六十年一月十五日至二十二日，在爲期七天的會議中，　蔣公幾乎每天都躬親主持，特別是國防部參謀本部和各軍種總部實施工作或專題報告時，　蔣公還即席提出重點指示，要求與會將校遵行實踐：

一月十五日上午九時，　蔣公主持會議開幕式所訓示的要點如后：

這是民國以來第二個辛亥年的開始，我們每一個人都應該確定努力的目標，以達成革命的目的，告慰　國父在天之靈。

今天我要講的，就是革新。要革新，必先革除舊的觀念，這就要從教育做起，而教育一定要做到實學實用。說實在的，今天的教育，是一種殖民地式的教育，不是現代化的軍事教育，在這種狀況下，如果不求革新，則國家將永遠不會有進步，這是我們感到最慚愧的。

我國自前清以來的軍事教育，由於接受外國殖民地教育和奴隸教育結果，使我們的革命事業，屢次遭受失敗。今後各位對軍事教育、訓練，一定要改革以往教育的缺失。過去教育最大的缺失，就是只知學習別人的文字，並沒有採取改革的行動。

教育應注意行政、管理、組織。在國外的留學生，是學不到這些科學的，外國人也不教我國留學生這些東西的。所以今後的改革，不只是思想、觀念和行動的改革，還要特別注意到行政管理的革新，考核工作的革新。

今天是辛亥年的軍事會議，必須擷取辛亥革命的經驗，來完成我們的革命任務。須知事業的成功，國家的復興，要靠自己去奮鬥。第二個辛亥年，我們要實施全面軍事改革，而軍事改革，在於研究發展。

現時代的高級將領，最大的缺點，是缺乏思維法則，無自動負責的精神，無堅忍負責的毅力；卻有自以爲是的作風和自以爲知的觀念，缺乏充沛的活力。對科學不重視，尤其對於應用科學，根本不受重視。希望今後對人事的考核、獎賞，應以堅忍爲重點。

教育和人事的關係，是密切而不可分的。在教育時應注意人才的考核。學員生的思想、行動、負責的精神，都應加強考核。軍人的思想、觀念、作風，更應嚴加考核。對時間的觀念，尤應重視。在考核方面，研究發展的精神、自動自發的精神、以身作則的精神、率先躬行的精神，都應特別加強考核。

此外，加強體能運動、鼓勵官兵發表意見，要求官兵和學員生到圖書館去研究、學習，也是不容忽視的重要工作。

對組織必須力求簡化，以符合軍事化、戰鬥化的要求。須知，國民革命六十年來之所以沒有成功，其主要原因在於只知而不行、在於做事不務實際，一切只求表面化，希望各位將校要努力改進這些缺點。

參與會議的國軍將校，於聆聽　蔣公訓話時，無不聚精會神，絕大多數都作了筆記，大家都認爲蔣公已屆八十五歲高齡，還能語重心長的來訓勉國軍幹部，的確是一件極爲難得的事。甚至有些將校，在恭聆他老人家苦口婆心的訓示時，因深受感動而熱淚盈眶的。

一月二十一日，　蔣公在閉會典禮中，也作了下列訓示：

我們今後的工作重點，是加強軍事教育、訓練。一切的努力，都是爲了消滅敵人。須知今天的敵人，其處心積慮，就是要「解放臺灣」。因此，敵人的企圖，可能對我們進行轟炸，或實施化生放戰劑。在大敵當前的今天，我們的高級將校應革除「有什麼東西，打什麼仗」的陳舊觀念；建立「打什麼有什麼」的新觀念。要隨時準備迎接敵人的挑戰，進而完成復國的使命。蔣公這段殷殷期許的訓示，使與會的將校刻骨銘心，永誌不忘。

軍事會議結束，返回部隊後，自二月十一日起，將全部心力用在「實平演習」的準備工作，也就是旅的實兵對抗演習。有人批評我們政治作戰在部隊演習時的狀況處置，都是原則性的，放諸四海而皆準的。我為了改進這項缺失，在這次演習的計畫階段，曾研擬政治作戰在軍事作戰各階段應採取的具體措施，並按「部隊政戰」與「政戰部隊」應有的作為，分段實施兵棋推演。

不過，最感遺憾的，是在演習前，奉命去政戰學校政治作戰研究班接受深造教育，未能親自參與。奉核定由監察官羅（邦杜）少校代理。羅少校為人誠正，主動負責，積極進取，不只是圓滿達成了演習任務，而且對各項政戰工作的推展，績效卓著，使我對他留下了深刻的印象，並致以誠摯的謝意。

八月十五日從政治作戰研究班畢業返回部隊後，正是聯合國排除我國會籍，同時接納中共入會的時期，我經常利用巡視部隊的時間，向官兵分析當時的革命情勢，期能加強思想教育，堅定革命信念。一直到十月二十五日，聯合國在國際姑息主義與中共陰謀煽動下，正式通過阿爾巴尼亞所提「排我納匪」案的時候，我利用週會和「莒光日」的時間，巡迴部隊以「我們的憤慨與努力」為題，向官兵作了專題講演。特將講演的要點，分誌於后：

我國是聯合國的創始會員國之一，是聯合國憲章的起草國之一，也是聯合國安全理事會五個常任理事國之一。中華民國的國號遍載於聯合國憲章之中。今聯合國未經修改憲章而通過「排我納匪」案，這是聯合國自行違憲，也是聯合國憲章的毀滅。

聯合國成立的宗旨，在於反對侵略，維護國際正義與和平。而中共政權不僅對內殘民以逞，造成中國大陸空前浩劫，而且對外瘋狂好戰，破壞世界和平。曾因屠殺藏胞及侵略南韓，兩度被聯合國大會裁定爲屠殺人民的暴力集團，爲瘋狂的侵略者。今聯合國通過「排我納匪」案，可恥的向邪惡低頭，向暴力屈服，我們認爲今後的聯合國已根本喪失了價值。

目前國際姑息主義如此猖獗，堅信只有我們中華文化的傳統，才能擔當旋乾轉坤的責任。只有我們反攻復國，才能維護國際的正義與安全。

被世界愛好和平、自由的人士所一致唾棄的中共，終於在國際姑息主義的縱容之下，進入了聯合國。這是國際組織的悲哀。但我們認爲革命的信心，絕不受任何侮辱、橫逆而沮喪。民族的定力，更不爲任何變局所搖撼。我們國家的命運，不操在聯合國，而是操在我們自己的手中。我們要以聯合國的陷溺、怯懦，來刺激我們的新精神，磨練我們的大志節。更應該用莊敬自強的成就，來答覆姑息主義者的挑戰；以反共復國，來洗刷今天的奇恥大辱。

十二月二十日，在臺中縣大甲營區主持　國父紀念週會時，再以「積極備戰，爭取勝利」爲題，向全體官兵作了專題講演。所講的重要內容摘錄如後：

自從我國離開聯合國之後，整個世界正面臨新的局面。我們處在這一個關鍵時刻，一方面要堅定沉著，集中意志和力量，鞏固防務，加強戰備；另一方面要注視敵人內部的動亂與中、俄共的衝突，以制機握變，開創我們反共復國的新機運。以下是我們應有的認識和努力：

一、從世局變化的表面看，我們目前正處於革命的逆境之中。我們在國際間可能還要遭受到更大的打擊和侮辱。但我們必須要認清這種形勢只是外在的。只要我們在心理上有充分的準備，在作爲上能盡最大的努力，那末無論將來外在的形勢如何惡劣，都是我們練心、練膽、練智、練力的機會。我們不但不必疑懼，更應雄心萬丈，昂首擴步，突破一切難關，戰勝敵人任何可能的挑戰。

二、從世局變化的實質看，中共雖然混進了聯合國，但它內在外在的危機，卻日益嚴重：在大陸方面，諸如二號人物林彪的墜機喪命、共軍重要頭目的被整、軍用飛機的停飛、十月一日僞國慶各項活動都被取消，以及正在蔓延的共軍內部大鬥爭等等，都不是小事。在國際方面，中共進入聯合國後，一派胡言的反美叫囂，已引起美國沉默大衆普遍的反感。喬冠華與馬立克不斷對罵，亦可看出今日中共和俄共之間鬥爭的新發展。尤其在印、巴戰爭發生後，俄共對中共的壓力逐步加強，而這種壓力，又將加劇中共內部的矛盾鬥爭。從這裡便可看出，在當前世局變化的實質上，正不斷加重中共內外的危機。所以我們除了一方面要全力加強備戰，鞏固基地，做到「先爲不可勝」之外，另一方面還要全神注視敵人內訌的劇變，及時掌握「以待敵之可勝。」

三、我們全體官兵目前更重要的，是徹底認清敵人，進而在教育、訓練上，精練戰法、戰技，使人人都有殺敵的決心。全軍上下，全國上下，本著一條心殺敵，一條命救國，爲完成復國大業奮戰到底。粉碎敵人妄想以各種政治攻勢的陰謀詭計，爭取爲國家，爲民族，爲自己及後代子孫的偉大勝利。

民國六十一年元月三日，主持軍官政治教育，在結論時，曾提出下列幾項重點供全體同仁參考：

一、我國去年退出聯合國，決不是孤立於世界，而是爲這個怯懦的世界維護公理，伸張正義。

二、中華民國的信念，是「安危在是非，不在強弱」、「存亡在虛實，不在衆寡。」

三、我們革命外交的宗旨和方針，是基於公理正義與友邦互助合作，以團結自由力量，維護世界和平；在當前更要以強固修明的內政建設，作爲革命外交的基礎。

四、我們反共復國必勝必成的三大因素：第一是三民主義，第二是復興基地，第三是革命精神。

五、我們當前奮鬥的總目標，是莊敬自強，共同奮鬥。

回顧在團（旅）處長任內的工作績效，自問是無愧於心的。因此於民國五十九年九月奉陸軍總司令部（五九）漢通字第五八九六號令核定爲陸軍第十六屆優秀政戰幹部。不過在我即將卸任時，於民國六十年二、三月間，部隊連續發生兩次遺失手槍的事件，使我深感內疚。

第一次是二月二十日，步三營兵器連遺失四五手槍乙把，子彈五發。我聞訊後立即趕往臺中東勢「中興嶺」營區，於瞭解狀況後，立即指示陳（漢三）營長與梁（鴻達）連長，速採下列幾項處置措施：

㈠將該連於春節期間，休假尙未歸營的十二名官兵，限本（二十）日晚點名前找回營區。

㈡將列管人員，都列入偵查對象。

㈢把連內一切裝備與私人物品，動員每一個官士兵，反復不斷地實施清查，務使每一個人，每一項裝備，每一件物品，都須接受檢查，並做到不厭其煩，促使每一官士兵都能體認事態的嚴重性。

㈣把營區週圍一千公尺以內的環境，劃分官士兵的責任區，實施地毯式的搜索，廁所及其化糞池內的汙水，必須清理乾淨，按責任區域，深入清查。

㈤營長與營輔導長，連長和連輔導長，編組約談全連官士兵，期能發掘線索。

二月二十一日下午四時，涉嫌重大的鍾（春火）下士返回連部，至下午七時王（平和）下士歸營時，所有春節外出休假的人員，已全部回到連上。我於當天夜間八時，偕同監察官江（文健）上尉，再度抵達中興嶺協助偵查。二十一時三十分，利用晚點名時間，向全連官兵講話，除就情、理、法的觀點，分別曉以大義，客觀分析案情的利害之外，並鼓勵官兵發揮道德勇氣，大膽告密，坦白認錯，以洗淨每一官兵的罪嫌。

晚點名後，復集合資深士官以上幹部實施座談，請他們採用混合編組，於當晚展開輪流偵查，務使嫌疑重大者因良心發現而坦白承認，並勇於自首，但絕對禁止刑求逼供，以免節外生枝。

二月二十二日七時三十分，偕江監察官三度赴「中興嶺」，繼續協助偵查，據陳營長面報，遺失的手槍和子彈，是被鍾（春火）下士竊走的，已由連輔導長吳（洪森）少尉（預官），偕同竊嫌前往雲林縣斗南鎮取回中，使本案正式宣布偵破。後經檢討槍枝和子彈被竊的原因如后：

㈠該連連長梁（鴻達）少校，自二月七日至十四日休假八天，十四日歸營渡過除夕，十六日繼續休假，致爲竊嫌鍾（春火）有機可乘。

㈡軍械士自二月十一日至十八日休假八天，致使手槍無人管制。

㈢放置於梁連長寢室床底下的手槍保管箱，在軍械士休假離營，將鑰匙交給張（金山）士官長代爲保管時，未將手槍當面點交清楚。

㈣該營所屬各連，對強化重點安全措施，未曾認眞貫徹執行，致使各級幹部警覺不夠。

第二次是三月六日，駐在苗栗宛裡的步兵第二營第二連遺失四五手槍乙枝。我雖然接獲調職命令，但仍然趕往現場指導偵查事宜，經過整天的清查，仍舊一無所獲。三月七日偕同江監察官繼續前往該連協助偵查，仍未發現線索。三月九日再度前往該連指導檢討會議，所得結論如后：

㈠不應將手槍交由羅（永才）士兵個人保管。

㈡該連連長於三月一日休假離營，職務由輔導長林（茂生）少尉代理期間，三月二日至四日，未遵規定清點械彈。

㈢三月五日營輔導長石（琢之）少校電話通知該連清查械彈時，亦未能認眞執行，致使手槍遺失之確切時間不詳，因而無法找到線索和偵查的方向。

當偵查工作積極進行時，陸軍總部因工作需要，催我儘快前往報到，我只有交代監察官和保防官，以及後勤承辦人員繼續偵查，務須找到線索，把手槍尋獲。這時候一向深受官兵敬愛的師長蔣（仲苓）將軍（後來晉任陸軍總部陸軍二級上將總司令、國防部參謀本部副參謀總長兼執行官，國防部部長等要職）爲了慰勉我的辛勞，特賜宴爲我餞行，並予我賞賜，固然使我增加了不少的光彩，但也有著受之有愧的感覺。

三月十三日當我到達陸軍總部政戰部第二處報到一個多月後，忽然接到新任處長張（人俊）中校（後晉任警備總部政戰部中將主任）來信，略以：「有一天在一張廢報紙上，發現有人在該報紙以文字提供手槍藏匿於營區附近的草叢中，經循線搜索，果然把遺失的手槍找到了。」消息傳來，使我感到格外的高興。

從團處長而改爲旅處長，在同一職務上歷練了兩年十個月，任職的地區，從馬祖北竿到南竿，由南竿到臺中縣的潭子新興營區、大甲鐵砧山和美人山營區，再遷到苗栗大坪頂的西營區，都有我走過的足跡。總括來說，無論在本島或外島，我的工作始終是爲著鞏固部隊團結，維護部隊安全，做好官兵服務，加強戰備整備而盡心、盡力、盡責的。到了任職後期，因國際姑息逆流氾濫，聯合國通過「排我納匪」案之後，強化思想教育、堅定革命信心的工作，更是重點之重點。卸任前部隊曾先後兩次發生手槍失竊，顯示在安全維護方面，是有疏失，應值得檢討的；雖然後來都能失而復得，但總有白璧微瑕之憾。

第十一章　難忘於陸軍總部繁劇的參謀職務

承辦專案教育屢創績優，六十二年度三民主義講習班名列各總部之冠；個人膺選為優秀參謀暨全軍「無缺點計畫」典型模範第一名。

民國六十一年二月十六日，調任陸軍總司令部政治作戰部第二處中校政戰參謀官，三月十三日抵達位於臺北市上海路的陸軍總部報到，處長楊（亭雲）上校（後任國防部總政戰部陸軍二級上將主任）指示我接管專案教育，其中包括黨員訓練、三民主義巡迴教育、三民主義學術巡迴講演，三民主義講習班。

當六十一年度三民主義講習班的辦班任務，剛告結束，還有許多工作亟須處理時，就接管這項業務，使我在雜亂無章的資料和「廢紙堆」中，足足忙了一個月，才把辦班的結束工作處理就緒。在我忙得幾乎難以喘息的時候，三月二十日突然接獲國防部所頒慶祝第五任總統、副總統就職大典活動實施計畫綱要。這項工作原來不屬於我的業務職掌，我也請問過前承辦人諶（野樵）中校，他說根本沒有辦過這項工作，處內的同仁也不便告訴我是誰的業務職掌。因爲我是剛來的「新兵」，在收到文書室送來的公文之後，祇得忍氣吞聲的承擔下來，由於這是一項全軍各部隊都要推展的大型活動，而且是有時效性的，所以先將重點工作簽請長官核准後，立即用電話和電報分別通告全軍各有關單位，然後再將實施計畫簽准頒發出去。這是我到職一星期來的一項重要考驗。處內的同仁，特別是當時的王（爲英）中校，曾以刮目相看的眼光，豎起大拇指對我誇獎：「老學長眞有幾把刷子！」事後知道這項工作，原是承辦政訓活動的S中校應該接受的，因爲他即將退役，情緒有些消沉，把責任推給我。當時我曾以「自我安慰」的話告訴自己，這不能說是「欺生」，祇是給我一次學習和考驗的機會。

三民主義巡迴教育，是年度專案教育的重點工作之一，通常安排在每年三至六月份實施，第一階段協調地方黨部策動臺北市、臺北縣、宜蘭縣各中等學校辦理巡迴講演，教官由國防部甄選服役中的預備軍官擔任；第二階段巡迴各部隊施教，講演內容都以當年國內外的情勢，以及大陸情況爲主題，其目的在堅定官兵革命信念，強化精神武裝，增進全民共識。擔任巡迴教育的預備軍官，因接受過國防部的統一試講和專業訓練，在巡迴施教時，都很熱心負責，每天上、下午各講演一場次，各主辦單位執行都很認眞，行政支援更是配合良好。依據績效評比的規定，授權各縣市黨部就各該地區施教的中等學校，普遍實施評比。到了第二階段在三軍基層部隊施教時，則由軍團、軍、師或獨立旅執行督導、評比，各單位爲了爭取團體榮譽，無不兢兢業業，戮力以赴。

當第二階段巡迴各部隊施教時，也正是陸軍總部遷建桃園龍潭大漢營區的時刻。我都是利用夜晚時間，把自己經管的案卷、圖書、器材等項捆綁、打包、裝箱。到了四月二十二日，我隨著遷建的車隊，在憲兵摩托車和鼓號樂隊的前導下，沿著縱貫公路浩浩蕩蕩地開入新建的大漢營區。營區面積遼闊，各項設施齊全，如中正堂、電影院、軍士官兵俱樂部、圖書室、籃、排、網球場、游泳池、軍士官兵飯廳、洗衣部、福利社等一應俱全，辦公大樓的上層是軍官寢室，我和三度共事的摯友張（慕秋）中校（外職停役後曾任臺灣省政府參議）共住一間，兩人都有利用夜晚加班的習慣，公餘之暇，無論公私事務，尤其是遭遇到困擾、橫逆，都能相互研究、討論，或互相安慰、勉勵。

三民主義學術巡迴講演，是年度上半年的重點教育工作，講座由國防部遴聘大專院校的教授擔任，受教對象爲軍官與聘雇人員。施教場次、時間，由陸軍總部協調軍團與直屬部隊統一安排，講演內容以精神教育與國際現勢爲重點，其目的在鞏固革命領導中心，砥礪官兵革命志節，促進幹部正確認識當時的革命情勢與努力的方向。在巡迴講演期間，各主辦單位對講座的連絡、接送，場地的安排、佈置，以及對到課人數的要求等等，都能做到盡心、盡力、盡責。

自總部遷到大漢營區後，我除了忙著整理檔案，協調各部隊辦理上述專案教育外，總司令于（豪章）上將爲了貫徹當年行政院蔣院長經國先生所倡導的「團隊精神」。特於五月十七日（星期三）上午上班時，交代政戰部主任張（雯澤）中將轉達指示：「立即擬訂培養陸軍團隊精神的作法」，限當天夜間辦公時間，向署、處長以上人員提出簡報。就這樣一個如同「晴天霹靂」的指示，在沒有任何資料、原案、範例可作參考的情形下，僅憑我自己的想像、判斷，使我在急忙中渡過了「最長的一日」，並蒙當年處長楊（亭雲）上校的明確指導，能如期向署、處長提出了簡報，經與會人員指導、修正後，簽奉總司令核准，於民國六十一年七月十八日以(61)人仁字第四一六二號令頒實施。（陸軍培養團隊精神實施要點如附錄一）

三民主義講習班，是全軍一年一度的重大工作，深受陸、海、空、勤、警備總司令部和憲兵司令部的重視。當我把六十一年度辦班的結束工作徹底完成之後，在即將策劃六十二年度的辦班工作時，處長曾以關切的語氣，垂詢我有關辦班的構想，藉以瞭解我的企圖心。我當時毫不猶豫地表達：「我在任何工作崗位上，對於任何競賽性的工作，只有第一，沒有第二的想法，今年辦班的成績，絕對不會落在其他軍種的後面，請處長放心。」

沒有多久，國防部假臺北永和秀朗營區青邨幹訓班，召集各軍種總部辦班幹部九十五人，舉行為期三大的講習，其課程內容，包括「為什麼要建立戰鬥動員人制度」、「如何在思想戰線上戰勝敵人」、「共軍戰略戰術基本思想之研判」、「共軍戰法及剋制對策」、「怎樣摸清敵人」、「怎樣掌握敵人」、「怎樣打擊敵人」、「怎樣消滅敵人」等。以上八種課程，也就是當年辦班的主要課程。

依照慣例，每年辦班幹部講習的最後一天上午，必須舉行期末座談會，會中必有一個軍種總部代表提出總結報告。當年講習課程，是以陸軍的戰術、戰鬥為主，自然由陸軍指定一人代表報告。我在講習的第二天，即請示處長指派一名代表預擬總結報告，奉指示請曾在三軍大學某學院畢業時榮獲第一名的D上校擔任，D上校把總結報告草案，送請處長審核時，處長認為未能把握主題，而且結構不夠嚴謹，當即指示由我重寫。我便利用夜晚時間，就過去三天來的講習課程內容，用心得報告的方式，於凌晨二時完成總結報告的草稿，晨起後呈奉幹訓班兼副主任白（萬祥）中將核可。在座談會中提出報告時，獲得總部副主任任（景學）將軍及與會人員的一致好評，也代表陸軍得到了至高的評價。（總結報告全文如附錄二）

幹部講習結束後，返回總部，完成下列幾項重大準備工作：

一、依據國防部的辦班政策與有關指示，並針對陸軍特性與實際狀況需要，訂頒辦班實施計畫。

二、輔導設置分班及講習區：按照分班以下置講習區十六至十八個。由軍團、軍爲設班單位，偏遠地區，由師級單位辦班。臺灣本島規定集中住宿，外島地區由其最高指揮單位的指揮官決定是否集中住宿。

三、製作輔助教材：包括編印自訂課程教材、主官精神講話參考資料、工作幹部手冊、輔教唱片、督導設置輔教館、製作教育影片等，以期強化講習效果。

四、成立第二分班：簽請總司令于上將兼任班主任、副總司令張（國英）上將兼任班副主任，政戰部主任張（雯澤）中將兼任教育執行官、政戰部主管副主任任（景學）將軍兼任教育助理執行官，並請班副主任張上將駐班督導，另設教務、訓導、總務三組，各組工作幹部共計十六員。

五、組織教育委員會：簽請總司令兼任主任委員、副總司令兼任副主任委員，委員分由軍團司令、總部參謀長、政戰部主任兼任。

六、撰寫自訂課程「培養團隊精神，增強部隊戰力」綱要，提供當年三軍大學政治教官姜亦青上校（後任陸軍少將）據以撰寫課程內容。其綱要為：

壹、引言

貳、團隊精神的要義。

參、團隊精神的重要性。

肆、培養團隊精神的中心要求：

一、忠誠　二、團結　三、負責　四、守紀

伍、如何培養團隊精神，增強部隊戰力：

一、從思想上紮根。

二、從生活上實踐。

三、從工作上表現。

四、從紀律上驗證。

五、從訓練上著力。

六、從戰鬥中立功。

陸、結論

上述自訂課程綱要釐定後，處長對於我的思考力和想像力，感到非常的滿意，曾當面賜予讚許。

七、舉行示範觀摩：為了統一工作作法，交換工作經驗，凝聚智慧力量，促進全面進步，指定第一軍團所屬中壢師為最先辦班單位，並擔任示範，召集全軍各講習區的重要辦班幹部前往觀摩，並隨即舉行座談，藉以溝通觀念，增進共識。

八、加強輔導考核：在各講習區全面實施講習期間，經常與辦班單位保持聯繫，指導工作作法，協助解決（答）疑難。並成立輔導考核小組，巡迴各講習區實施輔導檢查。在績效評比時，做到大公無私，嚴明賞罰。

總結六十一、二年度三民主義巡迴教育的績效，奉國防部核定均為最優，每年奉頒團體獎金新臺幣各參仟元；六十二年度三民主義學術巡迴講演的績效，奉國防部核定為優等，奉頒團體獎金新臺幣貳仟元。

六十二年度三民主義講習班的辦班績效，遲至頒獎的前一天，尚未核定發布，處長有點擔心，要我探聽一下，我立即回報，明天在臺北市三軍軍官俱樂部明德廳頒獎時，絕對不會讓主任張中將站在第二名的位置，處長聽了之後，似乎安下心來。到了三月二十八日舉行頒獎典禮，司儀宣布陸軍總部成績特優，榮獲第一名時，與會人員都報以熱烈的掌聲。這項得來不易的榮譽，是歸功於長官的領導和各辦班單位，以及全軍官兵共同努力的結果，我只是盡到了承辦人的責任而已。

講習班的辦班任務剛告結束，當我忙著整理案卷、教材、資料等繁雜工作時，突然間又奉指示，要研擬「培養陸軍官兵典型實施要點」一種。因為這是以官兵個人為主體的要求事項，憑我個人在軍中服務數十年的經驗，當可體會軍人的氣質和應有的風範，以及如何創造典型？以為一般民衆的表率，並為民衆所景仰。在作業過程中，感謝當時處長的指導，使我很快能完成任務，並奉總司令于上將核准令頒實施，為陸軍勁旅奉獻了一點心力。（陸軍官兵典型如附錄三）

按時間計算，我在陸軍總部服務一年又三個半月期間，承蒙處長楊（亭雲）上校的鼓勵和拔擢，曾先後獲得了兩次具有紀念意義的榮譽：

民國六十二年一月十九日，奉總司令于（豪章）上將(62)桃高字第〇五三一號令核定為陸軍總部幕僚單位優秀參謀，於同年元月二十九日接受頒獎表揚。

民國六十年代初期，國軍遵奉先總統　蔣公「推行無缺點計畫」的訓示，普遍推行「無缺點計畫」。全軍舉行「無缺點計畫」典型模範官兵選拔時，在選出的十八名典型官兵中，我榮幸膺選為第一名。並將優良事蹟，刊登於民國六十二年八月十六日出刊的陸軍忠誠報第二〇二七號第二版。

因為工作績效顯著，奉核定於民國六十二年七月十六日調任陸軍航空訓練中心政戰部主任。

第十二章　革新陸軍航訓中心的政戰工作

把政戰工作從頭做起，置重點於政治教育、軍紀安全、改進營站、整修水塘、豬舍，推展養魚、飼豬，設置軍、士官兵俱樂部及理髮室，對加強思想教育、革新部隊風氣、改善官兵生活，增進文康福利，均具實效。六十三年十二月十九日乘專機在臺南上空迷航，能化險為夷，轉危為安，殊值慶幸。

陸軍航空訓練中心，駐於臺南縣歸仁鄉。是由陸軍航空訓練班擴編而成，是陸軍的頂尖兵種。指揮官李俊舜上校（後任澎防部陸軍少將副司令官）是一位允文允武的傑出將領，對陸軍航空兵種的建樹，厥功至偉。受訓的飛行學員，是經由陸軍各部隊的基層幹部考選而來的，也都是陸軍官校，或政治作戰學校畢業的正期生，或專科生考選而來的。在爲期一年的訓練時程中，極大部份都用在定翼和旋翼機的飛行訓練上，政治課程，是比照陸軍一般兵科學校的專長訓練課程的百分之十三。

當我到職一個月時，瞭解了下列諸般情況：

一、政戰部僅有四個參謀軍官，其中中校和上尉政戰官的業務職掌混淆不清，中校政戰官不願承擔重要的政治教育工作，可是對於各種班期具有鐘點費的政治課程，卻有著嫌少不怕多的爭奪心理，因而為爭取授課時數，經常發生爭執不休，彼此不和的不愉快事件。

二、受訓學員（含短期訓練班的學員）在政治課程方面，沒有完整的教育計畫，也沒有一份明確的課表，更沒有一本教材，連最基本的　總統訓詞，也付之闕如。至於政治教官，根本沒有編制員額。每當氣候惡劣，不宜飛行訓練，或短期訓練班不宜於戶外保養勤務作業時，即臨時着由政戰部的參謀去講授時事，或保防課程，美其名說是授政治課，實則只是虛應故事，毫無效果。

三、歸仁基地，是由航訓中心、飛保廠、第十機動中隊、陸軍新化師派遣的一個步兵連等四個單位所組成。航訓中心所憑藉的，只是陸軍總部的一紙行政命令，即被指定為歸仁基地的最高指揮機構，但對於各單位的行政工作，卻沒有管轄權。因此，指揮部對基地所屬各單位，在要求上卻有著「無奈感」。特別是各單位所設置的「地下福利社」，很明顯的違背了上級的命令，且影響到基地的整體福利，可是指揮部卻無法予以取締。

四、空勤和地勤官兵，在心理上所存在的隔閡，始終無法消除。

五、基地的生活設施不足，官兵休閒沒有出處。

從上述的各種實際情形來看，航訓中心的政戰工作，可說是毫無基礎。要想把事情做好，非得從頭開始不可，也非展現魄力不成。因此，我曾發揮了「爭千秋，不爭一時」，「論是非，不論成敗」

的道德勇氣，面對艱難、困苦，以及抗拒的阻力，逆流而上。

「莒光日」是各級部隊和軍事院校，都要貫徹實施政治教育的專用時間，任何單位都不能例外，然而航訓中心沒有好好地運用。飛行軍官或保養軍（士）官班，利用「莒光日」教練舞蹈，前任政戰主管還認爲是最受歡迎、而且是「最有效」的「莒光日」。可是自從我到職以後，就比照軍事院校專長訓練班隊規定的時數來配當課程，向陸軍總部和毗鄰的陸軍砲兵學校申請教材，分發在訓的學員閱讀，另請砲兵學校支援專任政治教官，由中心派車接送來基地授課。而建制官兵的「莒光日」，則按照規定收看電視教學、實施分組討論。務使官員生兵的政治教育，都能正常實施，期收精神武裝的實效。

政治講堂，是做好「莒光日」的準備工作。要想把「莒光日」做好，必須先把政治講堂的各項工作做好，諸如教官試講、輔教資料、授課圖表、小組訓練總結等項的檢查，都是政治講堂要完成的工作。在一般部隊中，已經成了習慣，可是在航訓中心的政戰同仁，都說連聽都沒有聽過。爲了落實工作成效，我曾經費了許多口舌，說服了許多同仁。自訂頒政治講堂實施規定以後，大家也就習以爲常了。

政治訓育（通稱政訓活動），是輔助政治教育的重要作法。除了按規定實施學術座談，分組討論外，聯誼性、康樂性的政訓活動，都要求各單位配合實際狀況實施。另向陸軍總部申請發給 總統訓詞人手一冊，使精神教育也有了正確的方向和主題。

　　為了培養團隊精神，砥礪官員生兵愛國情操，除國定節日由基地舉行慶祝或紀念集會外，每月第一週星期一舉行基地　國父紀念月會，由基地指揮官親自主持，重大節日另請專家學者作專題講演。至於週會，則要求各單位按規定舉行。

　　儘管我在航訓中心，把官員生兵的政治教育工作，從頭做起，使其一切照規定，一切求正常。可是民國六十三年三月十八日至二十三日所實施的「莒光週」教育，在陸軍總部各直屬部隊中的績效，被核定為最後一名。我對於這項成績的發布，當然感到慚愧。不過，我對於辦理「莒光週」教育，的確已經盡了最大的力量。因為一切做法，都是遵照陸軍總部的規定來執行的。為了提昇教學效果，特聘請陸軍砲兵學校的專任教官來施教，這是一般部隊做不到的。在輔教活動方面，按規定實施圖片展覽，訓詞研讀、小組討論，這也是總部規定機關、學校類型應做的項目。可是總部發布成績時，認為輔教設施草率，所以被核定為「敬陪末座」。時逾半年，我出席總部直屬部隊政戰會報時，承蒙一位老同事私下告知，說今年航訓中心辦理「莒光週」的績效欠佳，是因為政二處處長楊（子傑）上校（該處長後來在步訓部晉任陸軍少將）來中心視察時，我在午睡沒有出來迎接，被認為未受到尊敬和不重視的後果。事實上是楊處長於三月二十日下午一時三十分許，較原定時間提早半小時來到中心，也正是午睡起床的時間，楊處長就已來到，我確實來不及出外迎接。若是說我對他不尊敬，或對視察不受重視的話，那實在有點冤枉。不過，事情已經過去，除作自我反省、檢討之外，我並不為此事而有所怨懟。迨至民國七十五年十一月十六日，楊處長因病去世，舉行葬禮時，我仍然前往參加公祭，表示哀悼之意。

基地的福利設施欠缺，雖有一處小規模的營站，可是提貨資金僅有新臺幣一五、〇〇〇元，致使供應品項極爲有限，加上對經營人員的管理鬆懈，供應貨品的價目漫無標準，令人詬病之處甚多。爲了充裕提貨資金，明確貨品標價，曾向陸軍總部請求增加提貨資金新臺幣伍萬元，嚴格要求管理人員實施貨品標價透明化，防杜營私舞弊。也爲了整飭紀律，端正風氣，並貫徹福利政策，要求基地各單位自行設置的小型福利社，限期結束營業，並規定政戰部本身在飛行軍官待命室中所設置的飲料部，於我到職屆滿一個月時，率先關閉，以資示範。我這一連串的做法，不僅使基地各單位的主官（管）對我不諒解，連政戰部的軍官，也因爲失去了既得的利益，也對我有所議論。可是我認爲照規定和照道理辦事，永遠是心安理得，無怨無悔的。

因爲基地福利站的經營績效欠佳，管理不當，盈餘所得，不足以支應基地的康樂經費。爲了調劑官兵生活情趣，特向陸軍總部申請大型電影放映機一部，音響一套，並指派士官接受電影放映專業訓練，在和南部地區影片供應中心取得影片供應的許可以後，基地官員生兵每月有兩次免費欣賞電影的機會，以調劑生活，這是過去從來沒有過的。

爲了提供官員生兵休閒時，有一好的去處，曾請陸軍總部發給新臺幣壹拾萬元，設置軍官俱樂部，內部佈置典雅，平日供應煙酒、飲料、書報雜誌，唱片、電視欣賞，亦可提供基地各單位聯誼、餐敘場地。另將中華婦女反共聯合會所贈勞軍款新臺幣捌萬元，充作士官兵俱樂部設置費用，其內部裝置比照軍官俱樂部辦理。這兩處軍、士官兵俱樂部的設置，不僅使基地官員生兵休閒有好去處，亦且拉近了空勤和地勤官兵的距離，逐漸消除了他們在心理上的隔閡，對培養團隊精神，有著相得益彰的效果。

以前曾聆聽一位長官很有意義的警語，那就是：「少說話，勤理髮，再倒楣，也不怕」，這好像是笑話，但對軍中儀容整肅，卻有非常大的關係，而歸仁基地，雖然號稱是現代化部隊的駐地。可是，非常奇怪，連一個理髮的地方也找不到。官兵要理髮，非跑一趟歸仁或南寶小鎮不可。爲替官兵解決困難，我曾要求承辦人員，將設置軍、士官俱樂部剩餘的款項，設置軍、士官兵理髮部各一處，明訂管理規定，要求服務品質。不僅爲基地官兵增加了不少的方便和福利，而且使每位官兵都能儀容整肅，有容光煥發的朝氣。

中心設有空勤和地勤餐廳，亦即空勤和地勤兩個伙食團，前者屬飛行人員的高空伙食，無論質與量都遠比地勤人員要好，素爲地勤官兵所嚮往。後者起伙人數衆多，伙食費用卻比空勤人員要少，在品質上當然不如空勤人員那樣好。爲了使地勤餐廳的伙食有所改善，空勤人員的伙食更加精緻，特將營區內荒廢已久的水塘加以整修，實施水產養殖，歷經十個月後，魚獲量果然豐收。另向歸仁鄉一家民宅，借用豬舍一間加以整建，由行政組指派專人飼養肉豬十隻，使每月的慶生餐會均可供應兩個餐廳加菜所需的豬肉。中心因爲採取了這兩項措施，不僅使伙食有所改善，抑且增進了官員生兵的生活情趣。

民國六十二年十一月二十三日，前行政院蔣院長經國先生在國民黨第十屆第四次中央委員全體會議閉幕後，對今後政治革新與政治建設的中心要求，作了下列五項提示：

㈠以責任觀念，來激發工作熱忱，根本掃除因循敷衍，似是而非，模稜兩可的鄉愿作風。

㈡以效率觀念，來擴大施政成果，澈底簡化作業程序，法令規章，和不必要的繁複手續。

㈢以公僕觀念，來加強爲民服務，完全革除官腔官調，高高在上，令人生厭的衙門作風。

㈣以創新觀念，來不斷研究發展，整個打破抱殘守闕，墨守成規，不求進步的陳腐作風。

㈤以團隊觀念，來發揮總體力量，共同放棄各自爲政，互不相關，缺乏合作的本位主義。

民國六十三年二月二十六日，經國先生復提出十項行政革新，希望全國公務人員切實做好。其內容爲：

㈠辦理國家的公務，就要守國家的法令。

㈡一心一意爲民衆服務，全心全力爲民衆造福。

㈢多接近民衆，多聽民衆的意見。

㈣要想盡主意爲民衆省錢，要用盡方法爲民衆便利。

㈤不厭其煩地向民衆解釋問題，不怕困難的替民衆解決問題。

㈥不必錦上添花，多做雪中送炭的事情。

㈦說話要句句眞實，做事要步步踏實。

㈧對於任何人要客氣親切，不可有傲慢的態度。

(九)不貪份外之財，不做違背良心的事。

(十)要大公無私，不懼受怨受謗。

恭讀了經國先生上述兩種要求，檢討我在航訓中心服務期間，能一本無私、無我、無畏的精神，盡力之所能，把政戰工作從頭做起，對實踐經國先生的訓示，可以說是問心無愧的。讓我再列舉下面幾件事實，作爲印證。

民國六十三年五月十四日，承辦單位簽會整修學員中隊教室，添購課桌椅招商議價案，監察官李（國章）少校，以廠商數量未達規定（三家以上）標準，礙難同意，使承辦單位對李監察官有所不滿，事後指揮官唐上校向我面示，希望我說服監察官。我當即表示：這是原則問題，一定要尊重制度。未幾李監察官向我面報，本案預算爲新臺幣貳拾萬元，五月十一日開標時，僅有一家廠商攜來三家估價單參加議價，因不合規定而停止開標，未料後來仍由原來的那家廠商偕同另兩家廠商前來議價，實際上仍只是那原先的兩家廠商來陪伴的，這不是綁標是什麼？我當即指示，一切照規定作業程序辦理，絕對不准圖利商人。這樣一來，也自然得罪了商人、承辦主管和指揮官了。

民國六十三年十月四日，教務組參謀S上尉，未經合法程序，申請「熟悉飛行」（熟悉飛行即練習飛行的意思），引起許多官兵的不滿，該員因畏懼遭受處分，影響其前途，曾先後五次請我出面關說。十月二十四日，S上尉的尊翁（曾任金門防衛司令部中將副司令官）也來到中心請求從寬議處。可是S上尉違規飛行歷經三次之多，而且是屢誡不悛，經由專案小組討論報請停飛，並應調離航空部隊在案。因此，任何人請我關說，我都予以婉拒。這絕對不是不通情理，而是堅守做事的原則，同時更應體認飛行軍官擅自駕駛飛機飛行，不僅影響飛安，抑且涉及國軍的裝備和S上尉個人生命、財產的安全。

民國六十三年三月十日至十六日，飛行教官L上尉不知去向，數日來曾派監察官李（國章）少校、飛行軍官劉（傳集）上尉、王（連勝）中校等多人，分別前往高雄及L員親友家尋找，至十六日夜晚，由L員姘婦之胞兄護送回營。經查L員因賭博虧欠債務達新臺幣六十餘萬元之譜，爲乃妻所不滿，夫婦失和，致離家出走。中心爲維護飛安，曾採取一連串的防範措施。迨至L員歸營後，人事評審會議討論L員處分案時，衆說紛紜，指揮官唐上校垂詢我有何意見？當即建議報請停飛，並迅速調離航空部隊，以免後患。像這種堅持，完全是本著對事不對人，大公無私，不計譭譽的做法。倘若做個鄉愿，或原諒他一時的錯誤，萬一因債台高築而駕機潛逃，我自己失職遭受處分的事很小，可是違害國家社會的利益，那就不堪想像了。所以我站在大是大非的立場，毅然採取爲所當爲的處置建議，使本案無後顧之憂。

前面談到政戰部的幾位同仁，爲爭取擔任各種訓練班次的政治課程而有失和的現象，如果我置之不理，當然可以落得清閒，甚至爲了維護同仁們既得的利益，我也可以獲得一個「好好先生」的美譽。可是我若是這樣相因成習，那就對不起我的職責，更加對不起國家了。因爲飛行軍官的思想教育太重要了，在我沒有洽請陸軍砲兵學校專任政治教官來中心授課以前，我曾經明白宣告：「各位同仁如果要講授各種班次的政治課程，我留給各位充分的準備時間，用來試講，獲得及格後，當可繼續授課。否則，就請砲校的政治教官來中心兼課，到那時，請各位就不要怪我沒有照顧大家的福利了。」經過我當衆宣達後，同仁們都因爲缺少教官專長，從來沒有獲得教官試講及格的資格，所以都無正式兼課的意願。我在這種情形下，才決定請砲校的教官來兼課。不僅這樣，到了民國六十四年三月，中心有改編爲陸軍航空訓練指揮部的訊息，我立即分別洽請陸軍總部作戰署、人事署、政一處負責編裝和人事的主管長官，爲政戰部爭取少校編階的政治教官兩個名額，當即獲得各單位的允准，使航訓中心的政治教官員額建立了制度，從此免除了向外求援的諸多困擾了。

我在航訓中心服務一年又八個半月期間，自問建樹頗多，能交出漂亮的成績單，但是也的確忍受了許多的苦難。正因爲我自己懷抱著一顆善良的心，所以在緊要關頭能夠化險爲夷，轉危爲安。

民國六十三年十二月十九日，由旋翼機組主任教官龍（可宗）少校，駕著OH—6直昇機，專程送我去陸軍總部，向政戰部主任張（雯澤）中將面報有關政戰工作和航訓中心諸般革新事項，至下午原機返航時，順道在新竹預六師降落，拜會師長，亦即航訓中心前指揮官李（俊舜）少將，因李將軍正在主持會議，我和龍少校等了一個多小時才見到。至十七時二十分始起飛返航，當時我以謹愼的口吻請問龍少校：「時間很晚了，能見度不佳了，飛行有沒有問題？」龍少校很有自信的回答說：「沒有問題，請主任放心！」我聽了之後，認爲他是陸軍總司令預備機的飛行軍官，當然能相信他的飛行技術。可是當飛機飛抵臺南市的上空時，因夜色茫茫，在萬家燈火的照耀下，目視飛行，已找不到正確的方向了，飛機在臺南上空盤旋約半小時之久，當初我還告訴他不要著急，漫漫地尋找方向，後來爲了避免使他更加緊張，我始終保持緘默，到了夜晚八時十分，我發現他有點焦急的樣子，我不得不提醒他：「請把飛機飛到臺南火車站的上空，然後再尋找歸仁基地的方向，相信就能找到正確的位置。」當我講完了以後，龍少校恍然大悟，也就很快飛抵歸仁機場的上空了，指揮官唐上校和中心的許多同仁都趕到機場迎接，這時候的機場週邊，不只是夜航跑道的電燈照明了，連救護車、消防車的大燈也都開啓了，基地的緊張氣氛，由此可見一斑。當飛機降落，滑行到停機坪時，現場許多官兵都爲我和龍少校感到高興，臉上也都露出了愉快的笑容。

事後我體會出，如果龍少校的飛行技術有問題，或缺乏沉著、冷靜的精神修養，在夜航能見度不佳與迷航的雙重危險狀況下，萬一撞及高壓電桿或電線，機毀人亡的事件，隨時都可能發生。可是我安然渡過危難，眞是難能可貴！萬幸！萬幸！

第十三章　無愧於師主任一職

任師主任兩年三個月，在嘉義中莊時，對貫徹人事革新、主辦幹部講習、策劃並參與實兵對抗演習、督導營房改建、推行一般政戰工作等，績效顯著；移防金門南雄，再轉移至烈嶼（小金門）時，對履行戰地政戰和戰備整備，都付出了心力。而績效評比，無論在嘉義，或在金門，都是名列前茅。只因未能「迎合上意」，不擅於「官場文化」，致使職務明升暗降。所幸六十六年六月二十日赴金門離島端節勞軍，在浪高湧急，快艇停俥時，未遭覆舟滅頂之禍，感謝上蒼保佑。

民國六十四年四月一日，奉命出任陸軍步兵第九十二師（代號爲忠誠部隊）政治作戰部主任。我到職時的師長莊國華將軍（後任金門防衛司令部中將副司令官），是一位文韜武略，智勇兼備的傑出將領，剛從金門率領部隊抵達臺灣嘉義中莊，承擔山防海防任務。所屬部隊，除各旅分別駐於彰化、內角、步兵崗各營區，支援指揮部與師司令部駐同一營區，砲兵指揮部駐烏樹林營區外，營、連基層單位，分別戍守於彰化、雲林、嘉義、臺南縣，以及臺南市等地。

到職初期，爲求瞭解部隊狀況，曾先後用了一個半月的時間，才把部隊訪問完畢，並利用訪問、座談的時機，發現了下列幾項較重要的問題：

一、久任一職（五年以上）的營級政戰幹部，亟須調整職務，以使人事管道暢通。

二、基層幹部管教欠當，有礙部隊團結。

三、部隊風氣不夠清明，營伙食衍生弊端，應立即改善。

四、連隊政戰幹部，對政戰工作紀錄冊的記載，未盡劃一，且有不知如何記載的困擾。

五、基層組織不健全，小組活動欠靈活。

六、車輛肇事頻繁，不僅影響士氣，有損戰力，抑且傷害軍民情感。

七、「莒光日」實施欠認眞，教育仍有死角。

以上各種缺失，都是由於幹部執行命令不夠澈底，或因連輔導長異動頻繁，或因法令不熟，經驗欠缺所形成。爲了加速改進，曾採取了一連串的革新措施。

疏通人事管道，是培養人才、激勵士氣、提昇效力的重要作法。因爲在同一單位連續任職三年以上的營輔導長，經由本島和外島輪調（部隊輪調），或經過兩、三任部隊長的更替之後，在工作熱忱上，自然會產生遞減效應，尤其是步兵營輔導長，接受營測驗所付出的體力，更有著難言之隱的苦衷。經與相關人員研討結果，決定把久任一職的步兵營輔導長調到砲兵營，將久任砲兵營的輔導長，調到師的直屬營，師直屬營的輔導長，建議軍團調後勤部隊。我將整個人事調動計畫，簽報師長核定，並呈報軍團，奉准實施。在執行過程中，深受一般幹部歡迎，都認爲替部隊帶來了朝氣與活力。尤其奉准調往後勤單位的同仁，心中有著喜從天降的感受。不過，支援指揮部兵工保養營的輔導長L少校，因績效優異，曾榮膺國軍政戰楷模、基層優秀幹部，擬予調升師部政一科中校政戰參謀官職務時，不料拒絕同意，經我親自約談三次，仍堅決表示：若不調任主管，拒任其他職務。復經支指部指揮官張（漢銘）上校及其政戰處王處長，再三給予勸導，仍未獲得同意。軍團對這一營輔長的堅持，也極表不滿，最後不得不把他調離師屬部隊，才使這一難題獲得解決。也使人事調整計畫，能如期實現。

迎接軍團與陸軍總部年度軍歌演唱及合唱團驗收，和小型康樂競賽，都是爭取部隊榮譽重要的一環。在經過營初賽，旅複賽，師部決賽後，支指部衛生營所組成的合唱團，成績特優，步兵二七五旅所屬第六營第二連的軍歌演唱，第一連的小型康樂競賽，贏得雙料冠軍。因爲我對於這方面的工作，深具信心，經親自到達現場指導演練後，無論演唱技巧、團隊精神、舞台裝置、燈光設計、服飾裝扮，以及節目內容等項，都有著令人刮目相看的效果。至九月九日，軍團政戰部副主任倪（慶裕）上校（後任聯勤總部政戰部少將副主任）率督導組蒞臨評審時，軍歌與合唱團的演唱成績，都在水準以上，而小型康樂的演出效果，更加出色，被評爲軍團冠軍，並代表軍團參加陸軍總部競賽，榮獲全陸軍的第二名。

「幹部決定一切」，這是千古不變的眞理。要想把工作做好，一定要發揮幹部的潛能。經研擬幹部講習計畫，奉師長莊將軍核定後，自十月二日至十月十四日，分兩期辦理幹部工作講習。參加講習的連、營輔導長，都是集中住宿，我爲了和各位同仁共同生活、學習，也搬到中莊西營區的講習班內住宿。每當報到的當天晚點名時，便把講習的意義和目的，向大家說明以下幾項重點：

一、檢討工作缺失，謀求改進做法。

二、貫徹上級命令，研究實踐要領。

三、熟諳重要法令，統一工作做法。

四、磨練作業技能，提高工作效率。

五、傳授工作經驗，加強工作深度。

六、增進相互認識，培養團隊精神。

短期訓練，或是講習，特應注重效果。因此在課程配當方面，應環繞著所要研習的主題。這次講習既然是有著上述各種意義和目的，那就必須針對思想、組織、軍紀、安全、服務等項基本工作，探討其如何做法？並採用講解、討論、實作（如塡寫各種表格、繕寫有關紀錄、移轉資料）等方式進行。於每期結訓前，舉行集體座談，檢討得失、解答疑難，再謀改進作法。根據我十月六日的日記，幹部工作講習，因計畫週詳，準備充分，課程配當切合部隊實況需要，行政支援適切，教官（師科長和旅處長擔任）講解與實作演練，均爲學員樂意接受，甚獲一般好評。

車禍事件，經常會使部隊增加困擾，抑且傷害軍民感情。民國六十四年十月十一日十六時許，政戰部副主任汪上校從臺南督導部隊在國慶期間的安全維護情形，以及主管留值勤務狀況，在歸途中所乘的吉普車，行至烏樹林的公路上，被國防部統一通信指揮部南區指揮部，派駐臺南「金山」總機的C上尉（空軍）所騎的大型機車碰撞，該員左腿骨折重傷，人車倒地，血流如注，立即送往臺南新營第一外科醫院急救，經開刀醫療，幸無生命危險。十二日凌晨，C員的父親（以下簡稱C老先生）從臺北趕到新營探視，在徵得其意願後，將C員轉往臺南陸軍八〇四總醫院繼續治療。

自車禍發生開始，至轉院期間，我特別指派醫護人員專責照顧，受到C老先生當面致謝。可是後來出席臺南憲兵隊所召開的調處會議時，C老先生卻指責我和副主任應共同對車禍負責。他那種不辨是非，不明大義的言辭，使出席調處的代表甚感詫異，因而調處沒有成功。

到了十一月十二日第二次出席臺南憲兵隊車禍調處會議時，本部代表願負道義責任，同意承擔當初開刀時，所須輸血費新臺幣一〇、三二〇元。但未被南區通信指揮部所接受，希望住院費和輸血費合計新臺幣二八、〇二〇元，都由師部負擔，因此，調處仍未達成協議。

經過兩次調解均告失敗之後，C老先生自以爲往昔在軍中任職多年，對總統府、行政院、國防部等機關，都很熟悉，因此到處寫信陳情，使師長甚感心急，面示應儘快和解，免增困擾。可是我對於這一車禍發生的原因，及其責任的歸屬，瞭解甚詳，心中自有定見，所以不爲所動。

迨至十二月二日，臺南車輛肇事鑑定委員會，正式鑑定那次車禍應由C員自行負責。當通知寄達師部後，師長和關心本案的有關人員，都爲之寬心。大家對於我所堅持的原則和立場，也都稱道。十二月十日南區指揮部指揮官來師部求援，我看到他的態度誠懇，再加上統一通信指揮部政戰部主任馮祿佐上校，是我在政戰學校兩度同期的同學，也打電話來求援，所以仍然同意把當初開刀所付的輸血費新臺幣一〇、三二〇元給予補助。使那件糾纏已久的車禍，在「法理情」三者兼顧的情形下，得以平息。

我在軍中任職近四十年，參與建軍備戰的工作，雖然克盡了職責。在金門、馬祖第一線經營戰場，也奉獻了不少的心力。參加各種演習，並擔任裁判勤務，更有過數十次之多。可是親自參與規劃，且參加實兵對抗的大規模演習，則只有「中原演習」，值得回憶。

師於民國六十五年初，接奉統裁部令頒「中原演習計畫大綱」及「中原演習訓令第一號」以後，政戰部即依據師的演習計畫與執行方案，自二月十五日起，先後完成了下列各項準備工作：

一、二月十五日訂頒「中原演習政治作戰現行作業程序」。

二、二月二十二日，召集營輔導以上政戰幹部五九人，依各科的業務性質，分組實施講習一天，其課程內容為：

(一)各種狀況判斷及計畫作為。

(二)組織運用與具體作法。

(三)精神動員實施要領。

(四)狀況圖標繪與狀況處置。

講習採講解、作業、討論、測驗方式進行，其目的在磨練幹部的作業技能。

三、三月六日，辦理戰場督戰隊和軍紀糾察隊講習，參加人員共六十八人。
四、三月十四日，完成政戰特遣隊的編組。
五、自二月二十日起，至三月六日止，在各級部隊實施任務訓練時，配當政戰訓練課程八小時，以磨練官兵政治作戰的技能。
六、三月十日完成對苗栗、新竹、桃園演習地區有關聯戰資料與民力運用之調查，以及黨工、政戰部隊、政戰特遣隊運用計畫與官兵組織之調整。
七、為使官兵對戰場要求事項，能採取一致的行動，特印製「官兵言行準則精簡本」七、七〇〇份，分發官兵人手一冊，配合部隊任務訓練實施研習。
八、印製「中原演習官兵英勇事蹟（過失）紀錄卡」二、五〇〇份分發幹部人手一份。
九、印製「中原演習政戰部隊編組運用任務卡」三〇〇份，分發軍事及政戰幹部運用。
十、三月二十一日集合連輔導長以上政戰幹部講話，冀能溝通觀念，統一作法，創造典型，達成任務。其講話要點如后：
㈠強化政戰戰備。
㈡改進參謀作業。
㈢加強任務訓練。
㈣活用政戰戰法。

㈤磨練實作技能。

㈥應採具體措施：包括部隊機動、集結、遭遇戰、攻擊、防禦、退卻時的政戰措施。河川攻擊與河川防禦時的政戰措施。空降與反空降的政戰措施。滲透與反滲透的政戰措施。

在完成各項準備後，師暨所屬部隊，自四月四日起，編成三個縱隊，按照前進掩護部隊、左縱隊、右縱隊的序列，實施徒步行軍與野營訓練。

徒步行軍全程，同時實施野營訓練，除二七四旅全程實施戰術行軍之外，其餘各旅前三日實施行政行軍，後三日實施戰術行軍，並以狀況誘導部隊實施訓練，期能結合「中原演習」任務，測驗各級指揮官的指揮應變能力。

為了保證野營訓練的成功，於部隊出發前，曾頒布「野營訓練政治作戰實施規定」一種，其內容概為：

一、由嘉義軍與師聯合組成指導小組，負責全程指導與考核。

二、野營訓練期間，著重於特種作戰六大要務（含伏擊、奔襲、欺敵、滲透、破壞、迂迴）之實施，並使政治作戰和革命戰法配合實施，做到政治作戰和軍事作戰融為一體。

三、行軍、宿營時，著重於搜索、警戒、疏散、隱蔽諸護衛保安措施，並由指導小組視需要發布狀況，誘導部隊演練與幹部處置。

四軍紀安全規定，著重於實踐愛民十大紀律，行軍宿營時注意安全維護，人員清查與械彈管制，以及行車安全應遵守的事項。

師暨所屬部隊，於四月十二日到達預定的集結地區（新竹縣斗換坪）時，我隨新任師長C將軍自十三日至十七日，實施地形偵測、現地戰術、實距離通信試通、兵棋推演、裝備檢查等工作。並於四月十三日下午六時，集合全師政戰同仁，講述演習全程應行注意的事項，其要點如后：

一、加強保密措施，對本部所印發之資料、行動方案、以及準備措施等，均應保守秘密。

二、對難民處理，必須把握區隔、疏散、清查、辨證、宣慰、反映上級與蒐集情報諸要領。

三、對敵（乙軍）心戰宣傳品的處理，應把握修改、利用、掩埋、毀壞諸原則。

四、提供運用俘虜「指名」喊話的要領。

五、指導對頑強抵抗之敵，實施心戰喊話的要領。

六、處理戰俘應有的作法。

七、對於潛伏在村落中的「敵人」，應如何予以肅清。

八、如何實施精神動員，展開立功競賽。

九、維護軍紀安全，加強照顧官兵生活。

十、創造典型戰例，研究革命戰法。

十一、深入瞭解敵情，改進過去未能瞭解狀況，掌握敵情的缺失。

十二、加強小部隊的政治作戰，特別注意十二要項的演練。

實兵對抗演習，分爲三個階段進行：

第一階段：自四月十八日一六〇〇時，至十九日一六〇〇時。

第二階段：自四月十九日一六〇〇時，至二十日一六〇〇時。

第三階段：自四月二十日一六〇〇時，至二十一日一六〇〇時。

上述三個階段的「政治作戰構想」和「政治作戰措施」，都以結合師的作戰任務爲主軸，要求師政戰中心對「部隊政戰」或「政戰部隊」的作爲與運用，應積極主動，具體可行。因受編幅所限，在此未便詳細列舉。演習結束後，四月二十二日八時，在桃園龍岡召開總講評會，甲軍裁判組長蕭（而光）中將提出檢討報告，對於政治作戰方面的檢討，有下列幾項：

一、第一階段

㈠**優點**：

1.自製心戰袋六〇〇〇個，內裝傳單、標語、火柴等，設計精緻，富有創意。

2.心戰、反情報、戰場督戰隊運用、政戰部隊運用計畫等，均能配合戰術行動，支援軍事作戰。

3.對捕獲敵軍人員，所蒐集之情報資料，能適時運用，分發各級部隊，供心戰喊話之參考。

㈡**缺點**：

1.四月十八日二〇三〇時，步一營於攻擊新城時，在三姓橋元培醫專附近，對難民之處理不當，雙方堅持四十餘分鐘，胡營長命士兵組成鎮暴隊形予以驅散，並擊傷「難民」六人，有違教制令。

2.四月十九日，派遣便衣人員進入乙軍地區活動，嚴重違犯演習紀律。

3.政戰特遣隊，未奉命令，先期出發，且不瞭解任務。

二、第二階段：

㈠優點：

1.四月二十日能適時出刊忠誠快報，表揚四月十九日全師英勇作戰立功官兵之事蹟，有效鼓舞士氣。

2.四月二十日〇九三〇時，運用政戰中隊，對寶山里收復區實施社調及政治號召工作，爭取人力、物力，支援軍事作戰，著有績效。

㈡缺點：四月二十日〇五〇〇時，拂曉渡河攻擊，心戰分遣隊未適時向主攻之二七六旅報到，配合戰術行動，對敵展開心戰喊話。

三、第三階段：

㈠優點：四月二十日師之主力撤回頭前溪南岸後，將政戰特遣隊留置於芎林、新埔東西地區，對敵軍實施襲擾、破壞，阻滯敵軍攻擊行動，充分發揮部隊性能。

㈡缺點：

1. 四月二十一日二七五旅步四營二連，在青草湖附近，將敵軍士兵乙名，用刺刀刺傷。另有捆綁毆打敵軍俘虜情事，嚴重違犯演習紀律。

2. 步五營兵器連副班長徐（基立）下士，於四月十八日攜械失蹤，至四月二十一日一四〇〇時返營後，始反映該員係被乙軍俘獲，顯示組織鬆懈，反映遲緩。

上述三個階段的缺點，我都誠懇接納，只有第三階段的第一項缺點，也就是我軍一名士兵刺傷乙軍一士兵的事件，我必須說明如后：

四月二十一日一五五〇時，步四營第二連在新竹青草湖附近，實施防禦時，有「敵軍」士兵（忘記其姓名）手持上了刺刀的步槍衝入該連指揮所，被連長的傳令（係原住民）用刺刀刺傷。經反映到統裁部，奉核定爲嚴重違犯演習紀律，命令將該違紀士兵，立即送往統裁部（第六軍團）軍法組收押。我立即指派監察官會同甲、乙軍雙方裁判官詳加調查，據甲軍裁判（乙軍部隊所派者）報稱：「該被刺傷的士兵衝入連指揮所時，欲刺殺該連連長，在場官兵制止無效，連長傳令若不採取反制措施予以刺傷其腿部，則連長的安全不保。因此，連長的傳令，不但不應受到懲罰，反而應予獎勵，以創造維護長官安全的典範。」我要求政三科科長把調查報告呈報統裁部後，另以電話報告統裁部政戰部主任高（興恩）將軍。第二天接奉指示，立即把被押在軍團軍事看守所的傳令兵，接回部隊。到了四月二十二日上午八時，出席在龍岡文康中心召開的總講評（總檢討）會時，奉主任高將軍面諭：「那個傳令戰士用刺刀傷人的事件，用不著再提了。」我聽了之後，心裡感到十分高興。

總講評結束後，參加演習的部隊，先後由公路和鐵路運輸返回駐地，我懷著哀痛的心情，於督導主管單位處理軍車（3／4T）撞死一名幼童的車禍案件後，於二十三日返回中莊營區。因演習期間睡眠不足，精神疲乏，體力頗感難以支持。奉師長C將軍諭示回臺中市寓所休假。二十五日就近到陸軍八〇三總醫院檢查，診斷爲十二指腸潰瘍，遵醫囑須住院治療。這時期部隊有許多公務亟待處理，住在醫院，覺得有些過意不去，尤其麻煩很多長官和同事，遠道趕來看我，總政戰部主任化公老師，也請軍團政戰部主任陳（忠曾）將軍代爲慰問，更加使我內心不安。於是請求醫院政戰主任褚（效先）上校，轉請主治醫師儘快診治，希望於五月五日出院。非常難得，感謝褚主任和主治大夫的照顧，果然使我如期出院，回到寓所休息兩天。五月八日凌晨返回部隊，參加五月九日全師「中原演習」的總檢討會，並提出政治作戰檢討報告，其重大的優、缺點，分誌如后：（註：凡裁判組組長在總講評會中所提出的優、缺點，此處從略。）

優點：

㈠政戰戰備整備認眞，官兵對「言行準則」都能背誦。
㈡政戰特遣隊，在各戰術行動中，均能遵照指示，展開情報蒐集、襲擾、破壞、心戰等活動，充分發揮部隊特性。
㈢戰場督戰隊行任務編組，並依戰術行動，選擇要點，設置監視哨，執行戰場紀律。
㈣能隨戰況下達反情報工作指示，對工作佈建和調查指導人，能確實掌握運用，並能結合狀況，隨時蒐集、反映政情動態。

㈤全師官兵對於精神動員與組織運用，成效顯著，且演習全程，不眠不休，忍饑耐寒，充分表現勇敢奮戰，不屈不撓之精神。

缺點：

㈠在演習期間，各單位未能按時反映政戰狀況，形成上下脫節，失去連絡的情況，經常發生。

㈡少數單位在演習中，對人員掌握不嚴密，官兵行動隨便，未按演習規定著裝，軍紀表現不良。

改進措施：

㈠應把握一切政戰措施，結合戰術行動之要求，磨練政戰幹部作業，及對通信器材使用之能力。

㈡對於政治作戰應用教材，由師規劃進度，要求所屬單位配當課表，管制實施，以增進官兵對政治作戰具體作法之瞭解與技能。

㈢爾後演習，應要求配屬部隊提前於任務訓練時報到，以便和演習部隊幹部一同偵察地形，進而增進其對作戰狀況與作戰地區之瞭解。

㈣納編於戰場督戰隊之官兵，應按既定訓練人員參加演習，以便順利執行任務。

㈤互演習期間，各級主官（管）應隨時督導所屬，切實掌握人員，清點械彈，嚴格規定官兵服裝與行動，並依責任地區加強軍紀糾察，登記優劣，辦理獎懲。

㈥建議統裁部，對於作戰（演習）地區之政情資料，應代表上級單位在正式演習前，分發參演部隊，以供作業參考。

俗話說：「不經一事，不長一智。」經過這次實兵對抗演習之後，使我對於部隊的政治作戰，以及政治作戰部隊的運用，的確增加了許多經驗。也使我對於策劃大規模（部隊）的軍事演習，有了堅定的信心。特別是對於敵情的判斷，更加提高了警惕。例如四月二十日〇九四五時，我和師長C將軍，同乘一輛吉普車，在芎林五股村，巡視部隊演習情形時，誤把「敵軍」視為自己的部隊。當我發覺跡象異常時，立即要求駕駛「加油」，並超速行駛，當「敵軍」發覺，企圖攔截時，並要求駕駛鳴放長聲喇叭示警。就這樣的緊急處置，才避免了「被俘」的危險，否則，很可能創造了「敵軍」成功的典型戰例。若是這樣，我和師長都無法對部隊官兵交代了，也更無法面對上級長官了。

完成了「中原演習」的任務之後，接著承受了中莊東營區改建，和「益陽演習」兩大任務。前者是營建工程的監督施工，後者是準備部隊輪調金門，這都是嚴厲的考驗。

營房改建，是改善部隊居住環境，提昇官兵生活品質的一項德政，也是保持戰力，激勵士氣最有效的措施。因此，就部隊的整體利益，或政戰的基本立場，都應該是高興，並值得肯定的。至於如何保證在改建過程中不會滋生弊端，發生缺失，進而確保工程品質，圓滿達成任務，那就是政戰部門應負的督導責任了。

改建工程，是計畫在中莊東營區建造四幢兵舍，且都是二樓RC頂鋼筋混凝土的結構，因為都是運用兵工興建，只要計畫週全，督導認眞，考核確實，就不會發生偷工減料的事件。

爲了落實督導工作，除了在人選方面，注意品德、操守之外，還要著重於專業知識及其工作經驗。當時我要求監辦單位，應貫徹下列各種作法：

一、建材購置

㈠就購置建材的名稱、數量、投標廠商資格，登記日期、應繳押標金額、開標時間、地點登報三天。

㈡發給投標須知。

㈢對辦理投標登記的廠商，須嚴格審查其信用與資產。

㈣邀請有關單位主管，密定底價，並限在開標前二小時行之，在密定後，限制參與人員和外界及廠商接觸，以免洩密。

㈤開標時請上級單位派員監督。

㈥押標金應在開標前二小時繳清，其金額須提高到接近總價的某一成數，以免中途發生變數。

㈦檢查品樣，並公開陳列，俾於得標後，在驗收建材時，作爲比對的憑證。

㈧不超過底價，以最低標爲得標。

㈨建材驗收，應由督導組指派專人負責，並建立三級代理人制。驗收時須作成驗收報告單一式三份，一份交廠商收執，作爲領款根據。一份交第四處查驗，一份交督導組備查。

㈩付款程序，應按主計部門現行作業規定辦理，惟應由廠商將發票與貨品驗收報告單，先經督導組審核確認後，始可向主計部門辦理領款手續。

二、建材管制

㈠建材必須分類保管儲存，並做到整齊劃一，以便清點。

㈡易燃性建材的堆儲，應開闢防火巷，並備妥消防器材。

㈢大量建材的存儲，應留置適度的通道，俾利車輛出入方便。

㈣承辦主管應指派專人保管各類建材，保管人員更應隨時清查；主管亦應實施不定期檢查，發現錯誤或有短缺，應即改進、追查。

㈤各種貨品應立冊登記，註明品名、類別、領用單位、領用數量等，以便稽查。

為了做好建材購置和保管的各種要求事項，當初曾引起師長C將軍對我有些誤會，認為我好管閒事。可是我既然被任命為督導小組的負責人，就應以負責的精神，和勇於任事的態度，協助師長圓滿達成改建的任務。同時也是為著革新部隊的風氣，而付出應有的心力。後來我之所以在新建的司令台上端，用水泥砌成「存誠務實」、「去偽除虛」八個大字（迄今仍然存在），也就是這個意思。

營房改建工程開始施工以後，一切督導工作都能按照預定計畫進行，因為訂有「執行辦法」可資依循，所以執行起來，也就方便多了，等到營房的硬體設施完成，還沒有實施內部裝璜前，部隊就實施「益陽演習」而輪調金門了。督導半年多來，由於工作伙伴們的通力合作，使營建工程沒有發現任何弊端和差錯，也算是無虧職守了。

在準備「益陽演習」的同時，奉軍團指定舉行一項連隊心理作戰的實兵示範演習，其內容包括簡易傳單、標語製作。心戰喊話器材的保管、攜帶、使用操作。各種戰術狀況下的喊話內容、要領。心戰與火戰交互配合的做法等等。奉師長核定擔任示範演習的部隊之後，我每天親自到達演習現場策劃、指導，從單兵、伍的分解動作，到連續動作，不厭其煩地實施預習，直到十一月十三日舉行示範演習時，軍團政戰部主任陳（忠曾）將軍蒞臨現場主持，全軍團營輔導長以上政戰幹部齊來參觀，后里軍政戰部主任武（士嵩）將軍（後任國防部總政治作戰部副主任並爲執行官）也蒞臨指導。因準備充分，計畫週詳，演習逼眞，獲得參觀人員一致的讚揚，軍團主任、軍主任孫（紹鈞）將軍，以及武將軍等都予高度的肯定，並嘉許是一次成功的示範演習。

定名爲「益陽演習」的部隊外運工作，是一項艱鉅的任務。在時時備戰，日日求新的要求下，如何振奮士氣，培養團隊精神，確保部隊安全，圓滿達成演習任務，實在是一項艱苦的挑戰。

幹部是決定工作成敗的重要因素之一，爲了保證演習成功，首先要求幹部精神動員，也就是希望同仁們對於去金門前線，發揮「捨我其誰」的精神，把演習前的一些準備工作做好。可是事情卻不是和我所想像的那樣簡單，當演習的消息傳到師部暨所屬各部隊以後，有些幹部就想方設法展開活動。有的請求調後勤單位，有的設法調到軍部，或軍團司令部服務，一時之間，人心浮動，使一些沒有人事關係的幹部，感到苦惱、焦慮。我爲了遏止鑽營、請託、投機取巧的歪風，曾和嘉義軍和軍團部的人事主管部門協調，希望在演習前實施人事凍結，停止外調，並請求把缺額補滿。可是因爲人微言輕，所提意見，發揮不了太大的效果，反而引起長官的誤解，認爲我獨斷專横，不尊重上級。如軍部政戰部第一次將師部政一科的參謀調走了一個，我不便講話，第二次擬再調另一個參謀時，我就不得不據理婉拒，結果使軍部政戰部主任對我表示不滿。同樣的，軍團政戰部也一次再一次地到師部來調用幹部，當初我不好意思拒絕，可是第二次調任保防官薛上尉時，我便堅持不給發布，同時明知不可能註銷，也得報請註銷，以使意圖活動外調的幹部行有所止。至民國六十五年一月十六日出席軍團政戰部主管會報時。雖然經過說明部隊行將舉行實兵對抗演習與部隊輪調金門前，有些幹部因怕苦畏難而到處活動外調，在人事上若不保持安定，對任務的執行，或士氣的維護，都有相當大的困難。儘管我據理力爭，可是軍團仍然不予接納，眞使我感到無奈。不過，經由我這番努力之後，準備活動外調的幹部，也就不好意思再動歪腦筋了。

正在積極準備「益陽演習」的時刻，師屬部隊禍不單行地發生了兩件重大事故。如砲兵二八四營派出領米的一輛載重車，在內角與烏樹林之間的橋頭上，撞斃了嘉義縣政府主計室主任及其夫人，我聞訊後立即趕抵車禍現場，督導砲指部指揮官韓（覺非）上校（後任陸軍少將軍訓總教官）處理善後事宜，目睹已故主計室主任的遺體，躺臥在橋頭的邊緣，其夫人的遺體，彈到橋下的沙灘上，一對還在讀中學的兒女，頓時失去了雙親，面對悽慘的現場，不禁使人爲之鼻酸。雖然在善後處理方面，獲得縣政府和罹難者家屬的滿意，可是國軍形象所受的損失，實在是無法估計的。又如步五營某連幹部體罰凌虐一名士兵，構成嚴重傷害，不僅影響士氣，抑且傷害軍民情感。像這兩件重大事故，都歸咎於基層幹部管教欠當，沒有善盡職責，我也應該受到良心的責備。民國六十五年六月二日，我用電話向前嘉義軍政戰部主任詹啓春將軍（後任三軍大學政戰部中將主任）作禮貌性問候時，承告總政戰部主任化公老師，對於師屬部隊發生上述兩件重大事故，頗表不滿，若非我平日的工作績效優異，而且能主動負責，積極進取，很可能會被調職，希望我今後務必提高警覺，維護部隊安全。

爲了預防重大事故，或意外傷亡事件發生，我曾運用集體智慧，於民國六十六年元旦，在部隊實施「益陽演習」前，編印了「幹部安全手冊」單行本，分發排長（含）以上幹部人手一冊，其重要內容，規劃如后：

(一)部隊訓練、演習、射擊時之安全維護措施。

(二)衛哨勤務（幹部巡查）時之安全維護措施。

(三)幹部管教士兵時應注意之安全措施。

(四)運輸作業之安全維護措施：包括汽車駕駛、車輛管制、補給品運補車、船、飛機裝（卸）載、乘坐機艦、傷患運送、離島運補。乘坐汽、火車，接送新兵、護送退伍轉業人員、差假外出等各種安全維護應注意之事項。

(五)構工爆破時之安全維護措施：包括構工、機械作業、爆破作業、排雷、佈雷、爆材管理、未爆彈之處理等各種安全維護應注意之事項。

(六)心戰作業之安全維護措施：包括空飄、海漂、砲宣彈裝塡作業等安全維護措施。

㈦其他工作之安全維護措施：包括各據點指揮、庫房管理、災害搶救、裝備保養、武器擦拭、空投作業等安全防護措施。

分發上述「幹部安全手冊」時，另以行政命令要求各級幹部針對部隊任務實況，或服行任務官兵之個人，在執行任務前，將應行注意之安全維護措施，當面提示，期使提高警覺，增進防險意識，避免發生傷亡事故。

「幹部安全手冊」，趕在「益陽演習」前頒發實施，對於防範意外傷亡事件，維護部隊安全，的確發揮了效果，使部隊在演習前後，均能保持穩定的狀態。

民國六十六年一月三日，我隨著部隊從臺灣嘉義搭乘火車抵達高雄，轉乘軍艦到金門料羅灣碼頭登岸，先進駐南雄，擔任金門防衛司令部預備隊的任務，平時負責防衛部的勤務支援。當部隊全部進駐金門不久，恰好是歡渡春節的時刻，所屬部隊組成的民間遊藝隊，參加防區民間遊藝競賽，獲得甲組冠軍，這種旗開得勝的喜訊，對士氣的鼓舞，確有意想不到的效果。

春節過後，奉命主辦「莒光日」教育作法全程示範觀摩，防衛部通令連輔導長以上政戰幹部參觀，因計畫週詳，準備交分，執行認眞，深獲參觀人員一致好評，經防衛部評鑑爲甲組第一名，爲部隊又爭取了一次榮譽。

三月二十四日，遵照金防部規定，針對師暨所屬部隊承擔之防衛作戰任務，諸如反砲擊、反空降、反登陸等各種狀況，舉行政治作戰兵棋推演一整天，請副師長初（國興）上校（後晉任陸軍少將）任統裁官，防衛部政戰部主任D將軍蒞臨指導，防區營輔導長（含）以上政戰幹部，都來參觀，大家都認爲計畫週密，準備充分，所研擬之各種狀況，切合任務實況，獲得一般好評。檢討那次演習之所以能圓滿達成任務，副師長初將軍的熱心指導和副主任韓（鼎洛）上校的精心擘劃，的確是厥功至偉。惟因金防部政一組對於參觀人員所需的午餐供應，協調欠準確（先通知不需準備午餐，至午餐時才告知用午餐），致參觀人員的午膳供應不足，殊覺遺憾，也使那次演習留下美中不足的印象。

師與所屬部隊到達金門不久，金防部政戰部主任D將軍，有一天在金門戰地政務委員會召見我，垂詢部隊狀況，我據實作了簡要的口頭報告。後來又問到有關新任師長C將軍到職後的情形，我在沒有稟報之前，曾謹愼地請示主任：「是不是要實情實報？」主任指示：「當然要講實話。」於是我便就新任師長C將軍到職後在領導統御方面，所表現的幾樁具體事例，向主任面報。主任D將軍聽過之後，雖然沒表示任何意見，可是對我不表滿意的情形，全部寫在他的臉上。時間過了很久，聽到某一老同事告訴我，那位主任D將軍在前某軍團級單位任主任時，曾要旅處長以上幹部，向部隊長效忠宣誓，必須做到絕對服從。這時候我才恍然覺悟當時的實情實報，對我是不利的，因爲我所報告的事實，雖然都是眞情流露，可都不是那位D將軍願意而喜歡聽的，這顯然是未能迎合上意的表現。不過，內心仍是坦然，一點也不覺得後悔。

部隊在南雄待的時間不久，民國六十六年四月，實施「南嶽演習」時，即移駐烈嶼，也就是小金門，這是金門的前哨。所屬部隊，有許多分駐於大擔、二擔、猛虎嶼、獅嶼、復興嶼，這些都算是外島的外島。儘管交通非常不便，戍守在那裡的官兵，生活不僅僅是艱苦，而且覺得很單調，不過官兵們捍衛國家疆土，仍具有強烈的責任心，高度的使命感。我為了關懷弟兄們的生活情況，每月至少專程前往各前哨，實施基層工作輔導，或慰問官兵辛勞二次。

六月二十日上午，陪同臺灣水泥公司金門前線端節勞軍團，去上述島嶼勞軍，清晨出發時，雖然獲悉有颱風警報，但海面仍是風平浪靜。我陪同勞軍團團長林（世德）先生，和當年名噪一時的影星谷（名倫）先生、張（玲）小姐，以及金城藝工隊隊員等一行，先到二擔，再轉猛虎嶼、獅嶼，實施勞軍演出。自獅嶼出發不久，快艇航向復興嶼途中，突然浪濤洶湧，快艇於滾滾巨湧中停俥息火，在失去動力的情況下，操作人員也心慌意亂，手足無措，這時候跟我同在艇內的林先生和後座的兩名藝工隊小姐，都緊張起來，尤其後座的小姐，眼看快艇隨著巨浪的漩渦翻滾，幾乎有覆舟的危險時，都不約而同的哭泣起來，我立刻請他（她）們保持鎮靜，並把救生背心穿上，就在這一剎那間，快艇的引擎，經操作手搶修之後，頓時啓動開來，我發現林先生和後座的小姐們，又恢復了原先的笑顏，當快艇駛抵復興嶼時，大家都高聲唸著「阿彌陀佛！」事實上，假若引擎停俥，久久未能發動，讓快艇隨著巨湧載浮載沉的滾翻，隨時有覆舟的危險，萬一發生了那種情況，我和艇上的幾位同伴，生死存亡就很難想像了。

戍守南雄和烈嶼前哨前後，除了以上的各項工作之外，值得一提的，還有下列幾件事情。

民國六十六年一月三日，也就是部隊實施「益陽演習」的當天上午，在我整裝待發的時刻，郵務士把一封限時掛號的信件遞交給我，我看是教育部寄來的，覺得有點怪怪的，拆開一看，才知道原是教育部軍訓處的信，其簡要內容爲：「貴官奉國防部核定轉任大專院校軍訓總教官，請於二月三日來教育部軍訓處一談。」當我到達金門進入戰備狀況之後，於二月三日上午九時，準時向軍訓處報到，該處副處長崔（錫祿）上校（後晉任陸軍少將），以驚訝的語氣問我：「你來幹啥？你在部隊很有發展潛力，爲什麼要來當軍訓教官？」崔副處長是前陸軍訓練作戰發展司令部總務憲兵科的科長，當年我在陸訓部政二組（駐於臺中市干城營房）任職時，因工作協調，他對於政二組的各項支援，極爲熱心，至今我仍銘感在心。所以他不但對我印象深刻，而且能坦然地告訴我，並希望我安心在部隊求發展。當時由於處長趙（本立）將軍公出，我沒有見到，崔副處長的那幾句指示，就算是給我作了明確的決定。可是我當初認爲在缺乏特殊人事背景的情況下，換換跑道爲青年學生服務，對國家也同樣是一種貢獻，這沒有什麼不好。再加上我去軍訓處見到崔副處長的同時，擬調任軍訓總教官職前講習的公文已經發出，等我回到金門，又接獲職前講習的通知，所以沒有多久，我就回到復興崗接受職前講習。這時期除了幾位老友以外，還有幾位昔日長官如賀（雨辰）將軍，都勸我打消轉任軍訓總教官的念頭。特別是「中原演習」擔任政戰裁判組組長的衛（明卿）將軍，於四月二日寫信到金門來勸我，信中略以：「興漢二號演習」，某公（指陸軍總部政戰部主任A中將）來訪，突以論目前師主任的績效與學能發展，學長榮列前茅，同有榮焉。又聞某君閒言，學長擬轉任軍訓主任教官乙職，誠覺可惜，以目前人事言，學長高就總部處長之職，敢言不遠，特此相告，並爲一獻我見。

為了不辜負老友和長官們的期許，我曾利用休假時間，再度前往教育部軍訓處晉見處長趙將軍，適處長公出，見到的依舊是副處長崔（錫祿）上校，首先表達了個人的意見，那就是轉任軍訓總教官乙職，若在五月一日前發布，我當願意接受，如逾期發布，則請免議。崔副處長聽完我的說明之後，還是舊話重提，希望我打消轉任軍訓總教官的意念，安心在部隊工作，並同意轉告處長趙將軍，且要我今後不再提起有關轉任軍訓總教官的事情，以免影響我的前途，關懷之情，溢於言表。

當我打消轉任軍訓總教官的訊息，傳到陸軍總部政戰部主任A中將的耳裡，據說即對我有著異常的看法，認為我的「意志不堅」。這時候使我憶起那位A中將原先對我有意轉任軍訓總教官，感到高興，甚至有著求之不得的想法。這從他於二月十一日陪同總司令馬（安瀾）上將蒞臨舍間，慰問我家眷，並主動徵求是否願意配賦職務官舍的事，即可想見。當然我對於A中將關懷我家眷的摯意，我將銘記於心，永難忘懷。不過，指我轉任軍訓總教官的「意志不堅」，我就不能接受。因為一方面我曾向軍訓處聲明了調任的期限，而軍訓處也一再鼓勵我在部隊求發展；再方面我曾確實知道有某一旅處長H中校已考取了軍訓教官，於即將發布調任前，被主任A中將發覺其與自己的夫人是同鄉關係，不僅未同意其轉任軍訓教官，且立即予以調任至某軍任上校職缺，並計畫培植到晉任陸軍少將。從這一例子便可證明那位A中將對我原先擬轉任軍訓教官，已經知道我無人事背景，所以有著「順水推舟，送客出門」的意味；更可證明和他沒有特殊關係，是很不容易獲得拔擢的。

對於不轉任軍訓總教官，做了決定之後，我在烈嶼前哨的工作重點，除了經常深入基層，加強工作輔導與慰問官兵以外，還兼顧到下列幾項重大工作：

一、**督導瓊林戰鬥村坑道工程**

瓊林是金湖鎮的重要據點，位於金門的蜂腰部，在戰術運用上占有重要的地位。瓊林坑道原是泥土的坑道，因閒置已久，行將廢棄。金防部爲了加強戰備，特命本師整建成一座鋼筋混凝土的堅固堡壘。在師屬工兵營施工期間，我每隔一至二星期，必須抽出一整天，前往工地慰問施工部隊官兵，並發掘、解決有關問題。自該工程竣工後，不僅有益於金門的防務，且發揮了觀光的功效。

二、**整建軍紀、強化安全措施**

㈠針對防區官兵夜間違紀與酗酒滋事事件日益增多，以及陣地關閉後軍紀糾察與查勤人員時常和衛哨勤務人員發生衝突事件，先後訂頒了「司令部各科、組夜間營規輪流督導實施規定」、「軍紀糾察實施要點」、「酗酒滋事懲處規定」、「陣地關閉後糾察實施規定」各一種，要求各級幹部貫徹執行。

㈡爲根絕「暴行、體罰、逃亡、車禍」四害，特以「敬官、愛兵、守紀、安全」，作爲整建軍紀的教育主題，並要求各級幹部靈活運用互助組，做到先知快報，期收防微杜漸的效果。

㈢因應防止叛逃事件發生，先後舉辦「亮節工作」及漁港哨管制示範觀摩各二次，並由參一、三和政三、四科聯合編成四個小組，於每日下午七時至九時，分赴第一線據點，輔導檢查陣地關閉、四清兩點、浮（泳）工具管制，以及知兵識兵等工作執行情形。

三、**整頓物資供應站，促進軍民團結**：部隊移駐烈嶼後，對軍民所需的物質供應與配售，經澈底檢討、改進後，朝著管理科學化、經營現代化、價格透明化、盈餘公開化的目標邁進，對促進軍民團結、和諧，發揮了極大的功效。

四、**強化對敵心戰**：依據「萬里五號」計畫，整建空飄站的各項設施，對執行空飄任務的官兵選拔與訓練，都經由我親自指導、監督。無論空飄或海漂任務的遂行，均遠遠超過金防部要求的標準。

就在積極整建西方和上林兩處空飄站，並著手修繕烈嶼圖書館時，突然傳出調任陸軍第三十二軍政戰部副主任的命令，已經發布，我對這一訊息的到來，不但沒有感到氣餒和難過，反而覺得千斤重擔有了一卸仔肩的輕鬆和愉快感。因爲在任職期間，無論在臺灣嘉義，或在金門前線，都付出了心力，做出了貢獻，眞正是無愧無怍。

然而，對於積效評比都在名列前茅，且原來有望調任總部處長，卻調任副職的原因，在沒有離開龍蟠山前，我曾平心靜氣的作了下列幾項檢討分析：

第一、我在任職初期，爲了貫徹陸軍人事革新方案，本著汰弱留強的原則，把政二科某科長建議調爲部屬軍官，旋奉陸總核覆，須提供考核紀錄，作爲評鑑的依據。我即將某科長不守職分，利用「莒光日」督課時間，逗留於僻遠地區的連隊，要求宰雞、飲酒，以及迴避上級視察「莒光日」和督導助民收割等等紀錄，報請參考。我這種作法雖然貫徹了人事革新方案，卻使陸軍總部政戰部主任A中將未能滿足其庇護舊屬（某科長）的心願，而且感到臉面無光，這又是一次未能「迎合上意」的表現，自然對我有所埋怨和報復。

第二、自隨「益陽演習」抵達金門之後，從未以任何方式向A中將請安，更未贈送其任何土產，這是我不懂「官場文化」的後果。

第三、從轉任軍訓總教官之路折返，使A中將意圖「送客出門」的心願未能實現，這也是構成調任副職的重要原因之一。

第四、爲使部隊力求精進，當部隊未輪調金門前，曾面對新任師長C將軍在領導統御方面，提出誠正坦率的建言，招致師長的怨懟，因而在外散播謠言，指我個性固執，「政戰氣味」濃厚，缺乏協調合作的精神。當部隊到達金門以後，並以這些「莫須有」的指控，向司令官夏中將和政戰部主任D將軍報告，而長官們也不查明事實眞相，只知爲了部隊的「團結」，維護主官的威信，所以把我儘快的調離。尤其是金防部政戰部主任D將軍在戰地政務委員會，要求我對新任師長C將軍在領導統御方面作眞實的報告，原來是一種「陽謀」，這是我當初料想不到的。不過，我認爲「憑良心說話」，永遠是心安理得，無畏無懼的。

俗話說：「日久見人心」，時間是最好的證明，從我遠離師部之後，一般軍事幹部和政戰同仁，乃至認識我的士官兵，對於我誠正、坦率、親切、自然、實幹、苦幹的做人態度與做事精神，都很懷念，也深受肯定。現在提出下列幾件事實以資印證：

政三科監察官王榮三少校（政戰學校十六期）調離師部後，於六月十六日自臺灣雲林縣斗六郵政第八九八八號信箱來函，其內容爲：未聞教誨將近一月，此期間時常想念先生平日諄諄告誡所屬的至理名言，若再想洗耳恭聽，已是很難得了。先生的言辭理論絕佳，爲職所過之人難望項背，若早過幾年，職大可轟轟烈烈地幹一番。

從入軍校就存有嫉惡如仇之心，抗上約有十人次，久之待我甚佳。惟就有那麼一位人物，待我離職後還給我一次申誡，副本未發給我，祇怪我不逢迎。

反省幾月以來，先生待我很好。以本身而論，對先生絕無怨言，覺得很難得，也許先生長者之風，立場公允，堪爲仁人君子表率。

來此工作輕鬆又愉快，眞沒想到差距會那麼大，如果現在尚住龍蟠山，也許還不會有不愉快事發生。

附註：王員函件經由金門郵轉新竹郵政九一一一五號信箱。

師部通信營輔導長張德樞少校，民國六十六年九月十九日從金門郵政九三〇四號信箱來函，其內容爲：

主任 鈞鑒：

主任在職期間，職爲學能所限，未能鼎力匡助，且勞多方照顧，增添主任諸多麻煩，思之深感汗顏。

鈞長榮調離部，未克恭送，請鑒諒！主任在任期內，廉潔自持，言行風範，對政戰同仁均已產生直接影響，深爲官兵所仰慕，職尤感受益良多。前辱蒙　鈞長勞神費心，多方照顧，未能回報萬一，內心深感忐忑難安，恭請原宥。

民國六十七年三月二十九日，在臺北市偶然遇見金門防衛司令部政戰部主任D將軍，在閒談中告訴我說：「現在知道了你並不是一個斤斤計較的人，那一位師長跟接替你職務的戴主任，也相處的不好。」最使我感奮的，是民國六十七年五月八日，在調離陸軍前，專程前往桃園龍潭，向陸軍總司令馬（安瀾）上將、副總司令夏（超）中將辭行、請訓時，這兩位長官曾異口同聲地指出：我在師主任任內，對於建軍備戰的工作，做了許多貢獻，眞是非常的辛苦。可是沒想到某師長（指C將軍），在領導統御方面，會使那麼多的幹部不滿意，而且在工作方面，只圖表面而不務實。總司令馬上將爲了接見我，特把主持總部榮團代表會的時間，順延了半個小時。

我對於上述長官和同仁們的說明和獎飾，非常感激，自然也可澄清師長C將軍對我蓄意中傷，惡意攻訐，陷我於不利的各種言詞了。

尤其使我銘感肺腑，永誌不忘的，就是當我即將離開烈嶼前線時，新任司令官李（家騆）中將，曾親自面示C將軍，要求他辦理歡送我的事宜，一定要認眞、熱情、不宜草率。司令官那番關懷，愛護的摯意，至今仍使我留下了溫馨的回憶。

受打壓後，處逆境時，策畫並參與「光華演習」、全國（全軍）示範性的「莒光三號」政治作戰演習，以及辦理三民主義講習班等，仍有顯著的績效。加上長官（輩）與同學的慰勉、砥礪，都是我突破艱難困境的精神支柱。

第十四章　在新竹軍發憤圖強

調任陸軍第三十二軍政治作戰部副主任的生效日期，是民國六十六年七月十六日。我於七月二十八日離開金門，回到臺中租賃的住所，補休了十天慰勞假，於八月八日前往新竹坪埔營區報到。受到軍長蕭（而光）中將，政戰部主任衛（明卿）上校（民國六十七年元旦晉任陸軍少將）的親切歡迎。

副職，本來不是一般人願意當的，可是我認爲只要把本職工作做好，也是對國家的一種貢獻。因此，從我到職之初，就下定了決心，要發揮「逆流而上」和「在絕望中奮鬥」的精神，努力工作，不計個人成敗得失，繼續爲國效命。

到職時的首要任務，算是「光華演習」，也就是協調裝訓部、空軍新竹聯隊、新竹師、坪埔預備師、新竹團管區、聯勤新豐電子廠等單位，爲新竹縣黨部提名的地方公職人員辦理輔選工作。爲求達到勝選的目的，我無分晝夜，經常深入眷村實施座談、講演。歷經三個半月的努力，縣長候選人林保仁先生、新竹市長候選人劉樹華先生，以及國民黨的縣議員候選人等，都獲得高票當選。這當然要歸功於軍長和政戰部主任的領導，同仁們的共同努力，我奉核定記功二次，也是一種榮幸。

輔選期間，軍部為了改善眷村的環境，曾幫助十二個眷村完成水溝加蓋的工作，並加派兵力在颱風季節助民完成收割的任務。十月二十九日假國立清華大學，擴大舉行眷村聯誼活動，因節目精彩，內容充實，情況熱烈，深獲國防部、陸軍總部，以及地方各界一致的讚揚。在推展這幾項重大工作的同時，我都能主動負責，全力以赴，從來不會因擔任副職而灰心喪志。

到職後，在工作繁忙時曾先後向金防部新任司令官李（家馴）中將、政戰部副主任沈（瀛三）將軍、孫（福龍）將軍等函報現況，並致謝忱。嗣奉司令官李中將民國六十七年一月二日覆函，略以「於金共事，荷承佐助，深為感慰。吾兄工作勤奮，服務認眞，尤對部隊貢獻良多。尚望秉持初衷，益勵忠勤，共勉共行。」沈將軍六十六年九月十五日覆函，略以「吾兄在金服務期間，我等相處融洽。吾兄負責之精神，尤令人感佩。惟臨行匆匆，未及暢談，頗以為憾。」孫將軍六十六年十月二十五日覆函，略以：「欣聞到達新竹後，已能完全適應新職生活，以吾兄學驗、品德、熱情，必能為明卿兄得力助手。而此工作過渡時間，必不長久，此弟敢斷言者也。」另軍主任衛（明卿）將軍，於調任金防部政戰部副主任後，於六十七年三月二十六日來函，略以：「相聚甚暫，助我最多，相知亦深，尤其忠以任事，勤以策畫，才華溢表，感佩多多。吾兄受屈之事，來金方知原委，所謂路遙知馬力，事後見人心是也。如遇得便，當報知音。」

我先後拜讀了以上四位長官的箋函，在心靈深處得到了不少的安慰。從此便可證明我絕對不是因爲品德、操守、本職學能欠缺，或工作績效不彰而調任副職的。同時也可說明是非、公道，是自在人心的。

每年舉辦一次的國軍三民主義講習班，是強化官兵思想的專案教育。由新竹軍主辦的國軍六十七年度三民主義講習班第二分班第三講習區，正好是我到職後須要精心策畫，竭力達成的重要任務之一。

首先遵照國防部所頒計畫綱要，並針對如何做好「學習、生活、安全、戰鬥互助」四大課程主題，衡諸軍暨所屬部隊的實際狀況需要，進行詳細規畫，送請劉光華委員會議審議通過後，頒發講習計畫，作爲辦班和召訓的依據。

照講習計畫規定，自民國六十六年十二月五日，至六十七年一月二十一日，分爲六期辦完講習，軍直屬部隊與新竹師（即楊梅師）共召訓二、六二五人。

爲了達成辦班任務，曾就班務、教務、訓導、行政等各項工作，訂頒了許多具體的作法。我奉核定兼任教育助理執行官，駐班督導，經常和訓導組長劉（應文）上校（陸軍一九三師政戰副主任，是一位多才多藝的傑出軍官）共同探討貫徹辦班工作的各種有效作法。最後不僅圓滿完成了講習的任務，而且奉陸軍總部核定爲優等單位，榮獲獎牌乙面。

「莒光三號」政治作戰演習，是全軍也是全國性的黨、政、軍、民聯合作戰示範演習，其規模之大，可說是空前的。

演習構想，是以復興基地自力防衛作戰，及「以武力為中心的思想總體戰」為構想，各作戰區本獨立作戰的精神，結合三十二軍當時的任務和特性，設想敵軍進犯臺澎金馬基地可能採取的軍事行動，及其策略陰謀，並基於黨政軍民總體作戰之要求，模擬實戰狀況及戰術行動為主導，以政（聯）戰演練為重點，研討於反封鎖、防空、反滲透、反破壞、反空降、反登陸及反擊作戰等諸般戰術行動中，政（聯）戰應有之具體有效因應措施，以發揮總體力量，剋制敵軍之心戰、統戰、破壞、顛覆等陰謀活動，支援軍事打勝仗。

演習方式，採單方面黨政軍民聯合作戰的方式，並依狀況誘導、兵棋推演、書面作業、問題討論等方式實施。

依據這項演習的目的、構想和方式，於民國六十七年一月三十一日，自上午八時半至下午四時半，假新竹坪埔營區軍部莒光堂，分三個階段實施演習：第一階段，演練戰備整備、反封鎖、戰術機動及防空。第二階段，演練反滲透、反破壞、反空降、反登陸。第三階段，演練反擊作戰與兵力轉用。

我從演習準備到演習結束，無論計畫作業、狀況與參考案的設計，乃至行政事務的規畫等，都做了全程參與。正式演習時，又奉命以軍政戰部主任的身分參演，對於一切政戰狀況的處置，在兵棋台前報告時，都遵照陸軍總部政戰部主任A中將平日的要求，即「一切演習作為，要講求具體作法」、「一切演習狀況，能適應戰術行動」、「一切演習措施，應結合戰鬥任務」、「一切計畫作業，須考量五大因素（人、事、時、地、爲何？如何？」的要領，面對長官、來賓和部隊旅處長（含）以上軍事和政戰幹部，暢所欲言，深受長官讚許，與全體參觀人員的肯定。

策劃並參與這次演習，我並不希望對自己有什麼幫助，或有什麼收穫。當演習結束，參演人員於當天晚上舉行慶功餐會時，政戰部的四位科長和軍事幕僚團的四位處長，一同端著酒杯來向我敬酒，高高興興地向我道賀，並異口同聲的說著「副主任演習非常成功，一定會在三個月內，調去國防部高就。」我立即請問他們：「會有奇蹟出現嗎？」那幾位科、處長又笑著回答說：「副主任於演習全程，每一次出來報告，或處置各種狀況時，我們都看到總政戰部主任王上將，都在頻頻點頭表示滿意的愉快神情，所以我們敢以相信副主任將有高就的希望。」我對於那幾位科、處長的致意，雖然是衷心感謝，但仍以平常心看待。因爲我曾說過，工作績效操之在我，仕途安排成之於人。除了把握機會努力工作，求其心安理得之外，成之於人的事情，是不宜存有奢望的。

事實上，自調任副職以來，除了依通知於六十七年四月十七日去陸軍總部領取三民主義講習班績優獎牌之外，從沒進過陸軍總部或國防部的大門，也沒有寫過一封向長官求助的信牋。在這段時期，我以堅強的毅力，適應處逆境的生活品味，並經常閱讀經國先生的講詞，下面就是我於六十七年二月二十三日，在日記中所摘錄經國先生的幾段講詞：

正確的觀念，就是公職人員要能體會「犧牲享受，享受犧牲」兩句話的涵義，惟有犧牲個人之名利，一己之私慾，作徹底之奉獻，而後能得到內心的平靜和快樂。

一個人在受到困擾、痛苦的時候，能夠若無其事，心境坦然，自己做自己分內的事，那就不會有事；如果怕自己有事，所謂有「心中之賊」在，那一定有事，經國以為處逆境必須如是。

化公老師，雖然是政工幹校的老長官，可是自我畢業之後，沒有直接追隨過他，我任師主任時，他來部隊巡視，曾見過幾次面，但是對我沒有深刻的印象；如果要說對我有所瞭解的話，眞的是那次「莒光三號」政治作戰演習開始，因爲那次演習，不僅自己感到滿意，所有在場參觀的長官、貴賓，以及旅處長以上的軍、政主官（管），也都爲我叫好，連當年仍在打壓我的陸軍總部政戰部主任A中將，在演習中止的休息時間，遇見我時，也面對我說：「你今天表現得非常好。」

「莒光三號」演習結束不久，也就是二月二十三日（星期四）的午休時間，突然接聽副軍長馬（綏援）將軍（後任國防部中將常務次長）的電話，說化公要蒞臨軍部。我立刻起床，並陪同副軍長到軍部大門口恭迎（按：當時軍長蕭而光中將和政戰部主任呂昭亭上校都因公出），果然不錯，化公的座車就駛進了大門，我和副軍長陪同進入指揮大樓的接待室。奉諭示：「指定一個連的互助組來接受訪談。」我立即通知通信營輔導長廖（濱三）少校，率無線電連的軍官和互助組長及七名戰士，到指揮大樓來受檢。由總政戰部副主任廖（祖述）中將主持座談，並分別抽查互助組的運用情形。我即陪同化公巡視正在集合準備出操的通信部隊，這時候我向化公介紹了通信營營長的學歷。當化公見到該營營長林（義宣）中校，並聽到他自我介紹是政工幹校譯電班第三期畢業的學員時，感到非常的高興，並鼓勵林營長要帶好部隊。在巡視部隊完畢，廖中將也完成了互助組的訪問與座談，我和副軍長一同恭送帶著愉快神情的化公，離開了坪埔營區。

明儒高攀龍說：「處順境易，卻險；處逆境難，卻穩。」從我調任副職以後，在我意料之中的，一定會遇到故意給我奚落、羞辱，意圖使我灰心喪志的人或事，究竟要如何面對？以克度難關。所以在當時就決定要掌握一個「穩」字來因應一切可能的遭遇。也就是要服膺經國先生當年所教導我們的：「要有海獅脫殼的精神」、「要有冒寒掃雪、冒熱滅火的耐力」、「要有打掉門牙合血吞的勇氣」，來面對各種挑戰和折磨。以下所列舉的幾件事實，便可印證我當年的處境：

民國六十六年十一月九日十八時，龍岡軍團政戰部主任V將軍，在龍岡文康中心，宴請師級以上政戰部副主任前，於個別約談時，問我對新竹師（即楊梅師）政戰部主任鄒（少華）上校（後來晉任中正預校少將主任）和該師師長王（文燮）將軍（後來晉任國防部陸軍二級上將副部長）相處情形如何？我答說：「鄒主任為人誠正，工作主動積極，沒聽說和他的師長有什麼不和諧的事情發生」。這話的確是我所知道的一種說法，當然不可信口開河，胡說八道。可是那位V將軍聽了我的報告之後，不愉快的表情，立即反應在他的臉上。時至六十七年三月二十一日，當我出席軍團親職訓練協調會議時，把我安排在非正常的偏遠座位上，所使用的茶杯，也和其他與會人員的茶杯，有著明顯的差異，這種作法，就是故意給我難堪。可是，我並不感到難過，而且在當天的日記中寫著：「今天在軍團的協調會議上，所遭受的奚落，並不能降低我的人格，也不會斲喪我犧牲奮鬥的志節，相反的，我會更堅忍、奮發的努力工作，以免墜入別人所設的陷阱。」

民國六十七年三月十六日，奉命擔任「興漢三號」演習甲軍政戰裁判組副組長。陸軍總部政戰部主任A中將，率總部政一處處長黃（家瑾）上校（後晉任至警備總部中將副總司令），一同來到甲軍政戰中心視察，我很自然，也很愉快地向A中將敬禮問好，也向同在嘉南地區與金門前線任師主任的黃處長問好，可是A中將與黃處長，不但沒有答禮、回應，而且裝著沒有看見我似的。當時我也並不感到氣餒、難過，心想只要自己問心無愧，就心安理得了。

人在逆境中所說的話，無論理由是多麼充分，也不易被人接受，甚至會顯得自討沒趣。六十七年三月十六日，在「興漢演習」甲軍（按：甲軍爲陸軍第二十七師、乙軍爲九十三師）的政戰中心和二十七師師主任T上校，談到該師在演習過程中，未曾發布反制乙軍「全民聯戰」與政戰特遣隊的計畫時，T上校不但沒有接受（改進）的誠意，而且顯得很不高興。又如三月十七日的檢討會中，我曾提出「在演習期間，從未召開政戰幕僚會議」的問題。T上校旋以「軍事幕僚也沒召開過軍事幕僚會議」向我反駁，我知道T上校的個性很強，而且這不是「口舌之爭」的問題，我除了笑著搬出政戰準則作了解釋與說明外，不再和他辯論。只是在當天的日記中，摘錄幾段先儒的格言以自勉：

有才而性緩，定屬大才。有智而氣和，斯爲大智。

氣忌盛，心忌滿，才忌露。有作爲者，器宇定是不凡。

有智慧者，才情決然不露。意粗性躁，一事無成。

人性偏急則氣盛，氣盛則心粗，心粗則神昏，其處事也不能再思，其與人也不能三反，其治家也不能百忍，乖舛謬戾，可勝言哉。呂新吾云：天下之物，紓徐柔和者多長，迫切急躁者多短。

人在處逆境的時候，只要能心平氣和地做好分內的工作，心裡想得開，眼光看得遠，始終懷著逆來順受的心境，這就是穩的具體表現。此外，至親好友的勸勉，更能獲得心靈的慰藉。

民國六十七年一月三日，世叔譚訥先生（是先父的同窗），勸我要繼續努力爲國家奉獻，勿因一時的挫折而灰心，更不必和別人比昇遷，只要能達成上級賦予的任務，就足以問心無愧。

剛到職不久的政戰部主任呂（昭亭）上校（民國六十九年元旦晉任陸軍少將），三月二十一日在閒話家常時，慰勉我說：「我負責盡職的精神，非常感佩。在當前的政戰幹部中，會做人的多，而會做事，且能寫又能講的幹部，實在不多，我具備了能寫、能講、能做的優越條件，將來不怕沒有前途。」我聽了以後，覺得慚愧，所以在當天的日記中，特別記載著：要求自己今後應努力學習，充實自己，更應磨練忍耐、克制、涵養，尤其在做人方面，必須注意收斂，勿露鋒芒，以不得罪別人爲上策。

三月二十六日晚上，在新竹地區服務的幹校各期同學，爲了歡迎幹校副校長陳（祖耀）將軍，率領復興崗藝術展覽團，到新竹地區來舉辦藝展，特舉行餐會歡迎，會後承裝甲兵訓練指揮部政戰部主任榮（暄北）學長安慰我說：「今後只要我能忍得住，耐得煩，不計較職務的好壞，只要能咬緊牙關，未來必然會有一條很好的道路，讓我向前走。」我聽了之後，也在日記上寫著：不論今後的發展如何？問題在我自己有無奮鬥的毅力，和繼續實幹苦幹的勇氣。另在第二天—三月二十七日的日記中，寫下一段自我勉勵的話：「治心的工夫，比一般工作較爲困難，因爲這是『去心中之賊』，所以必須朝乾夕惕，一刻也不能放過，亦如貓之捕鼠一樣，一隻眼看著，一隻耳聽著，不能放牠一步。我想用這種方式來治心。日久必能收效。只要能把心病治好，則一切就會安詳了。」

三月二十八日下午，利用去板橋探聽預購新建房屋的機會，拜訪柯尊三學長，因爲他在國防部參謀本部服務，對我調任副職的情形，也極爲關心，當時，他一再地安慰我，要我繼續努力奮鬥，在失意時，最好用自我欣賞，自我安慰的方式來督策自己，並說這是解除煩惱的唯一途徑。我想了想，從事政戰工作近三十年來，從來沒有得意過，怎麼會有失意呢？

新任軍長王（漢曾）將軍，於四月一日到職後，對軍官連的伙食狀況，感到不十分滿意，特在四月六日的政策小組會中，指派我擔任軍官連伙食委員會的主任委員，我欣然敬謹接受這一任務。經與行政人員、軍部連連長、輔導長、伙委、採買及食勤士官兵等共同檢討，謀求改進的具體作法。經過一個星期的調整，在副食品質和量的搭配上，果然看得出來有所進步，特別是主、副食的管理，更有其立竿見影的效果。

幼兒建宏於春假期間，隨我一同來到營區，嘗試軍中生活，我替他在軍部連辦妥搭伙的手續。四月九日（星期日），他要我帶他去新竹古奇峰關帝廟遊覽，這是新建的一處觀光景點，築有普天恩廟，豎立著一尊高聳雲霄的關公塑像，室內裝置著電動故事，並有書畫展覽場地，眞有很多看頭，有不虛此行的感覺。在我離開之前，曾抱著好奇的心理，抽了一支籤，籤上的四句話頭是這樣的：

知君袖裏有驪珠，生不逢辰並強圖；

可嘆頭顱已如許，而今方得貴人扶。

我對於籤上的四句話頭，固然增加了一些感慨，可是我認爲事業的發展，必須要靠自己鍥而不捨的奮鬥，無論卜卦或算命，不能不信，但也不能全信。

四月二十九日上午，偕同各科主管與幕僚，巡迴各部隊進行聯合督考和軍紀、安全檢查返部後，正在忙於辦理第二十七期預備軍官職前講習時，忽然接到國防部總政治作戰部戰地政務處處長G將軍的電話，通知我已經發布調任該處副處長，並表示歡迎之意。接獲訊悉後，心中有些惶恐，覺得自己對於戰地政務工作缺少經驗，要去參謀本部歷練，是一項嚴峻的考驗。到了五月九日，正式接奉調職的命令。這時候使我聯想到四月六日晨間和軍主任散步時，所得知的訊息（即呂主任所傳的訊息），說「陸軍總部政戰部主任A中將，在視察「興漢三號」演習時，就要爲我調整新的職務，希望我不宜操之過急。」我對於這一訊息，當時就有點懷疑。若A中將眞有誠意給我調整新的職務，爲什麼在他視察「興漢三號」演習，見到我向他敬禮時，也視若無睹，連一句安慰的話也沒有呢？當然，如果A中將確實對我有所關照，我倒應該致以誠摯的謝意，因爲他畢竟是我的長官。不過，他是否眞的對我有照顧？請參閱我在第十五章所列舉的有關人事方面壓抑我的具體事實，就可印證了。

五月十一日和十二日，厚承政戰部主任和軍長，分別以晚宴賜予餞行，使我心存感激。十三日八時，復蒙政戰部全體同仁，集合於軍部指揮大樓前，列隊歡送，軍長與主任也趕來壯我行色，那份眞摯的革命感情，至今仍舊銘記在心。

第十五章　第一次奉國防部徵召

任總政治作戰部戰地政務處副處長期間，雖然處在逆境中，但因為能夠自我克制，永遠保持心理平衡，所以在消極方面，不畏懼A中將所施的打壓、刁難、羞辱、排擠。在積極方面，還能奮勇向前，完成許許多多艱難困苦的重大任務。

民國六十七年五月十五日，前往臺北市舟山路公館營區，向國防部總政治作戰部戰地政務處報到，並正式接任副處長。受到處長G將軍和全體官員的熱烈歡迎。因爲經過一段艱苦的奮鬥以後，感謝主任王（昇）上將（以下簡稱化公老師）的拔擢，才有機會進入國防部參謀本部服務，內心雖然覺得愉快，但也感到非常惶恐，因爲戰地政務，對我來說是一項未曾歷練的工作。要想獲得突破性的發展，必須付出一番心血，欲求在工作上創造績效，更須發揮耐力。

到職當初，敬向處長G將軍請訓時，承示調我到處裡來，是因爲我在工作上能主動負責，積極進取，且活力充沛，方法很多。六月六日上午晉謁化公老師時，奉面諭：調我到國防部來，只希望我對國防部的政策，多加瞭解，望我好好的工作。我對處長和化公老師的訓勉，懷著臨深履薄，戒愼恐懼的心情。因此，在五月十七日的日記中寫著：今後要小心、謹愼的處理一切事務，更要以熱情、和藹的態度，面對長官和同事，做到敬業樂群。

戰地政務處，是由前國防部戰地政務局改編而成的幕僚單位，軍、士官與聘僱人員，共計三十三人，編制內有兩位副處長，分別督導管、教、養、衛及綜合業務。我專責督導管、教方面的工作。到職時除認識幹校本科班同期的張燊學長、高級班同期的邱志賢學長以外，其他都是初次相見的工作伙伴。爲了認識工作環境，常利用處理業務的機會，多多瞭解同仁們個別的學能、性向，以及團隊精神。在相互交談中，我得到了許多的訊息之後，即促使同仁們從明大義、識大體、顧大局做起，以便團結在處長G將軍的領導下，共同達成任務爲職志。

金、馬地區戰地政務實驗法令，多達三十餘種，在我到職不久，正是修訂法令的時刻。我運用同仁們的集體智慧，將有關民政、文教的各種法令，針對金、馬地區的實況需要，並結合中央的政策要求，做了通盤的檢討，使修訂法令的工作能依限完成。

一年舉行一次的戰地政務儲備幹部聯誼活動，是年度施政計畫之一。根據歷年檢討的缺失，各縣市團管區辦理該項活動時，亟須改進的事項很多。爲使各主辦單位重視這項工作的意義，並使參與人員體會其價值，特將聯誼活動實施計畫加以修訂，置重點於工作準備是否充分？出席人員是否踴躍？活動內容是否充實？行政支援是否適切？經奉核定公布後，在協調臺灣軍管區實施聯合督考時，果然獲得立竿見影的效果，各縣市團管區爲爭取參謀總長頒獎的榮譽，無不戮力以赴。

自民國六十八年度起，爲了充實聯誼活動的內涵，強化其成效，規定每年舉辦活動時，必須製作部長或參謀總長講話錄影，模擬戰時政務狀況推演、攝製宣教影片，印製展覽圖片。這四項重要內容，除攝製宣教影片，印製展覽圖片，模擬戰時政務演習狀況及其處置參考案，須請專業單位與三軍大學戰術教官製作、撰寫外，部長或參謀總長民國六十八年度至民國七十年度精神講話的講稿，都由我親自執筆，各級長官在核稿時，未曾刪除其中任何一個字，或一句話，這是我在參謀本部任副處長三年多來，引以自豪的。

當代哲學大師方東美教授的逝世，是我國教育界的一大損失。爲了感念方故教授生前對國家的貢獻，奉核准在金門縣金沙鎮，建「東美亭」一座，亭內置方故教授銅像乙尊。經協調各有關單位於民國六十七年七月十二日十時，舉行銅像揭幕典禮，由總政戰部主任化公老師與金防部司令官李（家馴）中將共同主持，計有戰地軍政首長，方故教授家屬暨學生代表等六十餘人參加。儀式莊嚴隆重，化公致詞時除說明建亭的意義外，並闡述方故教授生前爲國育才，功在黨國的勳業。學生代表也報告了方故教授治學以勤，與爲人師表的偉大精神，獲得與會人士一致的崇敬。我以參與協調建亭、塑造銅像，並能出席「東美亭」的揭幕典禮，不但感到榮幸，而且對於學生代表那股尊師重道的熱忱，極爲感動。

動員戡亂時期金、馬地區增額中央民意代表的選務工作，依慣例是由戰地政務處負責辦理。我到職近三個半月時，也就是民國六十七年八月二十八日，奉命成立福建省選舉事務所，依照委員會組織章程的規定，置有委員七至九人，監察員一至三人，顧問一至三人，總幹事一人，另有秘書、組長、專員、組員、辦事員、雇員等共三十餘人。總幹事一職，照例由處長兼任，可是當時的處長G將軍無意承擔這項兼職，指示由我兼任，在無法推辭的情形下，我只得遵命接受。

選務所成立之初，工作異常繁忙，除制訂各種法令及召開選舉委員會議外，並須遠赴金門、馬祖督導各種選務工作。繁忙，倒無什麼困擾，最使我感到苦惱的，就是關於經費的開支和結報，因未能滿足處長G將軍的心願，使我在處長和同事之間，難以調適。例如編制內的人員，到金、馬地區出差的旅費，較現役軍人多出一倍，處長G將軍指示將多出來的旅費提存起來，作爲處內的公積金，分配未納編的官員。我奉指示後，於九月十四日先和承辦人葛敏同志研商，他認爲這種做法，難獲納編人員的同意。後來我又和組長、專員們分別溝通，仍然沒有獲得共識。因爲任務沒有達成，使處長G將軍對我很不諒解，於是在我本職工作上轉而吹毛求疵，指參謀的工作效率很低，公文處理未能把握時效，是由於我督導不認眞的結果。事實上我對於同仁們的輔導、幫助，確已盡到了應盡的職責。只當時爲了同仁們的尊嚴，我不能在處長面前把事實經過及各同仁的意見，據實表述。若詳細表述，則大有豬八戒照鏡子，裡外不是人的感覺。

時至十月一日，我歷練師政戰部主任期間，對我很不利的陸軍總部政戰部主任A中將，調任總政戰部副主任（以下簡稱A中將），專責督導人事和戰地政務處的業務。因爲福建省選舉事務所兼主任委員已經奉命退役，新來的A中將接替主任委員。十月十七日請A中將主持第五次選舉委員會議時，我將選舉事務所成立以來運作的情形，親自簡報。在討論增額國大代表與立法委員申請登記候選、候選人參加號次抽籤、發表政見、印製選票等議案時，雖然瑣碎事務較繁，可是各種工作的做法都很具體、翔實，經再三解說，仍不被A中將接受。這就使我聯想到「不是冤家不聚頭」的事實，終於發生在我頭上來了。爲了消愁解悶，就在當天的日記中寫著：「必先忍人之所不能忍，斯能成人之所不能成的事功。忍受一時的委屈，正是他日出類拔萃的階梯。英雄格局，豪傑典範，全都少不了忍辱含垢的精神與器量。」用來安慰、激勵自己。

十一月二十三日，開完了第七次選舉委員會議，當一切準備工作接近完成時，美國卡特政府於十二月十六日凌晨，突然宣布將於民國六十八年元旦，和我國政府斷交，同時和中共建交。全國各界普遍舉行集會，同聲譴責美國政府罔顧道義，承認中共政權的荒謬行爲。

蔣總統經國先生於十六日晚上八時，發表談話，號召全國軍民堅忍沉著，團結奮鬥，拿出最大的決心——一切靠自己，爲自由與生存，與中共奮戰到底的決心；發揮最大的力量——人人堅定沉著，發揚民族正氣，加強精神武裝，精誠團結，支持政府，奮戰到底的力量，來保障我們個人和國家的安全。

六十七年增額中央民意代表選舉，就因爲中美斷交，國家面臨非常情況，奉　總統頒發緊急處分令，延期舉行投票。這時期中央選舉事務所，爲了辦好未來的選舉，即積極研擬「動員戡亂時期公職人員選舉罷免法。」使選務工作法制化。我以無給職的總幹事身分，時常出席中央選舉事務所所召開的制訂選舉罷免法研討會議，該法於民國六十九年五月十四日，奉總統令公布施行。

自施行新的選舉罷免法以後，奉中央選舉委員會通知，福建省選舉委員會，於民國六十九年七月八日正式成立，這是一個常設機構，置委員、巡迴監察員、顧問、總幹事、副總幹事、秘書、第一、二組組長、室主任㈡、組員、視導、專員、辦事員、雇員等共二十二人。主任委員一職，原本仍由A中將兼任，但在中央選舉委員會召開第一次委員會議後，不知因何種原因改由福建省政府主席戴仲玉先生兼任？委員由A中將及金、馬地區秘書長、金門、連江縣縣長、民社黨和青年黨有關人士擔任。戰地政務處爲當然的幕僚單位，我與副處長陳（代昌）上校（後任陸勤部政戰部少將副主任），分別兼任第一、二組組長，第三任處長孫（紹鈞）將軍，兼任總幹事。當時我以不兼總幹事一職，感到特別高興。因爲從此不再因行政事務而感受不必要的困擾了。

不過，第一組的業務負荷很重，掌理國大代表和立法委員區域選舉、罷免，以及不屬於其他各組、室之綜合業務。爲使選務工作順利進行，曾依據中央所頒布的各種法令規章，並針對金、馬地區的實況需要，研擬了各種補充法規，經委員會審議通過，先後頒布了㈠福建省選舉委員會辦事細則。㈡選務工作人員座談會計畫。㈢宣導工作計畫。㈣選務工作進行程序表。㈤選舉委員會工作督導考核辦法。㈥候選人聲請登記須知。㈦選舉人名冊陳列閱覽實施要點。㈧候選人政見發表會實施要點。㈨選票印製、保管、拆封作業要點。㈩佈置投、開票所注意事項等十種。

自選舉委員會成立之日起，至投、開票日止，曾於民國六十九年十月十九日，偕視導龔白萍、專員溫聲揚、組員陳遂眞等前往馬祖，輔導連江縣選舉委員會舉行選務工作人員講習（座談）。當時我以「怎樣辦好選舉」爲題，作了專題報告。復於同年十二月五、六日偕專員劉淳、組員李向森、陳遂員等前往金門縣選舉委員會，督導選舉投票、開票、計票等工作。民國六十九年十二月六日，福建省選出的增額中央民意代表，及其當選情形如后：

一、金門、連江縣增額立法委員：吳金贊，總計獲得一九、二三八票。

二、金門縣增額國民大會代表：謝炳南，得一六、四五六票。

三、連江縣增額國民大會代表：陳仁官，得二、七八四票。

四、就投票率來說：金門縣爲百分之九六、六七；連江縣爲百分之八九、九二。

六十九年增額中央民代選舉結束後，中央選委會對福建省選委會的評鑑爲：「計畫週密，執行認眞，作業能把握時效，圓滿達成任務。」我奉頒獎狀乙幀，殊覺快慰。

「戰地政務通訊」，由前戰地政務局傳承而來的期刊，每三個月必須出刊一期。總政戰部前某副主任，認爲這份期刊效用不大，曾指示予以停刊。後來經徹底檢討，確認這是當年戰地政務處和戰地政務儲備幹部連絡感情，砌磋戰地政務學術、瞭解幹部動態，宣導政府政策不可或缺的期刊。奉准應革新內容，調整版面，繼續發行。我到職不久，即指導承辦同志執行改革方案。

首先訂頒通訊員設置辦法：規定各部隊及各縣市戰地政務連絡中心，就一般幹部與專業戰地政務幹部中，各指定通迅員一人，由戰地政務通訊社發給聘書。

公布徵稿要點：將該刊所需之文稿範圍與每季截稿時限，印發各通訊員與各縣市連絡中心。

繼續舉辦戰地政務論文競賽，評選前三名優勝作品與佳作，分別頒發獎金，並將優勝作品（含佳作）分期刊載於戰地政務通訊，以饗讀者。

實施約稿：針對攻勢作戰與防衛作戰之理論及其實際狀況需要，就戰地政務（攻勢作戰）與戰時政務（防衛作戰）有關問題，擬訂專題，分別敦請學者、專家，提供稿件，以充實期刊內容。

律定內容：將季刊重要內容，按下列順序律定之：

一、特載：刊登先總統　蔣公中正先生遺訓，或蔣總統經國先生講詞。

二、專題研究：刊登專家、學者提供之文稿，或論文競賽之優勝作品（含佳作）

三、金馬戰地政務實驗：將金門、馬祖地區戰地政務實驗情形，提供報導性之文稿，予以刊登。

四、敵情研究：刊登有關中共黨、政、軍、民各種問題研究之論著。

五、戰政通訊：登載各縣市戰地政務連絡中心，及專業戰地政務研究單位之活動概況。

六、精神標竿：戰地政務儲備幹部人物介紹，或楷模人物專訪。

七、漫畫：刊載具有教育意義與啓發性、趣味性之政治漫畫題材。

八、政友園地：登載戰地政務儲備幹部個人的作品。

九、幹部動態：刊登戰地政務儲備幹部個人動態，或住址異動情形。

每三個月發行一期的戰地政務通訊，自律定、調整上述篇幅以來，因爲稿件有了來源，各類文稿有了選擇的空間，編纂起來自然方便多了。可是因爲作者的素質良莠不齊，每一期發行以前的選稿和審稿工作，消耗了我不少的精力。就因爲這樣的辛勞，在我任職三年又三個月期間，始終未曾發現任何一個團體或個人，對於戰地政務通訊有過不好的批評，我認爲這就是「事在人爲」的最佳印證。

民國六十八年元月一日，美國卡特政府和中共建立邦交的條件有三，就是斷交─斷絕和我們中華民國的外交關係。廢約─廢除中美共同防禦條約。撤軍─撤離美國在臺灣的駐軍。我國政府爲了貫徹「獨立作戰、自力更生」的立國精神，國防部特定於民國六十八年十一月九日零時至十三日下午四時，舉行一次全國性的防衛作戰演習，其代名爲「漢陽演習」。

我奉派擔任國防部政治作戰第一總隊的裁判官，在沒有裁判編組，全由我一個人負責，而且只給我一個狀況的情況下，在五天演習的過程中，我一本「自編」、「自導」、「自判」的獨特作法，使總隊暨其所屬部隊，自演習開始，經動員編實、戰備整備，到演習結束，能做到循序漸進，有條不紊，是我擔任裁判不少於三十次以來，第一次所遇到的。其經過情形概略如后：

十一月八日二三三〇時，搭乘國防部的裁判專車，經龍岡軍團，至中壢忠愛莊營區，已是十一月九日〇時三〇分。當即發布作戰命令第一號，總隊旋即緊急召回差勤與休假官兵，實施動員編實，戰備整備，經過短期任務訓練後，遵照國防部命令，將所屬各大、中隊，立即配屬各作戰區，並限定於十一月十日前，向配屬單位報到完畢。

十一月十日〇五〇〇時至當日二四〇〇時，在敵機空襲狀況下，演練防空、防毒，並實施反滲透、反破壞諸項狀況處置。

十一月十日二四〇〇時至十二日〇五三〇時，在敵持續空中攻擊，及海上封鎖狀況下，設置一般政戰狀況及全民聯合作戰諸狀況，以磨練各級幹部對保持戰力，與協助配屬部隊推行一般政戰及全民聯戰之各種作業能力。

十一月十二日〇五三〇時至十三日一六〇〇時，敵在臺灣北、中、南部同時三棲登陸與內陸作戰期間，促使各級幹部演練推行全民聯戰，及敵後作戰之各種狀況處置。

十一月十三日一六三〇時，舉行總結檢討會議，我在講評時，曾提出了十四項優點和三項缺點。其中最值得嘉許的，是互演習全期，官兵士氣高昂，自戰備狀況提昇後，無論實兵演習、或高司作業，參演人員均能兢兢業業，不眠不休。於配屬各作戰區以後，除加強官兵專業訓練外，對各受配屬部隊，均能作有效之運用。對敵所施展的思想動搖、謀略分化、組織滲透、心理破壞、情報竊取、群衆煽動等陰謀詭計，均能採取防護和處置措施。在敵實施三棲登陸與內陸作戰期間，除各大、中隊依命令派赴各聯戰中心推展全民動員、全民情報及全民作戰（限書面作業）各項任務外，總隊部及留置忠愛莊營區之部隊，對反滲透、反破壞、反暴動之自衛戰鬥與鎮暴演練，均採實作方式，情況非常逼眞。演習全期，計完成書面作業一一六件，優良的八件，能用的一〇一件，不合實況的七件。發現的重大缺點，是總隊部於民國六十六年二月五日和中壢師簽訂的支援協定，自該師輪調之後，未曾更換，對總隊的自衛戰鬥和安全維護，不無影響。最後我提出了五項建議，都是攸關總隊的教育訓練、動員編實、戰備整備、後勤補給、以及配屬部隊的管制、運用等，對建軍備戰都富有建設性的意義。

我單獨一個人在總隊擔任五天裁判，雖然不眠不休，備感辛勞，但總隊長郭（延芳）上校（後任陸軍步訓部政戰部少將主任職缺未升即去世）及其所屬官兵，對我自編、自導、自判的獨特作法，都感到受益良多，並認為這是總隊自成立以來，第一次見到的密集式的軍官團教育。為了表示對我的尊重和感謝，郭總隊長親自送我返回臺北寓所。

演習結束後，參演人員照規定應休假四天，而總結檢討報告，限在一週內繳交。因為自我到職後的第二任處長E將軍將於十一月二十一日去日本考察，另一位新任副處長還沒有發佈，如果照規定休假，累積下來的工作，勢必很多，因此，我只願意休假一天，並利用十一月十四日在寓所休假的機會，撰寫總結檢討報告。如果在辦公室中，因為電話吵鬧，公務協商，檢討報告，絕對不是一天工夫所能完成的。由於我做了這項決定，終於在十五日上班時，就把檢討報告定稿、繳卷了。

總政戰部主任化公曾經指出：「戰地政務的工作範圍，應包括保衛臺灣與反攻大陸，亦即包括守勢作戰的戰時政務，與攻勢作戰的戰地政務。因此，戰地政務幹部務須認清：強化反攻作戰戰地政務的工作準備，固是首要的任務；而掌握臺澎金馬復興基地的戰爭面，戰勝一切來犯的敵人，也是無可旁貸的職責。」所以戰地政務幹部的選訓工作，不論是防衛復興基地，與未來的反攻作戰，均具有擴大政治影響的種能作用。

總政戰部基於上述訓示和要求，曾於民國四十八年八月，在政工幹校創設戰地政務訓練班，調訓人員除現職政戰幹部外，並有專業軍官、退役軍官，以及地方行政和警務人員。每期訓練四百人，訓練時間為十二週。民國五十年五月為擴大戰地政務幹部訓練，先後在憲兵司令部、陸軍第一、二軍團、及退除役官兵輔導委員會等單位，增設四個分班，以選訓優秀士官及退役軍官為主，訓練時間為四至六週。至民國五十一年一、三月國防會議戰地政務委員會籌備處及國防部戰地政務局相繼成立，積極策劃推展戰地政務幹部的選訓工作，除將政工幹校原戰地政務訓練班，改組為戰地政務講習班外，並選定七個適當地點，分設七個分班，藉以擴大訓練能量，以應戰時動員需要。此後迭經檢討改進，建立了完整的戰地政務儲備幹部訓練制度。其訓練目的，在配合國家政策，適應反攻需要，預為訓儲適質適量的戰地政務幹部，期能有效支援軍事作戰，重建各級地方政權，圓滿達成戰地政務所負使命。

自民國四十八年十二月至七十年暑假期間，總計訓儲戰地政務幹部七四、五八三人。為使這些幹部平時有嚴密確實的管理與輔導，戰時能迅速有效的動員與運用，總政戰部與前戰地政務局，在國家安全會議前戰地政務委員會的指導下，與各有關部會密切協調合作，採用編組列管，依權責分為：高級領導幹部（省級以上領導幹部），由總政戰部直接列管；一般行政幹部，依服務單位與居住地，責成臺灣省各縣市團管區，成立地區聯絡中心，聘雇專任幹事一人負責聯繫，並以警察分局為範圍遴選設置地區連絡員（共二八九人）；同時分區編成連絡小組（共二、五八一個），以加強幹部輔導聯繫，使幹部管理與動員工作融為一體。至各類專業幹部（含民政、財金、經建、文教、交通、社會、情報、警保、司法、主計等人員）仍按分業編組方式，並於各縣市設置專業聯絡組，以利各有關部會的管理、督導、指揮，與各縣市聯絡中心的協調聯繫。

以上各種戰地政務儲備幹部，自民國四十八年訓儲以來，經歷二十多年，自然損耗（如疾病、死亡、年老體衰等）與人爲損耗（如出國、脫管、及其他原因）遞增；加之大部份人員自受訓結業後，其學經歷逐漸躍升，一旦動員不能再以原編組派職。所以必須實施全面清查，以利爾後戰地任務的逐行。

我到職以後，即督導承辦同志遵照部頒「戰地政務儲備幹部清查實施要點」各項規定，展開全面清查工作，並將清查結果，確認凡能適任戰地工作的儲備幹部，均予輸入電腦，實施專案列管。

這項清查工作非常複雜、艱鉅，所牽涉的單位很多，範圍也很廣，其所以在半年內能夠順利完成任務，歸功於宋（北超）上校任勞任怨的結果，特爲表彰，並致謝忱。

國防部爲了因應中美斷交的情勢遽變，除了舉行全國性的「漢陽演習」以外，在民國六十八年十一月下旬和十二月上旬，連續舉行了軍事檢討會議、政戰會議、金、馬地區戰地政務戰備整備會議。這三項會議，自六十八年七月一日起，就開始準備。戰地政務處對於這三項會議應提報的專題、提案等，也已準備了很久，因爲這是綜合業務，由另一位副處長**F**上校負責督導，他盤算將於「漢陽演習」結束後，軍事檢討會議前，調任政戰學校政治作戰研究班班主任而離職。處長**E**將軍亦將於十一月二十一日，與行政院農業發展委員會人員及金門縣縣長石政求先生、連江縣縣長封惠南先生等一行去日本訪問，考察農漁畜牧事業，所以對前述各項會議應行提報的議題，都沒有定稿。到了十一月二十一日上班時，處長的駕駛送處長**E**將軍前往桃園中正國際機場搭機去日本後，把處長交下的會議資料，裝在一個大型公文封內，一併送給我，公文封背面寫滿了一些交代的話，其重點在於強調前述三種會議的重要性，以及各項議題、議案應完成的時間，並對我有所期許，其中最使我感到啼笑皆非的是：「這不僅是總政戰部之筆，國防部之筆、亦國家之筆也。」當我看完了公文封內的各項資料之後，在處長出國訪問，督導綜合業務的副處長F上校已經離職，而新發布的副處長陳（代昌）上校，還沒有到職，留我一個人負責處內的事務，上班時間要出席上級及各有關單位的會議，以及審核或批閱公文。對於處長所交下的會議資料，我看了一看，其中問題很多，而上述三種會議都將在十二天內召開，如何達成任務？使這三種會議資料，都能儘快定稿，眞是一個頭兩個大。

當天下午於出席余××會議後，爲了尋求戰地政務戰備整備會議中心議題的政策方向，特去請示副主任A中將，回到處辦公室，即將A中將指示的事項，分別轉告溫（聲揚）中校、徐（樟根）中校、盧（琪）中校，並請他們從當天起於下班後，留在辦公室和我共同研擬各項會議資料，並以電話通知承辦綜合業務的曾（義）上校，暫停休假，返回辦公室一同加班，就在這種集思廣益的情況下，無論戰備會議的中心議題，一般提案，或軍事檢討會議、政戰會議應行提報的專題，都在十一月二十五日上午全部完成。關於金、馬地區戰備整備會議的各項資料，遵照處長E將軍的指示，也於十二月二日下午，將印製完成的會議手冊，交由駕駛帶往桃園中正機場，於處長訪日歸來下飛機時，一併遞上。

十二月三日九時，在三軍軍官俱樂部明德廳舉行金、馬地區戰地政務戰備整備會議時，金門、馬祖戰地政務委員會的秘書長、金門、連江縣縣長，及其幕僚主管、總政戰部各相關處處長等都準時參加，會議按預定程序進行，行政支援事項週全，有關戰備整備諸項問題，經過熱烈討論後，都能獲得解決。至散會時，與會人員都認爲這次會議準備充分，開得有意義、有內容、有價值，而且非常成功。對金門、馬祖戰地政務的戰備整備工作，深具積極意義，但A中將和E將軍沒說過一句鼓勵和安慰的話。

戰備整備會議、軍事檢討會議，以及國軍政戰會議等三種會議資料的彙整，都是臨危受命的任務，也都是我意想不到的苦差事。如果我是處長，一定會在出國訪問前，把這些重要的工作，百分之百地完成，這對自己來說，才會安心出國；對部屬來說，也不會增加其額外的負擔和困擾。可是那位處長E將軍，竟將自己的困難，加諸於部屬的肩膀之上，這的確不是一種寬厚待人的作法。不過，當這幾項重要任務完成之後，處內的幕僚同仁們，眼睛都看得很清楚，誰是誰非？誰行誰不行？個個都心知肚明。對我個人來說，除增加了膽識，禁得起考驗之外，並不會因有心人蓄意刁難，而把我難倒或打倒。相反的，在困難重重中，終能圓滿完成了各種任務，其所得的成果，別有一番甜蜜的滋味。

我只懂腳踏實地，埋頭苦幹的道理，卻不領悟「官場文化」的做法。自經歷福建省選舉事務所總幹事的兼職之後，始知「迎合上意」和「官場文化」對於一個人的處境，是有著相當密切的關係。民國六十八年二月二十六日，新任處長E將軍到職以後，他知道我是他的先期同學，雖然我對他非常尊重，做到了絕對服從，可是他知道我在副主任A中將的面前，是被打壓的對象，所以每當有機可乘時，就給予排擠或難堪。尤其在當時由於幾位同仁的作業效能，猶待提昇而屢受處長指責時，都使我遭受牽連，指我對參謀的督導，不夠認眞。民國六十九年八月二十日，以處爲單位舉行年終工作檢討會，副主任A中將向與會同仁訓話，指處內同仁的作業粗糙，是因副處長不用頭腦幫助達成任務所致。同仁們對於A中將的指責，心中都感到不平，我對於A中將所給的「欲加之罪」，本想起立表達心聲，可是忽然想起古訓：「不與盛氣人爭是非」的道理，因而以彌勒佛的涵養：「肚大能容，容世上難容之事」，「笑可常開，笑天下可笑之人。」一笑了之。這時候使我不得不聯想到，處長E將軍之所以不斷地給我施壓，源自於A中將的促使，極有可能。

民國六十九年上半年的工作，置重點於研究「如何以建設臺灣的經驗，作爲重建大陸的藍圖」、「戰地政務幹部進修專題」、「戰地政務通訊刊登商業廣告」、「戰地政務幹部後召教育改訓預備士官」、「戰地政務儲備幹部聯誼活動的實施」，以及引導臺灣省鄉鎮市長分梯次訪問金門等項。面對這樣繁重的工作和長官所施展的精神壓力，曾多次欲求見化公，擬請准予調職，或提前退役，但因與侍從秘書的關係不夠，每次都被婉拒，使我不得其門而入。至四月十日上午，侍從秘書同意我去謁見化公時，在進門不到半分鐘，突然進來一位空軍中將，我發覺之後，不得不立即退出，這時候使我想起了古訓「人到無求品自高」的至理名言，的確有些感慨。所以在當天的日記中，節錄經國先生在「最難忘的一年」一書中那幾句話：「人受到侮辱後，應盡力容忍，不以一時之氣而害大事」以自勉。並表達我當時的感想，那就是在逆境中受到排擠、打壓、侮辱、毀謗，甚至到了難以忍受的時候，最重要的因應措施，就是鎭靜、容忍、克制、堅定、奮發。若是禁不起打擊，受不了折磨，便垂頭喪氣，心灰意冷，除了使有心人暗中欣喜，甚至落井下石之外，別無半點好處。

七月十一日，有意陷我於困境的那位處長E將軍因調任政戰學校副校長而離職。新任處長孫（紹鈞）將軍接踵到來，這又是一個新的開端。我在日記中寫著：「將再以義不容辭的協助處長圓滿達成任務，作爲我再接再厲的奮鬥指標。」就從這時候開始，我把全部精力投入於「中央選舉委員會研議選舉罷免法」、「民國六十九年暑期青年自強活動戰地政務研習會」、「福建省選舉委員會的成立與金馬地區選務工作的運作」「協調教育部爲金門、馬祖地區增加國立大專院校的保送名額，及增加金、馬地區中、小學的各項經費補助」、協助臺灣省各廳、局、處長、縣（市）、鄉（鎮）、村、里長與金門、馬祖地區的地方首長相互訪問」、「督導政戰總隊實施七十年度後召教育」、「團結自強文化服務隊的籌備工作」，以及「七十年度戰地政務儲備幹部聯誼活動」等年度重大施政計畫之執行。就因爲我具有任勞任怨，鍥而不捨，爲處長分勞分憂的工作熱忱，而使處長孫將軍深受感動。

民國六十九年八月七日，將奉准成立「團結自強文化服務隊」的方案，通知政治作戰第一總隊，並協助各項籌備工作的進行。

當各項籌備工作就緒，於十二月二十日，先陪同總政治作戰部副主任兼執行官廖（祖述）中將實施預校，對服務隊的各種設施與作法，以及在各縣服務期間各種協調工作的安排等，都很滿意。在歸途中我和廖中將同車返部，廖中將以關心的語氣問我：「十二月二十七日，接受中國國民黨中央委員會秘書長蔣（彥士）先生檢閱時，是不是剛才聽過的那份簡報？」我立刻回答「不是，二十七日的簡報，我在今天凌晨二時才彙整完成，已送國防部印製廠去付印了，執行官是否須要審核？」廖中將立即示意「不必啦！」我聽了以後，覺得長官對於經由我親自審訂的文件，頗有信心，內心感到非常高興。

十二月二十七日上午在臺北市木柵青村幹訓班，接受中央委員會秘書長蔣（彥士）先生、國防部總政治作戰部主任王（昇）上將檢閱時，對服務隊的各項準備工作與隊員實施文化服務的實作情形，都感到滿意，並讚許有加。經過總隊最後檢查後，各隊分別於十二月二十八、九日，按照預定時間，向臺灣省十六個縣的縣府所在地出發。除臺東、花蓮縣服務隊，由各該隊的服務專車（按：十六輛服務專車，均委託聯勤物質署專案採購）運至基隆轉搭花蓮輪前往，澎湖縣服務隊由該隊服務專車運至高雄縣轉搭澎湖輪前往外，其餘十三個縣的服務隊，都由各該隊的服務專車─載卡多，直接運往各縣。

文化服務隊，自民國七十年一月一日至三十日，在各縣服務期間，皆由各縣縣政府、縣黨部、青年救國團團委會、團管區（現更名為團管部）等分別負責工作協調與行政支援事項，而各服務隊的工作方式，概略情形是這樣的：

㈠依據學校、村里、工廠的特性，針對各種不同對象，策定服務項目，透過各種不同方式，使其自然生動，群衆樂於接受。

㈡以隊員為骨幹，請縣黨部、團管區及團委會，策動當地文宣、康樂團體、共同參與工作，以擴大工作成效。

㈢請縣政府協調有關單位，安排鄉鎮村里、學校、工廠等單位的全部服務工作日程。

㈣對社團、工廠、社區、村里民衆之服務，透過其負責人主動邀請，並可視群衆之意願與愛好，適時辦理有獎徵答、幸運摸彩，以提高參與者之興趣。

㈤請各級黨部邀請思想忠貞、請德高望重之民意代表，或地方士紳，擔任專題演講。

㈥請各縣救國團團委會組成文康服務隊，於假日或夜晚，配合文化服務隊，展開村里服務及聯誼活動。

各隊在各縣展開文化服務工作期間，因爲受到當地各有關單位的密切支援，在生活上得到妥善的照顧，使隊職員無論工作在高山或濱海，都能發揮刻苦耐勞，冒險犯難的精神，戮力達成任務。這種情形，我在民國七十年一月十三日至十六日，陪同中國國民黨中央委員會文化工作會專門委員吳（聖展）同志等一行五人，視察在雲林、嘉義、臺南三縣的服務工作情形時，隊職員所表現的服務熱忱和績效，深獲佳評。

按照原訂計畫，十六個隊於一月三十日同時結束各縣的文化服務工作。總結檢討其成果：就服務對象言，計學校（中、小學）三二〇所，三十二萬七千一百九十五人次；工廠一四四家，四萬二千九百六十人次；村、里三二五個，一十九萬九千四百一十二人次。就服務工作項目言，計電影放映九一〇場次；專題報告六九一場次；圖片展覽七一七場次；藝文活動三三七場次。就整體服務成效來說，對堅定全民團結自強，反共愛國的意志，激發民衆支持政府，貫徹反共國策的決心，都可發揮種能效應。而這些成效，應歸功於總政戰部主任王上將的高瞻遠矚，以及政治作戰總隊總隊長趙（奠夏）上校（後任馬祖防衛司令部政戰部少將主任）的精心擘劃與服務隊全體隊職員夜以繼日，不眠不休所得的碩果。

從民國六十九年十一月開始，總政戰部對將級軍官的人事異動，時有所聞。當月十九日眷管處副處長王（長冠）上校，調任臺北軍政戰部主任，他在復興崗雖然比我晚一期，可是他任師政戰部主任的時間，卻比我早一點，民國六十五年四月，我和他同時參加師實兵對抗的「中原演習」時，曾一同在「戰場上」有過「較量」，他知道我在做人做事方面的態度，所以有著無話不可當面講的交情。十一月十七日（王上校尚未去臺北軍到職）午餐時，忽然談起當時的人事問題，他說總政戰部有某位副處長，爲了想調升少將職務，曾在A中將面前毛遂自薦，請求調任軍政戰部主任，並有排擠我和王員本人的言詞。我接著說：「你不開口說，我早就聽到別人告訴我了，某副處長確有損人利己的舉動，但當時被A中將所勸阻。」王（長冠）上校去臺北軍到任後不久，無論學歷、經歷都不如我完備，且任師政戰部主任比我晚了許多時間的陸軍總部政一處黃（家瑾）處長，於民國六十九年底，調任嘉義軍政戰部主任了。至民國七十年三月、四月，學、經歷和考績更不如我那樣完善，且任師政戰部主任的時間比我晚的另外兩位上校，一位是陸總部政三處處長L1上校，另一位即上述總政戰部副處長L2上校，也先後調任馬防部政戰部和陸勤部通信電子署政戰部主任了。我對於這些人事的安排，既無權過問，也不便爲了追求自己的官位而請託關說，更沒有發過半句牢騷。不過，我現在要把長官當時給予我的承諾，訴說出來，那就是自眷管處副處長王（長冠）上校調任臺北軍政戰部主任之後，在嘉義軍、馬防部和陸勤部通信電子署等政戰部主任出缺前，A中將曾先後三次主動面對我說：「下一次有將級出缺機會，你會優先。」可是上述三次機會，都被黃家瑾和L1、L2兩位上校調任了，我只是在每次調任案中陪伴而已。最使我印象深刻的，是民國七十年四月八日，A中將在他辦公室內當面告訴我說：「上一次檢討某上校接任馬祖防衛司令部政戰部主任時，原來沒有你陪伴，後來是我（指A中將）要政一處把你列入，希望你不要和某上校去爭位子。」並說：「最近又有將級人事出缺的可能，主任王上將對你很賞識、信任，你可放心大膽地工作。」當時我對A中將這番慰勉之詞，自然能體會他的心意，只是不願降格以求而已。等到另一位L2上校（比我來總政戰部的時間也晚了很多）調任陸勤部通信電子署政戰部主任後，A中將再一次告訴我說：「陸軍總部政戰部主任H中將要那位上校（指L2）回陸軍，所以你又被擠掉了！」我對於A中將所開的三張支票，先後跳票的事件，從未表達任何意見；對於將級人事的任用，凡是誰有人事背景就給誰的決策模式，更沒有發洩過任何不滿的情緒。在工作上反而表現出愈挫愈勇，再接再厲的堅毅意志。特別是L2上校於接獲調任陸勤部通信電子署政戰部主任的命令後，於尚未到職以前，每次見到我即說：「我們都是平輩之交。」我每聽到他這樣說，我都無怨無尤地回答他：「你高昇，也等於我高昇一樣，我只會高興，請不必介意。」從這裡便可看出我淡泊名利的態度了。

不過，對於A中將先後三次跳票的事件，使我有著受騙的感覺。經過反省檢討結果，不逢迎拍馬，也就是不常去拜見他，和禮數太輕，是我當年有志難伸的關鍵因素。四月十三日我在國防部總值日官室，卸任副總值日官，承另一位卸任總值日官的R將軍告訴我說：「關於你調任高階職務一案，曾先後簽報達七次之多，都是因爲某副主任（即指A中將）從中阻撓，每在人評會討論你的昇遷案時，他表面上敷衍幾句好聽的話，但實際上總要想方設法排擠你。」從這裡便可證明我以上所陳述的事實，是千眞萬確的了。不只是這樣，等我退役後，在一處遇見一位對於A中將確有著深刻認識的老同事S上校告訴我說：「A中將在人事上要排除異己，或拔擢某一親信人士的作法，先是在出席人評會前，把欲排除或拔擢特定對象的背景資料，如年齡、籍貫、學歷、經歷等等加以背誦，在個別討論時，即對欲排除或拔擢者的人事資料，背誦給與會人員聽，使主持會議的長官和與會人員認爲A中將對當事人的狀況，瞭解最清楚，等到作結論時，他會對欲排除者斷言：此人當參謀是可以的，可是要當主官（管），因魄力不夠，並不合適，使與會人員和主席不便提出異議，這就是A中將排除異己的絕招。」這位老同事S上校爲人誠正，他對於A中將以所受禮數的輕重，作爲取捨幹部的標準，是看不順眼的。而一般眞才實學，苦幹實幹的幹部，對於這種只重視「官場文化」的作風，在他那種權勢欺凌之下，祇是敢怒而不敢言，自認倒楣罷了。直到三、四月間，主管部門宣布A中將即將退役去中央黨部服務的消息後，凡是厭惡他的幹部，無不興高彩烈，額首稱快。因爲從此以後，國軍政戰少了一塊影響團結，妨礙進步的絆腳石了。

民國七十年度的施政工作，都照預定計畫依序進行。當我正在策劃當年戰地政務儲備幹部聯誼活動期間，雖然工作繁忙，可是每天必須閱讀一些有益於身心的書報。五月三日閱讀經國先生於主持國民黨第十二次全國代表大會的講詞，其中對總裁　蔣公中正先生的精神修養，有所闡揚，謹摘錄如后：

第一、要做到不慌：凡事要有條不紊，既不慌忙，也不緊張。

第二、要做到不亂：即思想不亂，情緒不亂，觀念不亂，才能達到安定的境界。

第三、要做到不煩：對任何不如意的事情，若感到煩惱，一定會愈想愈煩，所以必須排除煩惱，保持寧靜，才能專心做事。

第四、要做到不怕：即泰山崩於前，也無所畏懼。

我覺得這幾項精神修養，是軍人必須具備的本色，也就是先要做到心理平衡，才能適應許多錯綜複雜，危險困難的問題。所謂心理平衡，就是無論環境如何動盪不安，無論情況如何嚴重危急，無論遭遇如何重大的刺激，一定要永遠保持心理的沉著鎮定，這是修養的要點。否則，如果心理不平衡，就要動氣，動氣就會發怒，發怒和生氣，徒然自亂章法，自亂步驟，結果仍是失敗。所以保持心理的平衡，是我戰勝一切苦難的精神力量。

我之所以摘錄　總裁蔣公有關精神修養的遺訓，是因爲人在逆境中，必須要做到不慌、不亂、不煩、不怕，才能穩住陣腳。就因爲我能自我克制、調適，所以終能渡過難關，突破困境。

五月二十三日清晨，當我進入臺北介壽館（國防部的所在地）三號門時，忽然遇見一位年輕的同仁告訴我說：「恭喜副處長高升，昨天已作了決定。」我對那位同仁的報喜，除了感謝以外，並沒有表示任何意見。到了六月二日上午上班時，韓民安學長在上五樓的梯口，以關心的語氣問我未來的出路如何？我答說：「據傳可能回復興崗接掌政治作戰研究班的教育工作。」韓學長說：「你來自部隊，去擔任這種最差的職務，實在是委屈。」我又回答他說：「以今日人事管道的壅塞情形，長官還能給我一個將級軍官的位子，已經是難得了，如果以比上不足，比下有餘的心情去看待，那也就值得安慰了。」韓學長聽完了我的答話之後，不便再表示任何意見了。然而，事情非常湊巧，時間沒超過四年，韓學長也回復興崗去接掌我卸任以後第三位的班主任職務了，這的確是他自己也意料不到的。

六月二十二日調任政戰學校政戰研究班班主任的消息，獲得證實時，我擔心當時的校長孟中將，可能受前陸軍九十二師師長C將軍的挑撥（按：孟將軍任陸軍一十七師師長時，九十二師師長C將軍任該師副師長），對我不存好感爲由，主動謁見化公老師，請求免予調職，並准予提前退役，化公當即教我不應選擇單位調職。（我當時的想法，後來經孟中將面釋時，始知絕無其事。）當消息傳出之後，旋即驚動了王子翰、徐繼顯學長，他倆都來勸我必須接受那次調職的事實，關愛之情，溢於年表，使我深受感動。

在那段時期，曾不斷地翻閱先總統　蔣公中正先生的日記摘抄，作爲自我惕厲的指針。那就是以下的幾段話：

個性是在磨難中培養而成的，你倘能正確和欣然接受悲哀和痛苦，它就能發揮培養人格的豐富影響力。

沉默和自制的寧靜力量，是信仰所賜予的。讓人們去毀謗、侮辱罷了，天理自然會給我帶來應付的辦法。

逆水行舟與逆來順受之意，兩不相違，此爲余一生之經歷也。

七十年六月二十九日，正式接到調職的命令，經自我反省，在參謀本部任職副處長，長達三年又三個月之久，先後承受三任處長的領導，使我增進了許多的經驗和見識，也完成了許許多多艱難困苦的重要任務：對加強金、馬外島建設，厚植建軍備戰力量，克盡了我應盡的職責。對部隊的支援和對同仁們的協助，付出了最大的心力。七月八日出席政治作戰第一總隊年度工作檢討會的餐會時，總隊長趙（奠夏）上校對我在工作上所提供的支援，深表謝意，並以美譽之詞聲稱：「學長對於部隊的積極支援和熱心照顧的風範，使我深受感佩，也值得學習。」我聽了他所給我的讚揚之後，也立即回答：「總隊長太過獎了，在人我之間，不錯過任何一次服務的機會，是我的本性，老同事請勿客氣。」七月二十五日晚間，戰地政務處全體同仁，在三軍軍官俱樂部至善軒，舉行盛大的歡送餐會，處長孫（紹鈞）將軍在致詞時，曾以誠摯、親切、慰勉、祝福的語氣說：「事上以敬，待人以誠，作業以勤，是陳副處長在本處積極有爲的表現，也是衆所週知的事實。特別是對我處長的協助，眞眞做到了分勞分憂，內心非常感激。因此，特以古銅做的富貴花瓶，鐫上『協竟全功』四字，作爲永久紀念，並祝前程萬里，健康愉快！」餐會中無分官兵或男女聘雇同仁，每一個人都帶著愉悅的心情，一一向我敬酒祝賀。在那時刻，使我眞能體會「犧牲享受」與「享受犧牲」的美好滋味。餐會結束時，處長孫將軍偕夫人和全體同仁，從二樓、一樓到俱樂部門口，排著長長的隊伍，大家報以熱烈的掌聲，我就在這樣溫馨的場景中，揮別了跟我相處三年多的一群工作伙伴。

第十六章 回復興崗為國育才

回母校服務四年五個月，在腳踏實地的自我要求下，不只是對精進教育訓練、強化訓導功能、厲行行政革新、積極研究發展等工作，貢獻了一些心力，而且在精神教育方面，做出了「無私、無我、無畏」的示範。

民國七十年七月二十七日，調任政治作戰學校政治作戰研究班班主任。這是我第一次回到母校服務，因此在心理上是有著臨深履薄、戒愼恐懼的感覺。尤其是政治作戰研究班，是學校最高的教育班次，也是國軍中、高級政戰幹部教育的最高學資，正因爲責任重大，所以精神壓力也就不小。

當我到職不久，即確定以培養學員人人都有浩然的革命氣節，個個成爲三民主義的忠實信徒，作爲工作的目標。在推展教育、訓導、行政等工作的做法上，則把握革新、務實、創造的方針，運用群體智慧，戮力達成任務。

教育是國家百年樹人的工作，教育事業，也是良心事業。在腳踏實地的自我要求下，對精進教育訓練、強化訓導功能、厲行行政革新、積極研究發展，我貢獻了一些心力。

精進教育訓練

政治作戰六大戰，是政戰研究班的重要課程之一，我把原先的「五段教學法」—閱讀、講解、討論、作業、測驗，改為想定作業方式施教。也就是將六大戰的課程內容，以鞏固思想為中心，認識敵人為著眼，嫻熟軍事和政戰戰法為重點，在狀況誘導下，以連續想定貫穿全部課程，進行系統化推演教學，並把大教授班改為小教授班制。力求方式新穎，生動活潑，以促使學員發揮想像力，加強自我學習的效果。

戰術課程方面，為磨練學員對師作戰之各種戰術原則，增進指參作業能力，並習得圖上演習的指導要領，與用兵技巧，在步兵師圖上對抗演習未實施前，先實施圖上演習一週。自四十八期起，在實施這項演習時，均由軍事系和政戰系分別遴選優秀教官，按階段輪流實施計畫指導，以增進學員戰術修養，並使其對政治作戰如何結合軍事作戰作有效之運用。

裁判勤務是部隊演習時應用的一種學術，在我任內，四十六、四十七、五十一期同學，曾先後於民國七十年十二月、七十一年五月、十一月，分別參加陸軍步兵師實兵對抗之「長興」、「長勝」、「長虹」演習，並擔任政戰裁判勤務。在出發前，先實施裁判講習一個星期，以「如何導、演、裁」作為講習主題。無論從理論到實際，或從原則到方法，都要求切合部隊實際狀況需要。有關政治作戰對戰力、戰術影響裁定基準表之規畫，政戰器材如心戰喊話器、砲宣彈等效能之鑑定、「政戰連運動時間」與「徵用民力時間」因素之律定，以及政（聯）戰指裁事項之設想等，都經過反復討論與演練，對增進學員熟諳指裁程序與裁判要領，確有莫大的裨益。

教材是幫助學員學習的張本，原六大戰（即思想戰、組織戰、謀略戰、情報戰、心理戰、群衆戰）教材，已使用十二年未曾修訂，各項內容亦未結合現況與敵情。爲了使各該項教材適應實際需要，期使理論指導行動，行動實踐理論，將全部教材實施修編，並分別自四十七期、四十八期起啓用，對拓展同學們的知識領域，磨練對敵鬥爭技能，影響深遠。

我無論到任何單位服務，都很重視體能訓練與體育活動。到了研究班之後，爲培養官兵與學員的運動風氣，除了晨間實施慢跑外，並要求於每日第八節課一律離開辦公室和教室，展開戶外活動與體能訓練，藉以鍛鍊健壯的體魄，奮發蓬勃的朝氣。

強化訓導功能

研究班對同學們的思想教育和精神教育，除按照訓導工作計畫規定的課程，認眞執行外，置重點於精神氣質的加強。舉凡在週會中指定學員擔任專題報告、主官講話，以及「重要文獻研讀」等，都以陶鑄學員品格，培養高尙武德，導正價值觀念，砥礪犧牲奮鬥精神爲主題。期使學員眞正成爲「以國家興亡爲己任」、「置個人死生於度外」的典型政戰幹部。

關於官兵思想教育方面，則按照「莒光日」、「莒光週」各種規定做法，由我親自主持，要求官兵全員訓練，全程貫徹，公勤差假一律實施補課。

為求眞正考核人才，培育人才，除在日常生活、學習中細心觀察，主動發掘外，並充分授權各級自治幹部，從靜態、動態資料中，明瞭學員思想、品德、才能、學識、生活等多方面的表現，藉以鑑定其本質特性，作爲輔導、考核的參考。

經過訓導考核，鑑定學員的本質特性後，在畢業前我親自約談每一位學員，並針對學員在思想、品德、學識、才能、生活等各方面的差異和改進事項實施個別輔導，藉以端正思想觀念，堅定革命意志，激勵工作情緒。這種做法，至少是我自己過去在研究班受訓時，所未曾看見過的。

軍紀是軍隊的命脈，沒有軍紀的團隊，就如同烏合之衆。研究班的官兵和學員人數，雖然沒有超過一五〇人，可是「人上一百，形形色色」，尤其是年輕的學員當中，上課時遲到早退，放假後逾時歸營的事件，屢見不鮮。我爲了整飭軍紀營規，悉遵校頒軍紀整建工作計畫，確實執行軍紀教育，嚴格要求服裝儀容，環境內務的整潔，並經常實施查課、查舖，以便確實掌握人員動態，嚴肅革命紀律。

在整飭紀律方面，有兩件事情值得一提的：四十八期有一姓胡的學員，因爲飲食的習慣與其他學員不同，早餐時若是有炒熟的花生米，那就是他個人的專用品，其他的學員都不得下箸，桌上若是放置六隻鹹蛋，每人規定只有半個，而他要淨得一個，在寢室內，每人只有一把坐椅，可是他便要使用兩把（要佔用另一同學的一把），一把是用來坐的，另一把是要放置雜物用的，總之他是與衆不同的。當我知道他這些缺點時，曾勸過他兩次，然而言者諄諄，聽者藐藐，他並沒有改進。有一個星期一的上午，胡同學逾時返校，並把換下來的便服掛在他的床頭上，沒按規定掛在衣櫥內，當我檢查內務發覺後，照規定應予處分，消息被胡同學知悉，立即前來求情，懇請免予議處。我當即告訴他說，你是部隊的政三科科長，是負責監督別人的，像你這般我行我素的生活習性，不能做到以身作則，怎麼能夠做好監察呢？他再三的求我原諒他一次，並保證下不爲例。又說若在受訓期間受到處罰，回部隊即無法向長官交代。我說你既然知道受處罰的後果，又何必當初呢？他不只是自己一再懇求，而且透過他的同學請副校長打電話要我關照，但不爲所動。經我再三堅持結果，予以申誡乙次。從此以後，除了胡姓同學循規蹈矩之外，其他的同學，也就不敢隨便了。

另有五十一期的一位同學，他是總政戰部主任的侍從秘書，自來到本班受訓後，處處都表現出一種優越感的高姿態，當我發覺他上課經常遲到，晨間讀訓他獨自閱讀英文書籍，他的課桌旁，經常堆滿了許多煙蒂時，我曾個別的勸他，希望他嚴守校規，以免使我爲難。他雖然表示願意改進，可是事後並非這樣。七十一年十一月二十九日中午，我外出參加歡送教育長B將軍的餐會，當我回到研究班的大門口時，聽到學員寢室的二樓，傳來猜拳飲酒的喧鬧聲，我請問訓導主任喬（敬敏）上校聽到否？喬主任回答說：聽到了。我立即交代該期簡學員長，據實查報，不准隱瞞。沒有多久，簡學員長前來回報：「查不出來。」我馬上以嚴肅的態度告訴他說：「如果你查不出來，你將被記過一次。」簡姓學員長當覺得問題很嚴重，於是在當天下午最後一節課下課之後，再度前來回報，說「在寢室猜拳飲酒，高聲喧嘩的事件，已查到了一個同學，他將親自向班主任誠實報到。」我說：「很好，希望你轉告他在明天中午十二時以前，一定要向我自動報到，否則，還是由你自己接受處罰。」在我一步緊接一步的嚴格要求下，第二天中午第二節課後，果然就是我和許多官兵意料之中的某某學員，前來向我報到。我問他爲什麼要在午睡時間，在寢室內猜拳飲酒？（按：無論任何時間，都禁止在寢室內飲食）他回答說，「是一時的過失，請班主任原諒。」我說：這是嚴重違犯校規的事情，如果原諒了你，下次有人違規，那我就不好處理了。我不是曾經告訴過你，希望你不要使我爲難嗎？」他默默無語了兩、三分鐘之久。後來，我以「書面悔過」與「行政處分」二者，要求他作一選擇，並規定在二十四小時內，向我表明意願。到了第二天，我要簡學員長轉達，如果那位同學再不決定的話，我將立即發布行政懲處的命令。那位同學接到通知時，很快就把悔過書送到我辦公室來。我仍然以心平氣和的態度面誡他：「你是總政戰部主任的秘書，應隨時注意到你的身分，勿使主任用人的標準，令人質疑，同時也可免得讓別人誤認你是「特權階級」。若是我對你過於寬恕，也容易使其他同學認爲我私字當頭，對你不敢要求，這樣下去，班裡面的秩序，就無法維持下去了，我的班主任也就不好當了。」他靜靜地聽了我這番話之後，深有所感的向我表示歉意，並保證今後不會再有類似的事件發生。事實上自我規勸他之後，那位同學的各種表現，的確有著三百六十度的大轉變，在訓各期的學員，對於我公私分明的管教態度，也都給予一致的肯定。

厲行行政革新

研究班編制內的軍士官兵人數，僅有十二人，在人手有限，而營區範圍極廣的實際狀況下，最使我感到棘手的，就是室內、外環境的清掃和維護工作。在我到職初期，發現廁所很髒，臭氣難聞，馬桶內的污垢很厚，而資深士官，因年邁體衰，對於清潔工作有力不從心之感。爲了督促官兵和同學們認眞整理環境內務，達到不髒、不亂、不破、不爛的要求標準，我曾作過一次洗馬桶、擦窗戶的示範工作，以啓發軍、士官和同學們放下身段的意願。就因爲不斷地要求、督導，七十一年度全校環境內務檢查總成績，奉校部民國七十一年九月二十五日(71)培新字第四二九一號令核定爲第一名。據班內軍士官所知，這是研究班自成立以來，在環境內務方面所僅見的榮譽，當然也是全體軍士官和同學們共同努力的結果。

行政革新，先要從建立觀念、養成習慣做起，也就是要建立時效觀念，養成守時、惜時的良好習慣，提高經濟有效的工作標準，絕對做到不開無準備的會，不講無準備的話，不授無準備的課。對於各項重大工作計畫的執行，諸如校部規定的專案工作，步兵師圖上演習和圖上對抗演習、現地戰術演習、學員報到、開訓與結訓等工作，都應嚴格管制進度，絕對不容許「推、拖、拉」的惡習存在。

民國七十年八月三日，發現班本部打字員L小姐，於研究班四十六期學員報到一天後，沒有把學員(六十員)名冊打印出來，我問她要多久時間才能完成，她說至少要兩星期才能完成。我感到非常訝異，六十個學員的簡歷冊，竟要兩個星期才能打印完成，簡直是一個天大的笑話，我想無論效率再怎樣的差，也不會差到這個程度。於是要求L小姐限於八月四日，一定要把簡歷冊打印出來。她聽了之後，懷疑我對她有所苛責的意思，於是把我的要求告知她在國防部反情報總隊任職的夫君(忘記了他的姓名)，她夫君便疑我有逼他太太辭職的想法，於是託了一位中校反情報官(該中校不願告訴姓名）打電話請我勿逼他同事的太太辭職，並說我過去在總政戰部的情形，他最清楚（按：他說這話近似於白色恐怖）。這時我即以嚴肅的語氣告訴他：「我無意逼你同事的太太辭職，更不會有意安插私人，我所要求的是工作效率；你也不必嚇唬我，我爲人處事的情形，你隊上的歷任總隊長，都是我的老朋友，你可以去請問他們。我在總政戰部如果做了見不得人的事，你去報告主任王上將。」那位反情報軍官聽到我這種說法，立即改變態度，並說：「報告主任，請勿生氣，這原來是主任要求工作效率，也是合情合理的。」最後在電話中向我表示了歉意。

我爲了貫徹革新的要求，事後要求L小姐轉告她的夫君，「在當天下午下班前來我處面談，否則後果由妳自行負責。」話說過不到一個小時，L小姐的夫君果然來向我報到，我仍舊把在電話中講給反情報軍官聽的那番話，重複一遍說給L小姐的夫君聽。那位年輕的上尉軍官聽過我講完那番話之後，立即表示：在沒有見到主任之前，原以爲主任是一位非常嚴苛的長官，可是見到主任之後，才知道主任是一位和藹可親，要求也很合乎情理的長官，我們有失禮和不當的地方，還要請主任原諒。

事過之後，我立即把負責行政工作的陳小姐和L小姐一併叫來辦公室，並公開宣示，我要求的是工作效率，絕無私心，請妳們放心。今後爲了打印學員報到後的簡歷冊，或因趕工加班，如因行政事務經費短絀，發不出加班費，事後一定補休假。她們都同聲說好，且無怨言。從此以後，學員的簡歷冊，都能在報到的第二天舉行開訓典禮前，如期打印完成。這是我對行政革新的基本要求，也是個人無私無我，無畏無懼，不計毀譽的具體表現。

研究班不只是一個人少事繁的行政組織，更是一個經費短絀的單位。民國七十一年九月，校部命所屬班隊指揮部實施盤餐供應，藉以加強官兵和學員的保健，防止染患B型肝炎，我在克服各種困難的情形下，爲全校開辦盤餐供應的第一個單位，使全校各班、隊、指揮部大爲震驚，更使各單位堅定了開辦盤餐成功的信心。

積極研究發展

中（共）越邊境戰爭結束後，中共編纂了一本名叫「對越自衛還擊作戰政治工作經驗」一書，國防部總政治作戰部主任化公手諭政戰學校，研析這一專書中有關「中（共）越邊境作戰政治工作經驗選編」，校長孟中將即命研究班專責研究。我於民國七十一年五月十八日，成立「勝敵」小組，專案研究這一專書當中的一至十二篇。由於全體專任教官的通力合作，自奉命之日起，在一星期內即迅速完成了任務，對共軍在越南作戰有關政治作戰的優、缺點，以及我們今後應採取的政戰措施，都有著具體的說明。

英國與阿根廷在民國七十一年四月二日，爆發了福克蘭群島戰爭時，我立即策動六大戰的專任教官和在訓的四十七、四十八期學員，就政治作戰六大戰的觀點，針對英、阿雙方在福島戰爭中有關思想、謀略、組織、心理、情報、群衆戰的運用情形，進行學術研究，並於戰爭結束後一週內完成，經在訓學員集體討論，作出了結論。大家認爲這種研究方式，對開拓知識領域，增進本職學能，確有很大的效益。

政戰學校訂頒了一項「政治作戰狀況推演作業實施規定」，責成研究班成立研究小組，每月就國防部總政治作戰部所頒布的想定和研究主題，實施專題研究與宿題作業一次。說實在的，這是校部訓導處無可旁貸的職責。因爲總政戰部每月舉行一次政治作戰狀況推演，是爲提昇高級政戰幹部政治作戰的學術素養，並磨練其政治作戰的技能，是一種指參作業的例行工作，絕對不是研究班的職責。可是校部用命令來強制，卻使我做班主任的人感到無奈。所幸我對於政治作戰的各種因應措施，一向都有信心，再加上負責綜合作業的教官瞿（又耜）上校，熱心負責，任勞任怨，因而對國防部所頒發的「反滲透」、「反統戰」、「反分化」、「反破壞」、「反封鎖、孤困」、「反難民戰」，以及攻防作戰中政治作戰之專題研究工作，均能順利達成任務。

政治作戰研究班，是政戰學校當年最高的教育班次，也是國軍中、高級政戰幹部教育的最高學資。經我再三檢討結果，若照當時訓練二十六週的期限，及其施教的課程，都不能適應三軍部隊和高級領導幹部的需要，尤其在戰術課程方面，和三軍大學陸軍指揮參謀學院，仍有著相當的距離。因此，我提出改制的建議，經由校部呈報國防部，沒有多久，即奉核准。旋於民國七十一年十月十二日下午二時三十分，奉命偕同副總教官王（農）上校、軍事系主任劉（士濂）上校、政戰系主任王（桂巖）上校、教育處長來（鎮華）上校（王、來二位上校，後來都晉任陸軍少將。），計畫科長詹（哲裕）中校等一行，前往三軍大學參觀陸軍指參學院的教學課程、教學方法、教育設施等項，作爲研究班改制的參考。雖然在計畫作業階段，奉命調職，未能看到改制的結果，但今日研究班政治作戰和軍事作戰齊頭併進的施教情形，以及由原先的二十六週改爲一年的教育成效，也可滿足我當年建議改制和參與策畫的心願。

我在政治作戰研究班服務一年五個月期間，就時程來說，雖然不算很長，可是就工作績效及其影響言，卻是非常的深遠。因爲我不僅在教育改革方面，貫徹了「求新、求精、求實」的要求，而且在精神教育方面，做出了無私、無我、無畏的示範。在這裡我還要補充一件有驚無險的事實，作爲我這段經歷的插曲。

民國七十年十二月二十三日帶領四十五期同學，去北海金山附近實施「現地戰術」課目，校部協調臺北衛戍師（前陸軍步兵第九十三師）調派吉普車三輛，$3/4$T二輛，2又$1/2$T載重車五輛。我所乘的吉普車行駛在最前面，從上車開始，即叮嚀駕駛弟兄要注意安全，當車隊到達金山救國團青年活動中心的交叉路口，再向右靠濱海行駛時，S彎路特別多，我要駕駛減速慢行，以確保行車安全，可是S彎路一個接著一個的出現在眼前，我只看著駕駛把方向盤轉個應接不暇，就在一剎那間，車輛行駛在一轉彎處，車的右前輪滑入一深坑內，下方就是萬丈深淵的大海，左後輪翹了起來，成爲懸空狀態，使整個車輛動彈不得，所幸車子的右前輪被一棵倒塌直徑約一尺半的松樹擋住，否則，人和車都將一併墜落大海而無法自救。在這一髮千鈞的時刻，我要駕駛關閉電門，眼看駕駛下車後，我因右邊車門的下方就是深坑，無法出去，改由左邊駕駛台的車門，從容中走出車外，行駛在我後面的車隊，都因這一事故而停止前進，參與現地戰術的教官和同學們，紛紛趕來致意。對我沉著、冷靜和處變不驚的態度，都表示了讚許。俗話說：「大難不死，必有後福。」我雖然不能自誇對國家有什麼了不起的貢獻，但這一不幸中之大幸事件，確實爲我在政治作戰研究班服務期間，留下了一段驚險的回憶。

辦教育的重要任務，就是培育人才。我在研究班任職一年五個月期間，先後完成了四十五、四十六、四十七、四十八期的接訓任務，畢業學員計二三九員（內有韓國籍學員四員），至民國七十一年十二月二十五日離職時，在訓學員尚有五十一和五十二期，共計一一三員。在這些同學當中，由於品學兼優，才能卓越、績效優異、能爲國軍擔負重責大任，因而晉任將級軍官的，眞是人才濟濟。至民國八十九年七月一日止，就我所知已晉任少將的有十六員，晉任中將的同學三員。過去每聽到有晉任將官的同學，我都感到很高興，只要知道其通訊地址，我還會寫信道賀。如果說辦教育是一種辛苦的事業，那末當同學們有所成就的時候，就同樣有著與有榮焉的時候了。

我對於職務的調動，一向是以平常心看待。當我忙於研擬革新研究班教育，延長訓練時間的方案時，獲知調任陸軍第八軍團政戰部副主任的訊息，並於民國七十一年十二月二十日，剛由政戰學校教育長調任八軍團政戰部主任的B將軍給我確認。當天晚上，參加B將軍在臺北市太平洋餐廳，邀請學校系主任以上的主官（管）餐敘時，副校長周（濤）將軍乘興囑我對未來如何做好副主任一職？表示一點意見。我對於這一突如其來的問題，立刻起立說：「我對於副職，是很有經驗，也很有信心的，那就是多看家，少外跑，人事經費不干擾，主官的意旨多強調，滿腹牢騷，面帶微笑。」我說完之後，引起滿堂大笑，也博得與會人員熱烈的掌聲。

十二月二十三日，當正式接到調職令時，班上有多位同仁醞釀要擴大舉行歡送餐會，我立即加以勸阻，並說明班內的經費非常有限，春節將屆，若將結餘的一點錢用光，將造成新任班主任的困擾，所以必須一切從簡。同仁們都能體會我的心意，乃於當晚利用慶生餐會的時間，接受全班教職官員的熱烈歡送。二十五日晚間，校長林（強）中將以豐盛的晚宴壯我行色，並賜贈紀念牌一面，都使我感到極爲榮幸。就在這樣愉快的氣氛中，離開了復興崗。回想當年班內爲我分勞的前後任訓導主任袁（韜）上校、喬（敬敏）上校、和各位工作伙伴，特別是擔任主要課程－六大戰的前後任教官李（先柏）上校、蔡（振邦）上校、張（麒麟）上校、王（秀菁）上校、瞿（又粘）上校、王（農）上校、林（武彥）上校等，無論在行政工作方面的眞誠合作，或對同學們的課程講授、作業指導、以及教材修訂，都絞盡了腦汁，付出了心力，使我念念不忘。我之所以在本職工作崗位上能交出漂亮的成績單，完全得力於各位工作伙伴和老師們的大力支持，在此謹一併致謝。

第十七章　承擔「高難度」的軍團副主任

我從年輕就養成了明辨是非、堅持原則、不計毀譽的個性。服務第八軍團一年十個多月，在不作「橡皮圖章」的困境中，我仍本著「冒寒掃雪、冒熱滅火」的耐力，完成了許多棘手、艱辛的任務而晉級，深感榮幸。

民國七十一年十二月二十六日，在家人和親友的祝福聲中，從臺北搭乘火車到達高雄，住進陸軍服務社。二十七日上午，承陸軍第八軍團調派吉普車接我抵達旗山泰山營區，正式向軍團政戰部報到，蒙主任**B**將軍向全體官兵介紹之後，便開始承擔副職的任務了。

第一個接觸到的重大事件，就是裝甲兵岡山旅戰車**X**營×連於十二月二十六日凌晨，架設在戰車上的一挺五〇機槍，被歹徒竊走了，經有關單位偵察一個整天，沒有查出任何線索，這一事件影響深遠，爲國防部和陸軍總部所關切，更使深受官兵敬愛的司令朱（致遠）中將感到爲難。二十八日早餐會報中，奉派進駐岡山旅旅部，督導專案小組進行密集式的偵察任務，又經過一整天仍然是一無所獲，在當晚的檢討會中，我提出兩點指示，即一方面從營區內部實施嚴密的清查，將所有列管的人員，一一予以過濾。另一方面對最近一個月來，到營區來會客的人員，都應接受情治單位的調查。到了第二天就憑這一點，終於找到一個退伍的戰士（忘記其姓名），在案發前的一星期，連續來營區會客很多次，涉嫌重大，經情治人員追蹤調查結果，那挺五〇機槍，就是那位退伍的戰士於二十五日夜晚爬上戰車，睡到半夜時刻，趁停車場的衛兵疏於警戒時，把機槍搬上機車，送到高雄市某一大樓，交由另一個人而轉手了。機槍雖然沒有找回，但在那位退伍士兵因涉嫌而被收押之後，使案情已經有了轉機。十二月三十日下午召開檢討會議之後，軍團反情報組組長施（文樸）中校問我：「副主任對調查工作很有經驗，過去做過保防工作嗎？」我笑著回答他說：「沒有歷練專業性的保防職務，但保防是政戰工作的一環，我只對政戰工作很有信心，對保防工作也很有心得。」

到職後不久，主任B將軍很親切地和我面談，並說「跟他在一起工作的副主任，沒有主任和副主任的分別，主任有什麼權力，副主住就有同樣的權力，所以有關經費方面的案件，都授權請副主任核批。」我當即表示：「報告主任，我做人做事的態度，一向秉持公私分明的原則，特別著重於嚴守分寸。主任就是主任，副主任就是副主任。有關人事和經費方面的案件，副主任只負轉呈責任，一切都請主任裁定。」主任聽了以後，再度以堅定的語氣面告：「學長，你說錯了，我到任何單位工作，都是充分授權，有關經費方面的案件，都請副主任核批。政五組組長（以下均以I上校代表）有辦事的能力，工作效率很高，可是他的操守如何？就請學長多加考核。」我又向主任報告：「既然蒙主任信任，那就請主任決定多少錢以內的案件，由我來批；多少錢以上的案件，請主任親自核示。」主任仍堅持：「無論錢的數目多少，一概請副主任核批。」我看到主任的態度是這樣的堅定，就不再好意思推辭了，於是很誠懇地向主任建議，今後主任須要公關應酬，或因照顧部屬，或因開展工作需要經費時，請予面示，以便使我瞭解、承擔自己的責任。主任聽過之後，再也沒有表示任何意見了。我該當面向主任表達的意見，也到此告一段落了。

七十二年三月十三日，我陪主任去看部隊，在車上發現報紙上登載一則推銷古典文學的廣告，我無意中說「沒有版權的精裝書籍，是多麼的便宜。」主任聽了之後，就以爲我須要買一套古典文學，於是交代政五組組長去訂購，沒有多久時間，那位組長抱著一個紙箱，內裝三國演義、古文觀止、封神榜等十一本精裝書，到我辦公室來，我看到這套書之後，感到非常難過的說出內心的話：「我絕對沒有意思要買這套書，那是我陪同主任去看部隊時，在車上讀報，見到廣告時所表達的看法，沒想到主任這樣熱忱而認眞的關心我，我非常感激，可是我不能動用部隊的福利金，爲我自己購買這套書籍，以免違背福利金使用的規定」。我講完這段話之後，立即把發票收下來，並從皮夾內取出新臺幣伍佰元交給那位組長，但被他拒收。這件事竟被主任知道，造成很大的誤會，認爲我沽名釣譽。事實上我確實沒有沽名釣譽的念頭。經我再三堅持結果，購書的錢只有從行政事務經費內報銷。從這一事件的堅持，使我和主任日後的相處，蒙上了一層陰影。但我認爲只要是問心無愧，或非出自惡意，那也就沒有什麼可議之處。

軍團政戰部，只有一個副主任的編制，平日裏裏外外的一切會議，副主任都須出席，或負責主持，政戰工作的督考和各種文件的核稿，也無人可以替代，工作的繁重，由此概可想見。爲了提昇參謀的素質，磨練其作案能力，進而減輕在公文核稿方面的負擔，特請政一組策訂了一項「參謀任用考試實施規定」，要求各組任用新進參謀，必須經過考選，藉以杜絕人事浮濫，並增進新進參謀的作業能力。可是這一規定經主任核定頒布之後，政一組組長M上校在政戰部主任的庇護下，把那項考選規定視同具文，認爲人事任免是主任的職權，大公無私的參謀考試，對其人事職權妨礙太大，於是每當各組須要任用參謀時，都趁我公出或返臺北休假時，即通知有關人員前來筆試，並在當天完成評鑑工作，等我回到軍團時即已發布任用。那種瞞天過海的手法，使我深感無奈。

自從主任授權給我核批經費之後，我曾再三告訴政五組的同仁，指出政五組主管的業務，不是錢，就是物。希望大家尊重自己的職責，嚴守政戰的立場，做到廉潔自持，一介不取，以免破壞形象，使主任感到爲難。

民國七十二年七月初，政五組簽請核銷端午節慰勞慰問的經費時，發現案內所附各單位的領據中，有好幾張都是七十二年春節已經報銷了的領據，上面的日期都是七十二年二月，科目寫的是春節加菜金。承辦人把這些結報過的領據，從春節結報的案件中，撕了下來，併入端節結報案報銷。我發現之後，面對政五組組長I上校說「結報案中爲什麼要把春節結報過的領據，再度併入端節慰勞慰問經費結報呢？」他目瞪口呆地說：「我在××幹訓班服務時，也是這樣做的。」我立即告訴他說：「這是軍團，不是××幹訓班。你這樣做，是不是不想要退伍金？你如果不要退伍金，我是要退伍金的。所以請你直接請主任去批。」我結束這段對話之後，把卷宗交給I組長去了。因爲我沒有蓋章，主任自然也不便核銷了。

民國七十二年八月三十一日，政五組組長I上校親自持呈一宗請求核銷干城藝工隊六月三十日爲歡送司令朱中將榮升陸軍副總司令演出所支付的犒賞金與茶水費。當我看完所簽報的內容時，面對那位組長說：「你們又在做瞞天過海的事了，歡送司令晚會演出的犒賞金，早已結報過了，爲什麼又作重複結報呢？」那位組長理直氣壯的回答我說：「沒有、沒有結報」。我說：「如果你不相信的話，請你坐一會，讓藝工隊來證實。」我立即用電話洽詢干城藝工隊鍾隊長，請查證歡送前司令朱中將晚會演出時，是否已給予犒賞？經費有無結報？沒有多久時刻，鍾隊長在電話中回報我說：「歡送司令時收受的犒賞金新臺幣叁仟元，已經入帳了。」那位組長在旁聽著，再也不好意思和我爭執了。我告訴他說：「凡是經由我批過的文件，我都有深刻的印象，要想闖關，不是一件容易的事啊！」他聽完了我的話之後，很不好意思的拿著卷宗，默默無語地離去了。

藝工隊參加國防部文藝金像獎競賽，爭取團體榮譽，是一項艱鉅的任務。從演藝人員的遴選、演出主題的確定，演員訓練的實施，服裝道具的準備，經費預算的籌措，演出節目的指導等項，都要有一套完整的計畫。當一切準備工作就緒後，還須要經過不斷的彩排。這些工作的執行，是藝工隊的職責所在，我只是協助主任從旁策劃、指導。在準備期間，我曾要求政五組儘早督促干城藝工隊提出經費預算的申請，以使藝工隊的各項準備工作能順利進行。但預算案遲至藝工隊快要北上參加競賽時，才簽報上來，我一看就發現其中的弊端，即一方面所列預算數字太多，其中服裝製作的費用，高達新臺幣六十餘萬元，另一方面所列的預算沒有明細表，也就是說服裝製作所需的六十餘萬元，沒有詳細說明須製作那些服裝？多少件服裝？單價、總價各需若干？服裝的個別用途爲何？各種服裝布料的樣品也沒有剪貼附呈。我把這些應該做而沒有做的缺失，一一交由政五組重新作業，並要求減少預算，另行簽報，在第二次呈核時，除了把預算數額減少八萬餘元外，其餘須改進的事項仍然沒有改進。在某一天的早餐會報中，主任B將軍面對政三組組長韓（發鈞）上校說：「藝工隊競賽所需的經費，宜予從寬。」我在旁聽了之後，立即起立向主任報告：「藝工隊競賽所需的預算，早在三個月前，我就交代要儘早申報，可是拖延到現在才簽報上來，其中作業方面的缺失很多，要改進也沒有時間了。我已要政五組通知政三組、主計處、藝工隊，以及製作服裝的廠商等單位，於今天上午九時來部議價。至於藝工隊參加競賽時所需用的經費，宜予從寬核算，我過去承辦康樂業務多年，自然知道不會使執行單位發生困難。」主任聽了我的報告，並沒有表示任何意見。在當天上午九時半會同各有關單位，舉行議價會議時，我很嚴肅的告訴廠商負責人說：「這次藝工隊參加競賽的經費預算，籌措十分困難，在議價時請不要『獅子大開口』，一定做到貨眞價實。爲了貫徹忠誠軍風，任何單位或個人也不許收回扣。」廠商負責人聽了我的話之後，自然不敢隨便叫價，首先只報價新臺幣二十九萬元，我發現和參與議價單位研商的底價相差不大，同時還有降價的空間，後來竟以二十六萬五仟元成交，比政五組第二次簽報的五十餘萬元，少了一半的價錢，也就是節省公帑二十五萬餘元，使參與議價的人員都感到驚訝。我這種做法，憑良心說，是對得起國家和自己的良心，可是無論對藝工隊、政五組、或主任B將軍，都是沒有一點好處的。難怪政五組組長I上校後來在我辦公室裏說：「君子不斷別人財路。」我立刻勸導他說：「為了愛護你的前途，我能夠幫助你做違法斂財的事情嗎？如果我斷絕了你應該得的錢財，那就是我的錯誤。我希望你作為國家的上校軍官，應該是明大義，識大體的，不應是非不明，好歹不分。」我認為這段話，對他是很富教育意義的。可是事後外傳：「主官用錢要看我的臉色。」原是從這件事情開始的，這種「扭曲」事實的說法，教我如何解釋？也有些無奈。

干城藝工隊參加國軍文藝金像獎競賽，雖然只是得到亞軍，可是就演出主題、節目內容、表演型態、團隊精神、音響效果、服裝設計等項，是值得一般觀衆讚賞的。主任B將軍為了給我分享喜悅，特派我於七十二年十一月十一日，率領該隊全體隊職演員，前往桃園龍潭大漢營區，為陸軍總部演出一場，並向總司令蔣（仲苓）上將致敬。因節目精彩，博得全場觀衆熱烈的掌聲。

當我忙著辦理藝工競賽期間，七十二年七月六日，軍團配屬澎湖防衛司令部政戰特遣隊的二等兵呂明輝，因畏難怕苦，呑服鹽酸而自裁，經由澎湖海軍醫院轉至陸軍八〇二總醫院急救罔效，不幸去世。引起呂兵家屬的質疑，誤認呂兵之死，是出自於幹部管教不當，遭受凌虐的結果。經呂兵同一梯次入伍的戰友證明、澄清，和我前往與呂兵家長及其親友調解結果，至七月七日凌晨二時許，達成協議，其要件為：「死者的內臟化驗，請調查局高雄調查站於解剖後送往法務部調查局查驗，如證實為隊職幹部凌虐致死，則交軍法單位依法偵辦；呂兵遺體擇日土葬，一切費用，都由部隊負擔；為體恤喪家清寒，除應得的撫卹金以外，並由部隊發起樂捐，將所得金額，悉數交給呂兵家屬處理。」

上述協議，深獲司令盧（光義）中將、政戰部主任B將軍的嘉許。旋接自七月十四日起至八月二日止，先後向各單位及地方機關，展開樂捐，我親自前往國民黨高雄縣黨部，拜訪主任委員伊竑先生，蒙慨捐新臺幣八萬五仟元，另高雄縣政府、高雄縣議會、澎防部、陸總部、國防部等單位，都給予救助，共得新臺幣二十三萬六千六百元，除支付喪葬（含購買墓地）費六萬四千六百元外，結存一十七萬二千元。經簽報司令核准，由政一組會同政三、五組派員將此款點交喪家，並代表部隊敬致慰問之意。可是政一組組長M上校擅作主張，只送給喪家現金三萬二千元，其餘的十五萬元，用他自己的名義，在郵局開立帳戶儲存起來，因沒有把儲存的用意事先告知呂兵的家屬，致使其家屬深表懷疑，曾先後兩次來到泰山營區會客，求見政一組組長，希望能瞭解捐助情形，可是那位組長M上校避不見面，只要承辦人范少校及主任的傳令，到會客室去應付了事。這種情形被軍團反情報組組長施（文樸）中校獲悉，乃簽報主任B將軍，奉批示：「據該組長（指M上校）告稱：呂兵父母應得之十五萬元，現正爲渠登記購買國民有獎儲蓄券，約九月二號可購回。請貴組於是時逕與呂兵家屬連繫，了解是否已收到該儲券，並請回報」（七二年八月廿八日批）

反情報組施組長，曾先後於九月八日、九月十三日、二十三日三次訪問呂兵家屬（住高雄縣大寮鄉前庄村二十三號）發現政一組組長許多令人質疑的事項，特摘錄如后：

㈠九月二日購得國民有獎儲蓄券之後，徵得呂兵家屬同意，將其家屬的私章、存摺及儲券，由該組長親自保管。

㈡九月八日晚飯後，該組長指派承辦參謀，將儲蓄券送還呂家，惟存款的私章，沒有交給呂家，仍存放在該組長手中。

㈢該組長油印募款領據一疊，請呂兵的舅父陳南鄉先生蓋好私章（呂兵的父母都不識字），準備向各界繼續勸募，但募了多少款項，呂兵家屬不得而知。

㈣該組長將他的公務電話號碼留給呂家，特別叮嚀若有別人來訪，即應告知。

㈤施（文樸）中校於九月二十三日三訪呂家時，得知該組長爲呂兵父親所刻的私章，已於九月十七日送還，對呂兵父親曾惡言相向，謂「假若再對來訪人員亂講，則將撫恤金二十一萬取回。」反情報組將上述各項，簽報主任B將軍，奉批示：「請政三組派員了解眞相簽報。」（九月二十七日批）政三組派監察官繆中校前往呂家調查後，在十月二十一日的簽呈中，說明了下列兩大事項：

㈠政一組組長爲呂兵家屬代購國民儲蓄獎券一十五萬元，迄至九月初始將獎券、私章等物，送交死者家屬，在時效上延誤了約一個月之久。

㈡政一組組長爲呂兵家屬代購有獎儲券前，將募得的慰問金，以其私人名義存入郵局，未事先簽報長官及存入公帳，有所不當。

㈢政一組組長代收各界的捐款數額，未能適時向呂兵家屬詳細說明，亦屬失策。

主任B將軍對政三組的簽呈，於十月二十四日作了下述兩點批示：㈠可作幹部教育之參考。㈡政三調查詳實負責，可嘉。

像政一組組長M上校這種違失的案件，主任B將軍竟作了這樣的批示，明眼人看來，就可了解主任和該組長的關係是何等的密切了。事實上政戰部的全體官兵，都知道政一組組長是主任侍從官的代理人，每當主任和侍從官休假、公出時，該組長都自動地去代理侍從官，甚至到凌晨，還待在主任的辦公室中守候，一直等到面見主任時，才能回去自己的寢室休息。當政三組簽報上述案情時，聽說該組長M上校在政三組的辦公室中，除了沒有跪地求饒以外，什麼好話都說盡了，而難言之隱的表情，也可以從該組長的臉上顯現出來。

每當我想起七月六日呂兵不治後，在夜深人靜中與呂兵家屬調解的苦心，和後來發起樂捐的種種困難，對照該組長M上校在募款後的鬼蜮行爲，以及主任B將軍對該組長的袒護情形。我除了說一聲「人在作，天在看」以外，實在沒有什麼話好說的了。

「華夏演習」，是一項只許成功，不許失敗的政治任務。依上級規定，高雄縣、屏東縣、澎湖縣，都是軍團（作戰區）的責任地區，其範圍之廣與事務之繁，以及任務的艱鉅，概可想像。在演習初期，郭師雄先生召開第一次任務研討會時，主任B將軍率領政一組組長M上校前往參加，回到部隊後，對上級指示和規定的事項，該組長也沒有向我面報。到了撰寫簡報，準備迎接陸軍總部政戰部主任武（士嵩）中將蒞部視察演習準備情形時，我僅在簡報資料中，瞭解一般概況，並在文辭上作了一些修飾而已。待武中將正式視察時，主任B將軍突然要我簡報。我把簡報讀完，武中將提出幾則有關動員方面的問題，要求回答，我以爲政一組組長或主任B將軍，會主動起來答詢，不料大家都目瞪口呆，我也因爲沒有出席上級的會議，對上級在動員方面的政策指示和要求事項，沒有深入了解，所以也沒有回答，因爲我擔任簡報，深感愧疚。同時在檢討晉升將級軍官前，竟出現這種「一問三不知」的尷尬場面，使我難免不懷疑主任和政一組組長，蓄意陷我於不利的境地。

無論主任和政一組組長的動機如何？站在工作立場，如何善盡自己的職責，才是正本清源的道途。經上次向武中將簡報之後，對如何完成「華夏演習」的任務，並做到無缺點，且能勝選，是今後努力的目標。因此，除了鑽研郭師雄先生所訂頒的演習計畫，和王師凱先生所發布的政治指示，以瞭解上級的政策方針之外，對責任地區內的演情蒐集與分析、狀況掌握、動員能量、安全維護等項，都做了深入的研究和探討。

十一月十八日，奉命率領由政一、三、四組、眷管組、營務組等單位所組成的作業小組，進駐高雄衛武營區，展開演習作業。在出席高雄縣黨部召開第一次聯合會報時，該部蘇書記於分析演情時，提出勝選的目標，定爲「坐三望四」，我因爲事先作了評估，對演情狀況，也作過客觀的分析和研判，在表達我個人的意見時，即席提出「就是坐四」的工作目標，也就是在提名五人當中，以當選四名作爲我們的努力目標，以促使參與作業人員，都具有旺盛的企圖心。

我對作業小組各位同仁的生活照顧，設想週到，除了要求每日三餐要吃得好以外，晚間都有宵夜，這對於夜晚外出訪問，或蒐集演情的工作同仁，在補充體力方面，是有所幫助的。

集中作業期間，我對於下列重大工作，作了綿密的規畫和管制：

㈠眷村黨團組織的調查與部署。

㈡演習績效鑑定實施規定。

㈢輔導眷村督導單位及責任區負責單位，實施家戶訪問。

㈣對情況複雜地區，實施重點督導，以鞏固並開拓實力。

㈤加強目標日安全防護措施，並督導責任地區完成編組。

㈥要求各單位加強防逃宣傳，採取防逃措施，對休（請）假離營官兵家屬，加強連繫。

㈦實施軍紀督導，防範違紀滋事。

㈧督導各動員中心及連絡人完成眷村與散居戶眷屬動員演習工作。

㈨將被支持的對象，演習位置、注意事項，轉告各動員中心及有關單位，並要求各單位認眞轉告各參演人員。

㈩徹底做好組織動員、地區動員、行政動員，並嚴密掌握集居戶、散居戶的人數。

十一月三十日，陸軍總部主任武（士嵩）中將第二次蒞臨視察演習準備情形時，我除了把上述重大管制事項作了簡報以外，並將其他有關細節與敏感性問題，以及目標日的安全防護、應變措施，一併做了口頭補充，特別是把集居戶、散居戶的人數，用數據表達出來，使武中將對勝算的信心大增，同時對我的精心擘劃，更感到非常的欣慰。

十二月三日，正式演習時，一切工作都很順利，所得結果，正如我當初的計畫一樣，提名五人，當選了四人，使艱鉅的政治任務，大功告成。司令盧（光義）中將於當日二十三時四十分以電話慰勉我說：「副主任！恭喜你，你的辛勞，終於贏得勝利，這是我們全軍團的光榮，請你好好地休息。」我立即回報：「這是歸功於司令的卓越領導，全體工作同仁的共同努力，我祇是盡了一點幕僚的責任而已。謝謝司令的鼓勵。」演習結束後，除將軍團與參演單位的檢討報告，作了總結呈報郭師雄先生外，對於演習經費的結報、參演單位績效鑑定，以及工作人員的獎懲等項，都能按照預定計劃完成。我本人奉核定記大功乙次。

自從民國七十年七月調任少將職缺以來，算來已有三個年頭了，在這三年當中，無論是擔任政戰學校政治作戰研究班班主任，或是任職軍團政戰部副主任，都是兢兢業業，盡心盡力的爲國家奉獻犧牲，並且在每一個工作崗位上，都交出了漂亮的成績單。許多長官和同仁都以期待的心情，希望我在當年能獲得晉升將軍的機會，以便繼續在軍中做出貢獻。到了十二月二十七日，上級終於滿足了我自己和許多長官、親友，以及同仁們的心願，奉核定晉任陸軍少將，並經由國防部、陸軍總部通知軍團和我自己，一時之間司令部的長官和同仁，紛紛到我辦公室來致意祝福，遠處的長官、親友，或以電話（報），或以箋函傳達祝賀的訊息。經統計結果，長官和至親好友賜函稱賀的，計上將五人；中將三十人；少將五十五人；老同事或同學七十二人，總計一六二人（件）之多。在這些函電當中，字裏行間，充滿了歡欣、祝賀、獎飾、期許之詞，使我和家人都感到無限的光榮和溫馨。我對於這些長官、摯友的祝賀和鼓勵，都分別敬謹回謝，並以誠摯的心情，表達報效黨國，毋負厚望的心願。

一般人對於授權，都持肯定的看法，認為這是上級對所屬的一種信任，或是分層負責的做法。可是我在軍團的情況大不相同，政戰部主任**B**將軍在經費方面給予我的授權，原是一種卸責的「領導模式」，其用意就是由我批經費，他用錢，出了問題他可以不負責任，所以我說這是「高難度」的副職，現在再列舉一件具體的事實，來說明我當年的處境。

民國七十二年春節，發放干城藝工隊隊職員年終獎金時，因經費調度困難，政五組協調主計處暫借新臺幣一十二萬餘元，以資應急。案經本人批准發給該隊聘雇人員，到了同年四月十九日，陸軍總部主計署將國防部藝工整建經費，悉數撥發軍團，作為發放干城藝工隊七十二年年終獎金之需，案經政五組簽報，經我批准，干城藝工隊向軍團財勤處（即第三財勤處）領取後，由胡（銘哲）上兵、胡（明慧）小姐，一同繳交政五組承辦人**C**少校。而政五組收到該款後，並未歸還主計處，據悉是用於購買一輛中古裕隆廠牌二千西西的轎車，放置於臺北市吳興街軍團臺北連絡組，供主任**B**將軍官邸使用（該車尚使用變造的軍用牌照）。由於借款沒有歸還，使主計處對藝工隊聘雇人員的薪資發放，調度困難，形成每月都須墊付。案經陸軍總部主計署發覺有異，於民國七十三年二月二十二日派員來軍團查帳，始發現陸軍總部主計署於民國七十二年四月撥發藝工隊聘雇人員的年終獎金，一直沒有歸還主計處。參謀長張（懷禮）將軍問我如何處理才好？我即請參謀長知會主任較為妥當。經追查後，早已調任陸軍新化師政一科科長的**C**少校，坦承不諱，在他所作的自白書中，認為是一時的疏忽，請求從寬處理。並經政三組吳監察官調查，證實爲溢領公款，在簽報前，政三組組長請示我如何處理？我說：「我不可預設立場，因爲借款與領款的案件，都是經我批准的，如果我有預設立場，別人會說我有私心，所以我不可表示意見。」當政三組對本案的簽報，確實礙難處理，再度請示我如何處理時，爲了不使政三組爲難，我提了兩項參考意見，一是依法嚴懲。一是遵照長官批示辦理。調查案簽報的過程中，主任B將軍建議：「參謀違職，該當嚴懲，惟X員（指C少校）能知過即改，爲達懲前毖後之效，建議予X員記大過乙次並調職之處分。」嗣奉司令盧中將批示：「交由人事評審會議檢討議處。」當即在軍團四月份人事評審會中，決議給予C員記大過乙次，並予調整職務。政五組組長I上校以未盡監督責任，予以記過乙次之處分。（按：該人評會由副司令黃（鵬飛）中將主持）

C中校（民國七十三年一月晉任）於二月二十九日，把溢領的新臺幣一十二萬餘元，繳回主計處後，手持該處所發收字第五一八號現金收入傳票，到我辦公室來見，他一進門就說：「報告副主任，我實在對不起您，因爲我對金錢的處理，沒有遵照副主任的叮嚀辦理。」當他把話講完以後，我便請他就坐，一方面談一談事情發生的經過，一方面聽取他個人對案情的處理意見。最後我把幹部對關鍵性的重大問題，應如何明大義、識大體、顧大局，以及有所爲，有所不爲的做法，提供他今後做人處事的參考，並慰勉他任勞任怨的工作態度。同時告訴他對長官的幫助，在於分勞分憂，而不在於一意討好，更不可以利益輸送，以免影響長官的聲譽、威信和前途，甚至妨礙自己的發展。我這番話不論有沒有效果，但總算盡到了我對同仁、對晚輩應盡的責任。

民國七十三年三月七日，從國防部總政治作戰部傳來了消息，得知李（建生）將軍即將來軍團接任政戰部主任的新職。我在當天的日記中寫著：「李將軍是我在政工幹校的同期、同班同學，也是我十年前在陸軍總部政戰部的老同事。正當軍團政戰部的形象，因爲政一組組長M上校企圖侵佔爲政戰特遣隊自裁士兵呂明輝所捐的善款，以及政五組前參謀官C少校溢領干城藝工隊民國七十二年春節加發的薪資，鬧得滿城風雨，烏煙瘴氣的時刻而接掌新職，感到無比的歡欣。深信由於李將軍的到來，爲軍團的政戰工作，帶來新的氣象，邁向新的里程，使全體政戰同仁也能抬頭挺胸，邁步向前。」四月一日李將軍正式來到軍團接任新職，我不只是表示熱烈地歡迎，而且盡心竭力的協助他進入狀況。

野戰軍團的政戰工作，一切都有制度可循，只要是把年度工作計畫貫徹執行，陸軍總部頒布的各種命令認眞實施，追求實際效果，就用不著另外出什麼花樣，做些表面工作了。不過，在執行年度工作計畫的重點工作，特別是一年一次的步兵師實兵對抗演習，從準備到實施，無論是計畫作爲、圖上推演、地形偵察、裁判規劃等等，都不是短短一、二月就能完成的工作。自李將軍到任後不久，我督導政一組準備步兵二×四師和二×二師命名爲「長勝演習」的政治作戰訓練和裁判勤務工作，就絞盡了腦汁，費盡了心血。在裁判訓練過程中，安排一整天的政治作戰兵棋推演，原本由主任李（建生）將軍親自主持，我可利用部隊出去演習，留守在司令部的時機，好好地「養精蓄銳」一番。可是，天不從人願，就在政戰兵棋推演的先一天夜晚，忽然接到主任的電話通知，囑我主持政戰裁判兵棋推演，俾使其在第二天陪同陸軍總部的長官巡視部隊。我因臨時受命，縱然是整夜不睡，也無從準備起。想了想還是早一點休息吧，讓充足的睡眠，使頭腦冷靜下來，精力充沛起來，以便次日主持兵棋推演的任務。

決心果然下對了，第二天凌晨起床後，趕到新化師虎踞營區的統裁部，用完早點以後，從上午八時至下午四時，全程主持了兵棋推演。將攻擊、防禦、追擊、轉進時的部隊政戰和政戰部隊的裁判要領和注意事項，配合演習過程所發布的狀況，分別作了詳細的說明。在作結論完畢後，博得參與推演的政戰裁判同仁約四百餘人的一致好評和熱烈掌聲，事後也獲得主任李將軍的當面讚揚。

中華婦女反共聯合會陸軍婦聯分會，於民國七十三年十月雙十國慶後至臺灣光復節前（確切日期忘記），假高雄陸軍服務社舉行會員手工藝品展覽暨義賣活動，為期一個星期，我奉派到展覽會場督導南部各眷村的軍眷，輪流到會場來參觀選購，藉以共襄盛舉。同時軍團干城藝工隊也調派女隊員四名，到會場服務，這期間有兩名女隊員，一名姓徐，另一名忘記其姓氏，邀我和她倆分別合影留念，我認為這是極平凡的事情，所以欣然接應了她倆的邀請。至義賣活動結束不久，藝工隊於十一月一日撥編為陸光藝工二隊，我也於同月十六日調國防部參謀本部任職。

時至民國七十五年年中，我在聯勤總部政戰部即將退役前，傳聞我和藝工隊女隊員有「非正常的關係」，因我過去承辦康樂業務，先後近七年之久，和藝工隊女性隊職員常有工作協調，卻從沒聽說我和女隊職員有啥不正常的關係，所以對這種傳聞，我一點也不在意。不過經打聽之後，這是該隊從金門勞軍演出返臺不久所傳出來的謠言，這便使我聯想到那是前軍團政戰部主任B將軍（也是當時金防部政戰部主任）所主導的「抹黑」伎倆，意圖陷我於退役後阻絕我的出路。經我於民國七十六年一月五日（元旦假期後第一天上班）利用春節慰問聯勤臺中地區單位之便，前往臺中市西屯營區陸光藝工二隊，向孟（憲章）士官長和吳（欣蕾）小姐等五名女隊員（該隊隊職官休假外出）把我當年在高雄陸軍服務社和兩名女隊員（據告已辭職年餘）合影的事實眞相澄清，並坦然面向有關長官如陳守山上將、武士嵩中將、賀雨辰中將，以及諸多摯友解釋之後，才使這一謠言歸於平息。經過這次教訓，使我覺得人心是險惡的，人言是可畏的，跟女性接觸，更應特別謹愼，嚴防小人用作攻訐的藉口，導致自己的形象受損，甚至身敗名裂。

早在本（七十三）年三月七日夜晚，接獲摯友文壽峰將軍的電話（按：文將軍時任總政戰部戰地政務處處長），感謝他以關切的語氣安慰我，認爲我實在太委屈了。我在電話中回答他說：「在國家處境如此困難的情況下，還能晉任將級軍官，已是心滿意足，謝天謝地了。」據當時來自可靠的消息，戰地政務處處長的候選順序，我被列爲第一優先，而且全處的官員都歡迎我回去。可是到了十月上旬，該處處長出缺時，由龍岡軍團政戰部副主任F將軍（即前戰地政務處副處長）接替，許多長官和同事認爲我任職軍團副主任，已達一年十一個月之久，工作績效可以接受檢驗，應該調任斯職，而龍岡軍團副主任僅僅只有半年的時間，就先我而調任處長新職，實在有欠公允。這些不平則鳴的聲音，傳開之後，當時有關當局即透過我的老長官周（濤）將軍用電話告訴我，說龍岡軍團副主任F將軍當年任戰地政務處副處長的時間比我早些，所以優先調任該處處長。假若我說我的期別比他高，我的經歷比他完整，我在戰地政務處的工作績效更比他優異，那我就顯得沒有器度了。所以我不作辯護，也不便解釋，更加不與爭執，一切只有認命罷了。到了十月十九日，經由總政戰部傳來的訊息，我即將調任政計會委員兼政治作戰組組長的職務，我聽到之後，不以調任斯職而灰心，只覺得能勝任愉快就很滿意了。

慎始善終，是我在任何單位工作必須遵守的原則，我明知即將離開軍團，但仍須把計畫中的干城麵包廠貨品銷售規定、泰山營區軍官俱樂部「鐵板燒」餐飲部設置做法，以及干城藝工隊改編陸光藝工二隊的調撥作業等加速完成。果然不錯，當我完成上述三項任務之後，調職的命令終於來到。當時政二組組長張（宇高）上校、政四組組長夏（啓源）上校、眷管組組長曹（驥）中校（民國七十四年一月一日晉任上校）等都先後到我辦公室來致意。我對這些工作伙伴的關心，至今仍然沒有忘記。

十一月十四日司令盧（光義）中將，在歡送我的餐會中致詞：「副主任在軍團服務將近兩年的時間，眞是盡心盡力，做了許多貢獻，完成了許多重大的任務，工作績效非常顯著，幸好榮晉了將軍，否則，對副主任實在沒法交代。」我聽到司令那段語重心長，慰勉有加的訓話，並接受鐫有「功在干城」精美的紀念銅牌時，心中感到無比的溫馨，也覺得非常的榮幸，特別體會出是非公道自在人心的眞實意義。

十一月十五日上午，我向各位長官和各處、組、室的同仁辭行後，主任李（建生）將軍偕政戰部全體官兵和聘雇同仁，在辦公大樓前列隊，以熱烈的掌聲，歡送我離開了高雄縣旗山鎮干城部隊所駐的泰山營區。

第十八章　第二次奉國防部徵召

任總政治作戰部政計會委員兼政治作戰組組長，心甘情願地接受別人認為難有發展機會的職務，且無怨無悔地達成諸多戰備整備的任務，交出了令人滿意的成績單。

從民國七十年七月，離開國防部總政治作戰部以後，我不曾想過會再有回到參謀本部服務的機會，可是時隔三年，又調任國防部總政治作戰部政治作戰計畫委員會委員兼政治作戰組組長（編制內）的職務了，這個職務的編階，雖然是少將一級，可是有些人不願意調任，原因是這個職務所承擔的工作非常繁雜，而且是個等待退伍的位子。我因為一向不計得失，不存奢望，只是一個「把握現在」的平凡人，在當時認為只要能調回臺北，就近照顧家眷就心滿意足了。所以這個位子，對我來說，感到非常滿意。

民國七十三年十一月十六日，準時向政計會報到，承蒙主任委員曹（興華）中將介紹向全組官兵和聘雇人員見面認識，當時政戰組的參謀，計助理委員：白（忠政）上校、蓋（牧群）上校（白、蓋二上校後來都晉任陸軍少將）王（健華）中校，法制官李（清正）中校（後任金門縣縣長，民國八十六年晉任陸軍少將）政參官陳（正武）中校、劉（耀仁）中校。這些軍官都是政戰學校十四期以後的同學，他們後來都升了上校，也都是為人誠正，學有專精，才能傑出的軍官，和我在工作上都能密切合作，彼此相處，也都非常愉快。

向政計會報到之後，旋即去晉謁總政治作戰部主任許（歷農）上將，他除了表示歡迎外，並提示政戰組當時的工作重點，我一件件的筆記下來。等我拜辭回到辦公室不久，突然來了一位軍官，把主任許上將贈送給我的「慶祝黃埔建軍五十週年」的一枚紀念銀幣和瓷瓶裝的紀念酒交給我，使我感到非常的溫馨。也使我體會出主任對待部屬，是很平易而熱忱的。

政治作戰組，顧名思義，就是以政治作戰為主要的職責，其他各處雖然都是總政治作戰部的幕僚單位，可是在職掌上都是政治作戰的業務，沒有像政治作戰組這樣以政治作戰為專業職掌的，它綜理著總政治作戰部的動員作業、年度施政計畫、預算編列，攻勢政治作戰、防衛作戰中之政治作戰、政治作戰訓練、戰備整備、政治作戰計畫綜合、政治作戰各種準則修編、全國漁事會報及綜合業務之協調等項，從這裡便可以了解政治作戰組的工作，不同於一般幕僚單位了。

主任許上將於我到職的第一天，即面示我要研擬一項重要工作，那就是「國軍政治作戰六大戰結合軍事作戰的重要作為。」主任說：「這是他在擔任金門防衛司令官時，就要準備做的工作，等到調任總政治作戰部主任時，就交給政治作戰學校研究撰寫，可是經過將近兩年的時間，所寫出來的內容，和您的意思未盡相合，要我重新撰寫，並且要把握時效，以便交給各級部隊應用。」我聽了之後，覺得非常惶恐，回到辦公室不久，就開始冷靜的思考了一下，這項作業的目的，旨在促使國軍政戰幹部瞭解如何以政治作戰六大戰結合軍事作戰之攻擊、遭遇、防禦、追擊、轉進等各種戰術行動，及在特殊狀況下軍事作戰中，政治作戰應有的基本作爲，以供政戰指導和運用的依據。

我依據這項原則，親自撰擬綱要，經召集承辦參謀與聘任委員李（先柏）先生、江（隱濤）先生（江先生後來退休赴大陸探親時病故）研究結果，決定將全書分爲七章，第一章總則，列述全書精神要旨、政治作戰六大戰如何結合軍事作戰之基本認識與六大戰之共同事項。第二、三、四、五、六各章，分別列述攻擊、遭遇、追擊、防禦、轉進各種不同戰術行動中，政治作戰六大戰爲支援軍事任務之達成，應有之基本作爲。第七章爲特殊狀況下軍事作戰之政戰基本作爲，分別列述兩棲登陸作戰、空降作戰等各項政戰作爲。

在上列各章中間，通常分爲兩節，如攻擊之政戰重要作爲，第一節爲攻擊準備。第二節爲攻擊實施，其他防禦、遭遇、追擊、轉進各章，也是這樣區分。根據這種章、節的編列，向主任許上將專案簡報，奉裁定，即請聘任委員李（先柏）先生、江（隱濤）先生分別撰寫，經我親自綜合整理，呈奉許上將核定後，印發參謀本部各有關單位，及各軍種總部運用。

這是我第二次進入參謀本部服務時的第一件重大工作，我能在短短的六個月內完成，應感謝主任許上將、副主任兼執行官楊（亭雲）中將（民國七十六年晉任陸軍二級上將，民七十九年榮任總政治作戰部主任）的指導，以及李（先柏）先生、江（隱濤）先生的熱心投入。

民國七十四年四月五日，是先總統　蔣公中正先生逝世十周年紀念，國防部將在當年初春時期，舉行國軍自強會議，（即國軍軍事檢討會議），參謀總長郝（柏村）上將指令各單位在該項會議中必須提報實踐　蔣公歷屆軍事會議有關建軍備戰指裁示事項之執行情形。政戰組是總政治作戰部的綜合業務協調單位，我正好是在民國七十三年底到職，這項重大工作，自然落在我的肩上。奉命後，我即採取表列式的做法，按照政戰工作的重點工作項目—思想（含精神教育、思想教育、專業訓練等）、組織（含特種組織、官兵組織）、安全（含保防工作、軍紀工作）、服務（含民事、福利措施）、戰備（含戰備整備、政戰準則等）、其他、蔣公訓示要點、當前執行情形、績效檢討（含優、缺點）、改進作法等欄，把表格印好，再邀請總政戰部各處綜合業務承辦人，共同研討作業要領，繳交作業時間。等到各單位把全部作業送來之後，我和李（先柏）先生利用七十四年的元旦假期，連續四天，夜以繼日，不眠不休地加以彙整、編撰，把其中的重大項目，採數據式的列爲附件，全案共計印製八十七張道林紙，其內容充實、做法具體，在檢討會議提報時，當即獲得參謀總長郝上將的嘉許，評爲參謀本部各幕僚單位的最佳檢討報告。從此，建立了總政戰部主任許上將對我信任的基礎。

臺海的緊張情勢，因中共不承認放棄使用武力來解決爭端，所以始終未見緩和。爲了防制中共對金、馬、臺、澎地區的封鎖、孤困，特以「國軍反封鎖作戰政治作戰之研究」爲題，在未實施一年一次的三軍聯合作戰演習（命名爲漢光演習）前，於民國七十四年三月十二日，先行協導海軍總部實施政治作戰狀況推演，這項推演計畫和想定作爲，是我感覺最辛苦的一次，海軍總部政治作戰部第一次提出來的推演計畫和想定作業，我看過之後，特請海總政戰部第一處處長W上校來我辦公室當面研究，我很詳細地告訴他應如何修訂，那位處長很誠懇，也很虛心地接受了我的意見，可是第二次把推演計畫和想定作業送來時，仍然未盡理想，我再也不好意思把作業退回去，請他們重新研擬，只得留下來由我自己把全部作業從頭到尾加以修改。最後呈請主任許上將核閱時，把我叫去問「這個想定是不是你主導作業的？」我說：「請主任指教。」許上將說：「很好」。並立即批可，使這項推演工作，從計畫、準備到實施，都很順利地進行。我根據這一狀況推演所得來的經驗、教訓，以及未來反封鎖作戰時，可能發生的種種疑難問題，作爲年度三軍聯合作戰演習政治作戰方面的想定依據，經於民國七十四年六月三日至七日「漢光二號」演習後，（亦即三軍聯合反封鎖作戰演習）協調各軍（兵）種總部及總政戰部各處，針對反封鎖作戰，中共對我臺澎金馬採取宣告封鎖、局部封鎖、全面封鎖時，可能發生的各種問題，恪遵當時　蔣總統經國先生及參謀總長郝上將對國軍反封鎖作戰有關政治作戰之訓（指）示，並參照歷次「精實」、「漢光」演習及國防部總政治作戰部「政治作戰狀況推演」所獲得的結論，彙編「國軍反封鎖作戰政治作戰指導與行動要領」專輯乙種，作爲國軍各軍（兵）種未來遂行反封鎖作戰政治作戰指導之重要參考。

這本專輯內容分爲六大部份：第一、總統對國軍反封鎖作戰政治作戰之訓示。第二、總長對國軍反封鎖作戰政治作戰之指示。第三、立案假定。第四、中共對我實施封鎖作戰之研判。第五、政治作戰指導：其中按指導方針、思想戰指導、組織戰指導、情報戰指導、謀略戰指導、心理戰指導、群衆戰指導。第六、行動要領：其中按㈠、中共心理性、騷擾性封鎖之反封鎖政治作戰行動要領。㈡中共局部封鎖之反封鎖政治作戰行動要領。㈢中共全面封鎖之反封鎖政治作戰行動要領。

就全部內容來說，這一專輯旨在實踐各級長官訓示，並針對敵我情勢發展，確定國軍反封鎖作戰政治作戰之指導方針，研採政治作戰之具體作爲，以便有效支援軍事，達成反封鎖作戰的任務。這一專輯，除了上述各項內容外，還附有四十一種範例。我這項設計，旨在提供各級主官（管）於指導反封鎖作戰政治作戰時，冀望以本專輯爲基準，結合實戰時之狀況變化與任務特性，發揮高度想像力、創造力和判斷力，以達成政治作戰之目的。所以印發到各軍（兵）種總部（司令部）以後，深獲一般好評，並認爲對保衛臺澎金馬復興基地，在政治作戰方面，是一項重大的貢獻。這本專輯的印製，承聘任委員政戰先進喻（鴻鈞）先生主筆，用心良苦，謹此申謝。

我從部隊來，也常回到部隊去，對於部隊的軍事訓練，在各級長官的重視和要求下，都已做到正常化，普遍化了。惟獨政治作戰訓練，除野戰部隊較爲重視外，一般軍事校院和技勤單位，仍有許多疏失，應亟謀改進。基於這一體認，我對當年政治作戰訓練的工作，曾採取了下列幾項措施：

第一、訪問三軍軍事校院政戰訓練情形：自民國七十四年三月二十五日至五月二十二日，配合聯合作戰訓練部所實施的軍事院校考察，先後訪問陸、海、空軍各總部、三軍大學暨三軍各軍事校院（含技勤學校）共二十三個單位，並就所見現狀與優、缺點，舉行綜合座談，交換意見，研討改進缺點的做法，以增進教育訓練成效。復將各單位的優、缺點，簽奉主任許上將核准後，函送各單位參考改進。

第二、修訂政治作戰訓練要點：於訪問三軍總部及三軍軍事校院後，針對當前部隊政治作戰訓練的缺失，於民國七十四年六月二十八日，召集各軍（兵）種總（司令）部業務主管研討修訂「國軍部隊訓練要綱－政治作戰訓練要點」，簽奉核定後，頒發各軍（兵）種及本部直屬軍事校院與政戰部隊貫徹實施。

第三、加強政治作戰訓練師資講習：檢討往年政戰訓練師資講習，都採取課堂講授方式實施，參加講習的人員，除了到課聽講，通過隨堂測驗以外，沒有別的活動。為了增進師資講習的成效，民國七十五年度的政戰訓練師資講習，嚴格規定選訓對象，要求參與講習的人員，於講習後必須留在部隊服務一年後始能退伍，並要求師資講習時，除課堂講授，隨堂測驗外，另增狀況推演與實兵演練，使講習工作顯得生動、活潑。為了增進講習效果，自民國七十四年八月二十五日至十月九日，採不預告方式，先後督導、訪問陸、海、空軍、聯勤、警備總部及憲兵司令部所屬單位共計十四個，並總結各單位辦理講習之優，缺點及改進意見，於簽奉主任許上將核定後，函送各單位改進。

第四、嚴格要求政戰部隊加強訓練：督導軍團的政戰特遣隊和各師的政戰連，無論基地訓練，或駐地訓練，都應一本從嚴、從難的原則，照表操課。對於訓練的課目，無論是偵察、搜索、警戒、連絡、破壞、傳單製作、火線喊話、俘虜審訊、戰地宣慰、難民疏導、救濟等項，都要求每一官兵實作實用，活學活用，絕對不准虛應故事，草率應付。在民國七十四年所舉行的「長平」、「長泰一號」、「漢光二號」等演習中，督導最爲認眞，各政戰部隊在發揮有形戰力和無形戰力方面，都具有積極的表現。

政治作戰六大戰—思想戰、組織戰、謀略戰、心理戰、情報戰、群衆戰。在一般人們的心目中，也許認爲是國軍高階層應用的戰略或戰術，營、連以下部隊那有運用的必要？然而，主任許上將的想法和看法，卻不以爲然，他認爲小部隊，甚至單兵、伍、班、排、連的戰鬥，也都可以有效的運用。爲了體現這一理念，特協調陸軍總部指定第六軍團所屬林口師的一個連，擔任實驗，也就是把政治作戰六大戰結合小部隊戰鬥，來一次示範性的演練。不過，在初期作業階段，造成該軍團政戰部主任黃家謹將軍的誤會，認爲是我故意找他的麻煩，尤其當林口師政戰部主任田樹勳上校（後任聯勤總部政戰部中將主任）來我辦公室主動請求提供實驗方針，修改實驗計畫時，黃主任知道以後，還在某長官的面前對我妄加批評、指責我不應越級指揮田主任來我處接受任務。當時我認爲黃主任是別有用心，根本沒有理會他，而且也不予置評。因爲是非、公道自在人心。當實驗專案正在作業階段，實驗計畫經我審定後，我就奉命調任聯勤總部政戰部去了，在正式實驗以後，據參觀、督導的有關人員告訴我說，實驗非常成功，政治作戰六大戰的確也能適用於單兵、伍、班、排、連的戰鬥。我聽到這項消息時，內心感到非常的快慰，因爲政治作戰六大戰在應用效果方面，是一項重大的突破。

政戰準則的修訂、審查工作，是政戰組的一項重要職掌，這項工作必須結合時代的進展和部隊實際狀況的需要，適時加以修訂，在我任職政戰組長的一年又半個月當中，先後完成了「陸軍步兵師（旅）攻擊政治作戰計畫（命令）範例」、「國軍防衛作戰政治作戰戰備規定」、「戰地政務教則」、「心理作戰教則」、「反情報工作總隊手冊」、「戰場督戰隊手冊」、「心戰總隊手冊」、「政治作戰總隊手冊」、「女青年工作大隊手冊」、及陸、海、空軍、聯勤、警備總部作戰準則中有關政治作戰部份之修訂、審查工作。

「全國漁事指導會報」，是全國黨政軍民憲警，獨一無二的單位，其所以設置在國防部參謀本部，是基於中共在臺灣海峽對我漁民經常施行竊取魚網、掠奪漁貨、蒐集情報、並進行統戰活動。政府爲維護我漁民生命財產與國家安全，於民國六十三年經中央「心防及反心戰工作指導會報」會議決議而設置的。政戰組是專責策劃、協調的作業單位，和參謀本部聯三、聯五、行政院農業委員會、臺灣省政府漁業局、臺灣省警備總司令部漁事工作處等有著密切的關係。在我任職期間，除了訂頒「強化漁民教育，反制中共統戰陰謀」、「反制停靠大陸海岸受中共統戰漁（船）民爲中共利用對策」兩項做法以外，並撰寫「國軍對中共艦船在臺灣海峽逐漸增加活動之政治作戰措施」一種，在總政戰部幕僚會報，向主任許上將暨全體政戰主管、副主管簡報時，都認爲內容充實，具體可行，送請聯三併案頒布實施。這項措施，對遏阻中共機漁船劫奪魚貨，及其漁政船對我漁民施以劫持、掠奪，或情報蒐集，具有積極性的功效；對維護我國漁民正常活動之自由及其基本權益，更是一項具體的做法。

我國漁民在臺灣海峽，遭受中共漁船（民）侵擾的事件，時有所聞。民國七十四年五月二十一日下午，馬祖籍漁民的「宏志一號」漁船，在東引附近海域作業時，曾遭受中共漁民劫持，後來經由船長陳金香及船員陳金旺等五人奮勇奪槍反制，始免於劫難，而安然返航。這一事件的始末原來是這樣的。

馬祖籍漁民的「宏志一號」船長陳金香、輪機長李寶訓、船員陳金旺、李木松、陳炎官等五人，駕「宏志一號」漁船，於五月十九日下午申請出港，駛往東引附近海域作業。二十一日下午一時三十分許，抵東引東方約十六浬處，發現中共一艘機漁船，突在無預警狀況下，駛靠「宏志一號」。該船約四十噸，船員十餘人，年約二十至三十歲，身穿普通舊衣服，隨即有五名共幹級的船員攀上我「宏志一號」，中共的船即逕行駛離。

這五名共幹中的一人，手持自動步槍，另一人攜帶照相機，對我船員施以威脅，欲劫奪「宏志一號」船上的漁貨，船長陳金香當即嚴予拒絕。這時共幹又脅迫我全部船員集中到船尾，然後將船駛往東引島附近，繞行約兩小時，並在駕駛艙內，以照相機拍攝我東引島上的軍事設施。一直到下午五時，共幹把該船駛離東引島，朝大陸福建地區方向行駛，我船員在危急存亡的重要關頭，靠著眼神示意，取得默契後，才開始向共幹套交情，聲稱彼此都是自己人，不必這樣兇狠對待，讓共幹鬆懈了警戒心。接著，由輪機長李寶訓向共幹建議，各位的肚子一定很餓，讓我們煮點米粉給大家吃。就在這種情況下，有一持自動步槍的共幹，把槍暫時擱在身旁，吃起米粉來。

看在李寶訓眼裏，這是一個難得的機會，在旁的陳金旺，一個箭步上前，緊緊抱著這名持槍的共幹，李寶訓則以平時接受軍事訓練的知識，雙手抓住著力點—槍托，另一位共幹上前支援時，抵不過李的猛力拉扯，槍終於落在李的手裏。這時，李木松、陳炎官同時制服另兩名共幹，船長陳金香立即跑到駕駛台控制該名共幹的行動。李寶訓於奪過槍後，立即對空鳴槍兩響，五名共幹隨即離船跳海逃逸。這時候「宏志一號」漁船迅速加快馬力向臺灣方面駛回，於二十二日上午安返基隆。

消息傳來，前臺灣警備總司令部於六月六日舉行記者招待會，宣布上述消息，頒發獎金新臺幣壹拾萬元，以獎勵船長陳金香等五名船員機警勇敢，忠貞愛國的表現。在記者招待會中也展示了「宏志一號」漁船船員們擄獲的中共製造的五六式自動步槍一枝、子彈十三發、彈夾一個、照相機一具、及共幹在東引島附近所拍攝的軍事設施膠卷和照片。國防部參謀本部爲表彰機智靈敏、忠勇愛國、臨難不苟、奪槍制敵的五名英勇漁民，特於民國七十四年九月十三日上午在臺北三軍軍官俱樂部舉行授勳典禮，由當時的參謀總長郝柏村上將以雲麾勳章頒授陳金香等五名漁友，計李寶訓、陳金吐各獲頒七等雲麾勳章乙座；陳金香獲頒八等雲麾勳章乙座；李木松、陳炎官各獲頒九等雲麾勳章乙座。這五名漁友在受獎時，都攜眷參加，以分享這份殊榮。授勳典禮的全般作業，都由政戰參謀官簡（國勝）上校策劃辦理，會場指揮由本人親自擔任，典禮過程非常順利。典禮結束後，總長郝上將並親切的向受勳的漁友握手致賀，並共同拍照留念。我站在承辦單位主管的立場，對漁友們的忠勇精神，深感欽佩，也同感快慰。

「宏志一號」漁船五位漁友之所以能見義勇爲，冒險犯難，爲了確保國防機密，而和共幹誓死戰鬥，應歸功於前臺灣警備總部漁事工作處推展漁民組訓和漁民服務工作的認眞，使漁友們都具有高度的政治警覺，堅定的反共意志，和強烈的愛國情操。在頒獎典禮結束之後，我除了以誠摯的心情，向漁事工作處處長湯重將軍表示由衷的敬佩之外，並完成了下列兩項措施：

㈠研擬「中共對我漁民統戰活動之分析」及「強化漁民教育，反制中共統戰活動之具體做法」各一種，函請警備總部廣爲運用。

㈡研擬「提高政治警覺，粉碎中共對我漁民統戰活動」中心議題一則，提交第十六次「全國漁事指導會報」討論，藉以增進與會人士對中共之認識。

我第二次調回總政治作戰部任職，在時間上雖然只不過短短的一年又半個月，可是所做的政治作戰戰備整備工作，諸如「國軍政治作戰六大戰結合軍事作戰重要作爲」、「國軍反封鎖作戰政治作戰指導與行動要領專輯」、「單兵、伍、班、排、連政治作戰六大戰實驗」等項，最保守的估計，至少也要兩年的時間才能做好，可是我在很短的一年時間內完成，這應該要感謝當年的主任許（歷農）上將、執行官楊（亭雲）上將、主任委員曹（興華）中將的精神感召，特別是曹中將的高度信任與充分授權，以及組內同仁白（忠政）將軍、蓋（牧群）將軍、李（清正）將軍、簡（國勝）上校、王（健華）上校、陳（嘉生）上校、陳（正式）上校、許（明村）上校、劉（耀仁）上校、預官吳（孟峰）少尉、喬（旭光）少尉及聘任委員李（先柏）先生、江（隱濤）先生等的熱心支持，積極投入、精誠合作的結果，在此謹以誠摯的心情，向以上諸位長官和工作伙伴們深致敬佩，感激之意。

當工作告一段落後，調任聯合勤務總司令部政治作戰部副主任的命令，於十一月二十八日收到，政計會主任委員曹中將率全體軍士官與聘任委員，於十一月三十日在國軍英雄館賜宴歡送，席間蒙曹中將獎飾有加，並親書「忠黨愛國」鐫於銀製的紀念盤上賜贈，使我感到非常的溫馨，許多研究委員，都是政戰先進，個個都為我舉杯祝賀，讚譽之詞，不絕於耳，使我有著愧不敢當的感受，也因此增進我對政計會那種革命情感的懷念。

第十九章　在聯勤總部限齡退伍

自民國三十八年入伍任二等兵到七十六年以陸軍少將退役，近四十年來，從部隊基層到國防部參謀本部，就陸軍的編制體系言，每一層級都有我歷練的紀錄。到聯勤總部，是我在軍中最後的里程，所以在工作上不但不敢懈怠，而且更加主動積極，有始有終。

民國七十四年十二月五日，前往聯合勤務總司令部政治作戰部到職。這是一個具有悠久光榮歷史的單位，其主要任務，是爲三軍官兵及軍眷服務，概括的說，就是「實前安後」。這從聯勤隊歌的歌詞：「充實戰力，首在聯勤。擁護政府，服務三軍，我們要任重致遠，取法沙漠的駝群，我們要實前安後，不怕任務的艱辛！團結廉能鬥士，發揚克難精神，完成革命聯勤的新使命。聯勤標幟，採取駝形。背負三鋒，象徵三軍，我們要忍苦耐勞、發揚聯勤的德性，我們要堅毅勇敢，抱定犧牲的決心！奮起千里駝足，邁進遠大里程，完成革命聯勤的新使命。」便可瞭解聯勤的任務和特性了。

聯勤總部所屬的部隊，雖然不及其他軍種總部那樣龐大，可是當時的幕僚組織和特業署、處，仍很衆多，計有兵工生產署、財務署、留守業務署、工程署、物資署、測量處、經理生產處、軍品鑑測處、外事處等單位，各有其功能。如留守業務署的補給到家，使三軍官兵的眷屬都深感方便；工程署承辦重大工程；物資署統籌採購事宜；經理生產處承製三軍制服，下轄四個工廠，爲三軍軍士官兵服務；兵工生產署承製三軍部隊所需一般性的彈藥及步機槍等輕兵器，下轄好幾個兵工廠，所製造的武器彈藥，除供三軍部隊戰備運用外，還可以外銷。足見各單位的組織都很健全，且都有完備的作業程序。

總部政戰部，也和其他各軍種總部一樣，置有一、二、三、四、五處、眷管處、福利處、出版社、反情報隊等。我奉命督導第二處（處長李宣嵐上校）、第五處（處長楊咸安上校退伍後，黃懷榮上校接替）、眷管處（處長張永年上校）、福利處（處長張明申上校退伍後，王大明上校接替）、出版社（社長何文湘上校）。這幾個單位的業務，都有其既定的作業規定，且處、社長都是主動負責、積極進取的優秀軍官，只要能在既有的基礎上，加強工作深度，提高工作效率，便可達成任務。我就本著這一方針，在先後兩位主任周（濤）中將和萬（德群）中將的卓越領導下，對於下列幾項重大工作，付出了一點心力。

一、把政治教育帶回員工家去

聯勤總部所屬各單位的政治教育，概分爲幕僚單位、生產單位、服務單位、建制部隊四種類型。以往祇重視建制官兵的政治教育，對聘雇員工似乎找不到著力點。就實際狀況顯示：聯勤官兵和員工的比例，前者僅佔百分之三一・五五，後者佔百分之六八・四五，就價值評估，各單位的聘雇員工，才是政府植根於群衆的基礎所在。因此，在政治教育的目標上，必須重新認定聘雇員工政治教育的重要性。在要求上，必須開發員工政治教育的軟體工程，往身教、言教、法教，自然、可行、落實的方向去發展。從教材、教官人選、教學方式、輔教活動去策劃。並置重點於如何使員工在這一流程上，能「把政治教育帶回家去」，以補課堂政治教育之不足。

「把政治教育帶回家去」，簡單的說，就是要求員工把政治教育的理念、內涵、心得、教材等深入其家庭。具體的說，就是要把下列各項帶回員工的家去：

㈠把三民主義的中心思想和反共復國的基本信念帶回家。
㈡把熱愛國家、駝群一家，及「以廠爲家」的情感道義帶回家。
㈢把國家命運和民衆禍福，凝爲一體的共識帶回家。
㈣把當時中共對我們的和平統戰，與我們因應的對策帶回家。
㈤把臺獨的陰謀及其禍害國人的思想、言論，及我們應採取的反制措施帶回家。
㈥把國軍「莒光日」電視教學的節目帶回家。
㈦把電視臺和廣播電台有益的社教節目帶回家。
㈧把不涉及機密的政治教材、輔導讀物、以及相關的錄影（音）帶等帶回家。

把上述各項帶回員工的家庭以後，進一步要求做好下列幾項工作：

㈠誘導不上班的員工家屬，每週定時收看華視「莒光日」政治教學節目。平日儘量收聽當年軍中電台的廣播節目。

㈡鼓勵員工家屬收看華視「新聞雜誌」、「國際瞭望」、「大家談」，臺視「熱線追蹤」，中視「九十分鐘」等節目。

㈢爲使政治教育深入員工家庭，除將軍中政教活動走向眷村，請員工把「莒光日」課題帶回家去之外，在不妨礙軍事機密和安全的狀況下，凡軍中舉辦的各項活動，諸如專題講演、有獎徵答、聯誼活動等，都得以邀請員工家屬參加。

㈣要求主官（管）在訪問眷村時，順便訪問官兵、員工家屬對於政教活動的瞭解情形，凡發覺執行認眞的家庭，即予表揚，以蔚成風氣。

至於官兵政治教育，除照「莒光日」和「莒光夜」各項規定，貫徹實施外，並督導各單位置重點於下列各項教育工作：

㈠加強哲學教育，以陶鑄官兵精神修養。爲落實教育效果，要求各單位訂定哲學教育進修進度，及各級幹部進修心得輪流報告表，期使官兵從「職業境界」提升爲「使命境界」。

㈡做好精神教育：要求各單位運用精神教育專題資料，透過週會、專題講演、學術講座、主官（管）精神講話時機，強化精神教育效果。

㈢落實品德教育：遵照當年蔣總統經國先生於民國七十六年元月六日，在第一四四次軍事會談中所提：「在政治教育上應加強品德教育，俾使社會青年透過服役管道，在軍中接受薰陶後，成為優秀國民。」的指示，把品德教育列為官兵個別教育的重點，尤應以各單位的列管人員，作為教育的對象，期使變化氣質，奮發向上。並要求各級主官（管）把品德教育與主官（管）精神講話結合起來，使言教、身教發揮相得益彰的效果。

二、要求營區處處有歌聲

儘管聯勤所轄都是後勤單位，可是無可否認的，無論是生產的工廠，或是服務的機構，都是軍事組織，其成員都是現役軍人，或因軍事需要而聘雇的員工。這些單位，平日的工作，或忙著上、下班，或忙於生產線上，除了照表操課、作業以外，根本聽不到歌聲，在這種狀況下，也自然缺乏朝氣、活力。我本來是一個副幕僚長，像這種聽不到歌聲的事情，大可不必過問，但是站在整體的立場，為了提振士氣，煥發官兵朝氣，充實員工活力，每到一處訪問，就打聽有沒有教唱軍歌的活動？很多單位主官，或政戰同仁，都異口同聲的回答「沒有」，當我問到政五處的承辦同仁，也說找不到軍歌比賽的檔案。後來詢問在總部政戰部服務達十年以上的聘雇人員，據告至少有十年沒有舉辦軍歌比賽了。我聽到這種說法，感到非常驚訝。於是就和承辦單位研究能否舉辦軍歌教唱和比賽的活動，並將研究結果簽報主任與總司令核示。後來不出所料，奉總司令溫（哈熊）上將批准，應先教唱「聯勤隊歌」、「莫等待」、「明天會更好」等三首歌曲，並列為競賽的必唱歌曲。從此以後，無論幕僚單位、生產單位、服務單位，或部隊（含技術學校）都掀起了軍歌教唱的高潮。為了爭取榮譽，任何單位都不敢掉以輕心，除照課表實施軍歌教唱外，並自行利用課餘時間加強練唱。特別是特業單位的財務署和物資署，競爭更加激烈，那兩個署的署長及政戰部主任張（宗濤）將軍和林（祥金）上校（後任財務署政戰部主任晉任陸軍少將），各懷絕招，都有爭取冠軍的雄心壯志，其旺盛的企圖心，值得讚佩。

聯勤所轄各單位，經過那一次軍歌比賽以後，的確收到了預期的效果，在各營區經常可以聽到雄壯的歌聲。

在總部的幕僚和特業單位中，不僅舉辦競爭激烈的軍歌比賽，同時還成立了一個名叫「明駝」的百人合唱團，經過為時半年的練唱之後，曾於民國七十五年十月十三日下午七時三十分，在臺北國軍文藝活動中心音樂廳，舉行演唱會，獲得觀衆一致好評。

明駝合唱團經過那次表演後，我把發現的各種缺點，一一指點出來，經由合唱團的指揮潘中平先生、鋼琴伴奏林（瑾瑜）小姐及承辦人秦（元明）上尉（政戰學校二十六期音樂系畢業）等共同研究改進結果，復於同年十月三十日下午七時半在國軍文藝活動中心，為紀念先總統　蔣公中正先生百歲誕辰暨國軍第二十二屆文藝金像獎頒獎典禮演唱時，榮獲參謀總長郝（柏村）上將的嘉許，所得的掌聲，比十三日演唱時更加熱烈。當然，演唱會的成功，是由於大家的合作，也是團隊精神的表現，為聯勤爭取了整體的榮譽。

三、做好眷村幾件富有意義的工作

軍眷在當時被譽爲「第四兵種」，其所受到的重視，概可想見。站在督導眷村服務工作的立場，更應實事求是，精益求精。因此，在我任職期間，爲眷村盡了應盡的心力。

㈠辦理眷村自強聯誼活動

爲了鞏固眷村團結，凝聚軍眷對政府的向心。民國七十五年眷村自強聯誼活動，自一月二十五日至五月十九日，全軍總共舉行了二十場次（即特業署八場次，各生產工廠十二場次）這項活動的計畫非常週密，內容也很充實，包括軍眷講演比賽優勝人員講演、軍眷手工藝品展覽、媽媽教室育樂活動—遊藝節目表演、有獎徵答、一戶一菜食品品嘗等等，眞是琳瑯滿目，美不勝收。各主辦單位爲了爭取績效評比的團體榮譽，無不各展所長，全力以赴。總部爲了辦好這項活動，除妥訂實施計畫與評比標準外，並由飛彈火箭製造中心先行舉辦示範，該中心政戰主任尹（鴻修）上校，主動積極，熱心負責，各項準備工作非常充分，展示的項目，也很生動活潑，深得觀摩人員一致好評，奠定了該項活動成功的基礎。

㈡督導富台新村改建工程

聯勤總部與臺北市政府合作運用富台新村基地，興建國民住宅，這是「國軍老舊眷村改建條例」未制訂以前，最早實行的老舊眷村改建工程，對於照顧軍眷與中低收入戶的生活，改善都市景觀，提昇居住品質，具有多種目標的效益。經國防部總政治作戰部和臺北市政府達成協議後，依據國防部令頒「國軍老舊眷村重建試辦期間作業要點」之規定。特成立聯合執行小組，我奉派為這一小組的組長，置副組長三人，分為眷服處處長張（永年）上校、留守業務署副署長蘇（兆宗）上校及其政戰部主任李（坤洋）上校。組員計有留守署服務組組長周（祖裕）上校等十員，內含富台新村自治會會長及眷戶代表三人。因為這項職務是無給職，是專為執行眷村重建任務而設置的，也是為保證重建工程臻於完美無缺的任務而設置的，在我退役前還能接受這項任命，感到十分榮幸。因此，我在民國七十五年十月四日主持「聯建小組」暨「工程督導組」第一次會議時，即強調重建工程，攸關眷戶福祉，必須一本盡心、盡力、盡責的態度，面對富台新村的住戶，來奉獻我們的心力，使工程能按預定進度進行，依約督導施工，並保證工程品質無瑕疵；在防弊工作方面，希望同仁們和建築廠商保持距離，避免官商勾結，杜絕偷工減料；為使眷村住戶能全面瞭解工程進度、品質與施工情形，眷村自治會所需工程合約、建築圖說等項，請承辦單位協調臺北市政府提供。至於「聯合執行小組」會議，由臺北市政府與聯勤總部輪流召集，採不定期依需要召開，或舉行聯席、協調會議等方式實施。我所提供的這些意見，立即獲與會人員的一致贊同，且成為「聯建執行小組」與「工程督導組」的工作準繩。我於民國七十六年三月一日退役後，在一次偶然的機會中，遇見富台新村自治會會長金（駿）先生時，他還念念不忘地向我訴說，富台新村的重建工程，其所以能順利進行，並做到弊絕風清，是因為我在職時所奠定的穩固基礎。我聽了以後，內心感到十分欣慰。

(三)擔任國軍眷村自治會會長金門訪問團總領隊

為了提振眷村自治會會長的工作情緒，激勵服務熱忱，並藉參觀訪問機會，瞭解戰地各項建設之進步，及國軍將士戍守前方保國衛民之辛勞，以堅革命信念，增進對政府的向心。國防部曾於民國七十五年五月十二日以(75)法泰字第八四五七號令頒「國軍眷村自治會會長訪問金門實施要點」乙種，責成聯勤總部承擔眷村自治會會長第三梯次訪問金門的任務。我奉核定為這一梯次的總領隊，綜理訪問行程中一切指揮、協調、安全等事項。

第三梯次訪問人員，計陸軍列管眷村自治會會長四十六人、空軍六十七人、聯勤七十八人、國防部承辦人員與新中國出版社「吾愛吾家」月刊社記者共三人，總計一九四人，於同年七月二十七日下午七時，分別由各軍種總部調派交通工具，運至高雄國軍英雄館報到。我和聯勤的訪問人員提前半小時到達，接待其他各軍種的訪問人員。當全體訪問人員到齊後，首先召開領隊會議，介紹隊職人員相互認識，並宣告有關安全維護事項。接著放映「昔日金門」影片，使訪問人員對金門戰地有一初步的認識。我在電影放映後，即席講了一段很簡要的話，強調這次訪問的意義，並說明金門之所以有今天，是因先總統　蔣公中正先生的英明領導，使國軍先後在古寧頭、大膽島、八二三戰役中，連續打了幾次勝仗所得來的結果。因此，必須認清「無金馬，即無臺澎，有臺澎，才有大陸」的意義。最後把有關維護安全的事項，向大家作了詳細說明。旋接實施編隊、登艦，於二十一時準時啓航。

我們一行搭乘海軍二五二運輸艦，照預定行程，應在二十八日上午十時，即可抵達金門的，可是因爲沒有配合漲潮時刻進港，所以只有減速行駛，直到下午四時才到達料羅碼頭。訪問人員下船時，金防部派太武指揮部指揮官雷啓英將軍率鼓號樂隊和歡迎人員列隊歡迎。離艦後我們依序乘車前往擎天廳，觀看「今日金門」影集，使訪問人員對「昔日金門」和「今日金門」在軍、經建設方面，有了一個強烈對比的印象。接著參觀花崗石醫院，這醫院內部設施完善，各科醫師都是從臺灣各大醫院的名醫輪流派遣到這裡來服務的，使他們具有戰地服務的經歷。這座醫院是設置在花崗石的坑道內，全是在金門服務的官兵，胼手胝足，用血汗開拓出來的，由於具有天然的屏障，住在醫院的傷患官兵，無論敵人的砲火如何猛烈，在安全方面是沒有任何顧慮的。離開花崗石醫院之後，車隊立即開往中山育樂中心，由於參觀時間並不太長，我們兜了一圈後，立即趕到後指部用晚餐，謝謝和我在陸軍第八軍團政戰部共事的張（宇高）上校（即金防部後指部政戰部主任）的盛情接待，使我有著賓至如歸的感受。用罷晚餐，訪問團的兄弟姐妹們似乎都有些倦態，爲了蓄養第二天參觀訪問的精力，大家都願意趕往迎賓館休息。當我進入該館的大廳，突然看到和我在政戰研究班同期受訓的朱長棟學長，他就是迎賓館的主任，也是中華民國軍人之友社金門軍人服務站的站長。他對我們訪問團的生活照顧，眞是無微不至，使全體團員都感到非常溫馨。

七月二十九日用罷早餐後，偕同全體團員，抵達太武公墓，公祭陣亡將士，以表達虔誠的悼念之意。離開太武，先後參觀了金門酒廠、陶瓷廠、民俗文化村、古寧頭戰場、八二三紀念館、莒林戰鬥村、觀測所等各種軍經建設的實況。

當天下午二時半，我們準時到達中正公園集合，然後搭車駛向料羅碼頭，防衛部副司令官趙中將，率領有關人員暨鼓號樂隊歡送我們登上二五二軍艦，當訪問團人員一一揮手向送行的前線將士告別時，大夥兒對偉大的金門，在心靈深處都烙下了永誌難忘的印象。

七月三十日凌晨七時許，當運輸艦安全停靠高雄港十三號碼頭時，艦長張中校率官兵代表列隊歡送，我和全體自治會會長離艦後，分別搭乘各軍種總部調派的專車，經由臺中、新竹、桃園，回到臺北，沿途都可聽到讚美金門進步壯大，和本人對訪問團人員關顧的感謝聲。我也感受到擔任領隊任務，雖然有些辛勞，可是能把握爲軍眷服務的機會，並運用群體的智慧，使訪問工作做到圓滿無缺，也的確是一件非常快慰的事。

民國七十五年十一月初，距我限齡退役前的四個月，突然收到中國國民黨革命實踐研究院的聘書，聘我出任革命實踐研究班第二十四期輔導委員，這項臨時任務，原是國防部總政治作戰部推薦的。因爲研究院的主任，是當時的黨主席蔣經國先生親自兼任，能到院來服務，被認爲是一種榮譽。

我於十一月準時前往臺北陽明山，向革命實踐研究院報到，當時就知道二十四期受訓的同學，都是國軍的青年才俊，共計有二十七員，分成第一、二組：第一組十四員，分別畢業於陸軍官校的九員，海軍官校的三員，空軍官校的二員。輔導委員爲國立政治大學閻（沁恒）教授，曾任革命實踐研究院輔導處處長、國立政治大學教授兼歷史研究所所長。學識淵博，爲人誠正、謙和，工作熱心負責，的確是一位良師、益友。我是第二組的輔導委員，受訓的同學十三員，分別畢業於陸軍官校的四員，海軍官校二員，空軍官校一員，政戰學校四員，中正理工學院學士、美國田納西大學核工碩士、博士一員，國防管理學院一員。在這十三位同學當中，有三位是我的老友，即蕭（宗漢）將軍，是國軍同袍儲蓄會的主任，在受訓期間，膺選爲學員長，另周（家本）上校是陸軍第八軍團的老同事，羅（致達）上校（後晉任陸軍少將）是政戰學校政戰研究班的同學，也是前總政戰部的老同事。其餘的十位同學，都是新認識的青年朋友，其中有六位是大專院校的軍訓主任教官。總括的說，二十七位同學，每一位都是學有專精的。

我組內二四〇二一號張憲義同學，當時是國防部中山科學研究院核能研究所副所長，在受訓六個星期當中，每在課程討論時，都本著「疑而好問」的態度，提出問題出來，請講座解答。可是他的發問語氣和態度，卻令人可議。尤其在分組討論時，他通常以另一種眼光來看待那些軍訓教官與政戰學校畢業的同學，我對這位同學的觀察、分析，認爲確有加強考核的必要，但是因爲時間非常短暫，對這種類型的知識分子，不是六個星期的考核，就可以評斷其一切的。我只能在參加總考評會議時，說明不宜把他列入前十名的理由。可是主持會議的副主任（負實際責任）吳俊才先生，認爲「張同學是臺省籍研究核能的科技人才，應予列入前十名。」吳先生是站在培植國家科技人才的立場所提出的意見，而我是站在考核的立場所作的建議。祇因張同學沒有違背國家利益的具體事證和不法言行，自然不便提出異議而有所堅持。可是到了民國七十七年一月十四日，在各種媒體中，看到張君因涉洩露國防機密（向美國有關機關洩露我國中科院發展核子武器）而逃去美國請求政治庇護的新聞時，我感到震驚，也覺得自己對於張君的考核，已到達觀察入微的地步了。

到聯勤總部服務，是我歷練國軍政戰工作的最後一段里程，在時間上雖然只有一年三個月，可是由於我對任何工作的策畫、督導，一向是主動負責，積極進取，深得同仁支持。在工作績效方面，也能獲得長官肯定。任職期間總計榮獲嘉獎、記功、記大功各兩次。二月二十五日承總司令溫上將頒授陸光甲種獎章、聯勤榮譽紀念章及「功著政教」紀念牌各乙座，這都是值得高興的；可是有些在退伍前未作公開說明，容易引起誤會的事情，現在回想起來，也覺得不無遺憾。譬如在退伍前我曾向政一處錢（恕）中校取回五十加侖汽油票的事情，使不明內情的人，難免發生懷疑，這究竟是怎麼一回事呢？原來是民國七十四年十一月底，當我即將調去聯勤總部任職時，有一友人向我建議，謂副主任用車的汽油可能受限，要多準備一點，以備不時之需。當時我想只有一年多的時間就要退伍，平日除必要的應酬之外，私事用車的機會並不太多，但也不能不備。於是便請國防部總務局（現改爲軍務局）局長郭（天佑）將軍給我五十加侖汽油油票。我去聯勤總部報到時，便把油票悉數交給錢中校代爲保管，並當面說明這五十加侖汽油是向別人要來的，將來如果沒有動用的話，還要歸還給別人。時至民國七十六年二月二十五日，爲了不願揹負太多的人情債務，即請錢中校從總部總務處，把油票提出給我，並立即用掛號信件寄還給郭中將，在未詳細述明奉還原由的情形下，郭中將收到信件時，馬上打電話問我：「給你的油票，爲何又寄還給我？」我答說：「因爲聯勤總部的油料足夠使用，爲著節省能源，才把油票奉還給您，謝謝您的支援。」郭中將聽到我的解釋後，也立刻回應說：「你這種想去，也實在很好。」這的確是鐵錚錚的事實，如果我在當年退伍前，作了公開說明，相信就不會令人質疑了。

我平日處理公私事務，都秉持一個基本的原則，那就是是非分明，公正合理。凡發覺悖逆這一原則的「人」或「事」，我都會挺身而出，仗義執言的，甚至爲堅守這一原則而不爲勢劫，不爲利誘，不計毀譽的。就因爲具有這種性格，所以容易受人指責、非議。如民國七十五年端午節前，總司令發放慰問金時，和以往有不相同的情形，即發給副參謀長每人新臺幣伍仟元，卻奚落了政戰部兩位副主任，這一訊息，是由副主任**K**將軍透露給我的，但他無要求補發的心意。我獲悉以後，簡直不敢相信，經向主任反映，不便回應，在請教研考會主委**Z**中將時，認爲如屬事實，那就不是領導者公正的作法。接著和**K**將軍研討「如何維護體制而表達立場的問題？」後來獲致一個結論，都就是「如獲補發，則將此款悉數捐給聯勤第一育幼院，以展現我們的氣度；若不補發，也應表達意見，以維護體制的尊嚴。」就這樣我便將所得結論面報參謀長李（其賢）中將，李中將是我在裝甲部隊的老前輩，也是無話不可當面講的好長官。承參謀長面示：「端節慰問金的發給，是總司令親自核定的，幕僚人員不便更動。」我聽到以後，也無奈地回答：「那就只有遵命了！」這件事從表面看來，似乎是爲私人爭取蠅頭微利，但實際上是針對總司令漠視政戰體制所引發的爭議，也是對事不對人的是非之爭；如果被視爲爭取蠅頭微利，那就是一種誤解，也不是我願意接受的。因爲我和**K**將軍早已決定，若能獲得補發，則將原款悉數捐給第一育幼院。事實證明，經由這次理性的訴求之後，這種違反情理，不合體制的事件，再也沒有發生了。

回憶自民國三十八年（一九四九）至民國七十六年（一九八七），由二等兵至陸軍少將退伍，我總共在軍中服務三十七年又八個月。從民國四十二年由政戰學校畢業任政戰少尉開始，至限齡退伍之日止，曾經在連、營、團（旅）、師、軍、軍團、陸軍總部、聯勤總部、國防部（兩度），另在陸軍裝甲兵司令部、陸軍訓練作戰發展司令部、陸軍航空訓練中心（後改爲航空訓練指揮部）、政治作戰學校等部隊、機關、學校，歷練各種政戰職務。先後奉頒寶星、景風、弼亮、金甌、陸光等一至三星獎章各五座，忠勤一至三星勳章三座，總計二十八座，獎狀五幀，另奉頒陸軍總部、國防部、中華民國軍人之友社服務紀念章各乙枚，國防部總政治作戰部、聯勤總部榮譽紀念章各乙枚，自信對國軍的建軍備戰工作，竭盡心力，毋負國家的栽培和　父母大人生我育我的苦心。民國七十六年二月二十四日（星期四）國防部總政治作戰部主任許（歷農）上將，在總政戰部部務會報中，頒授政戰榮譽紀念章時，曾當衆讚許我無論在任何工作崗位，歷練任何職務，都是兢兢業業，無私無我。今天以限齡退伍，就是功成身退，爲政戰樹立了典型，値得大家肯定。我恭聆許上將這番慰勉有加的訓示，感到非常的榮幸，無比的溫馨，也留下了珍貴的回憶。

第二十章　出任臺北縣軍人服務站站長

在服務站任職期間，我如果抱著「得過且過」的態度，或「好人做到底」的心理，讓服務站那些「積重難返」的惡習繼續存在，或延續下去，對我那份薪俸固然毫無損失，但於我的職責，卻問心有愧。

民國七十六年五月十七日，感謝總政戰部第一處何（台義）上校（民國八十五年晉任陸軍少將）的電話通知，本人已奉核定出任中華民國軍人之友社臺北縣軍人服務站站長，定於七月一日生效。對於主任許（歷農）上將所賜予的安排、照顧，家人都為之感奮。

七月一日上午十時，前往臺北縣板橋市重慶路七十二號臺北縣軍人服務站，由中華民國軍人之友社總幹事（現已改為秘書長）吳（亮生）將軍主持交接，我從前任站長，也是我的學長馮（志俊）將軍的手中，接受印信，儀式簡單、莊重，軍友總社各組、室主管、臺北縣進出口商業同業公會理事長和總幹事，以及站內的員工，都參加觀禮。從這時開始，我便承擔為臺北縣籍國軍官兵服務的職責。

服務站的編制員額，當時僅有十員，到了十月一日增加了二員，即站長一、專員二、幹事四、司機一、服務員四，總計十二員。

臺北縣的面積計二、〇五二餘平方公里，轄二十九個鄉、鎮、市（按：縣轄市六、鎮六、鄉十七），七九九個村里，當時人口約二八〇餘萬人，征屬四二、九六三戶，佔全縣人口一．五％。

服務站的主要任務，是連繫黨、政、軍、民等單位，辦理縣境常備戰士家屬慰助及服務、接待差假官兵住宿、籌募勞軍捐款（按：接待差假官兵住宿，奉命於民國七十七年五月一日停辦，籌募勞軍捐獻，於民國七十九年一月停辦）、策動敬軍勞軍活動等項。

服務站在沒有停辦接待差假官兵住宿以前，設有客房十間，床鋪三十張、內含將官房一、上校房一、中少校房二、餘爲尉官及士官兵房間。因住宿官兵極少，所收低價服務的費用，不足以支付全年所需的水電費、清潔費及保修費等開支，故於七十七年五月一日起奉命停辦，這是我到站以來，所做的第一件重大建議（革新）事項。

服務站的單位雖然很小，員工也不多，可是經我觀察、瞭解兩個月後，發現行政效率和工作紀律，都很差勁。經我大力整建，改革的事項，概略如后：

服務站在重慶路七十二號時期，是一幢三層樓的房屋，一樓設有辦公室、廚房、餐廳、花園；二樓是站長的辦公室、將官和尉官及士官兵住宿的客房；三樓是校官住宿的房間。環境區域非常有限，而且每一層樓房的清潔責任，都有劃分。除了一樓由服務員徐阿子同志負責保管的區域，每天都保持整潔亮麗以外，二、三樓的房間和廁所，都很髒亂，諸如茶凳上的灰塵，茶杯、馬桶內的汙垢，眞是處處可見。專責保管的服務員A君，每在上班時間不知他的去向（據傳替液化瓦斯店運送瓦斯），經多次勸誡，並請站內資深的工作同仁疏導，仍舊是我行我素，一點也不在乎，使我深感無奈。

可是，非常湊巧，某一天的下午，我從樓上下來，忽然遇見他從儲藏室內，竊取幾個茶盤，準備送出去的時候，我問他有沒有事先知會服務員陳祁富同志，他答說沒有。我立即告誡他說：這是送給常備戰士家屬的禮品，事先沒有知會負責保管的承辦人，就擅自拿出去，是一種偷竊行爲，你知道不知道？他低著頭講不出話來。我認爲此風不可長，於是提到站務會報中，請大家討論，與會的幹事和專員都認爲A君的行爲不軌，應予記過乙次，以示懲誡。經發布記過處分的公告後，依規定就領不到七十六年的年終獎金了。這位服務員平時雖然漫不在乎，卻也自知羞愧，等到過了年不久，他就自動請辭。這是我到站以來，所做的第一件整飭風紀的例子。

站內備有一輛服務專車，平日提供同仁訪問常備戰士家屬的行政用車，站長使用的機會也很多，有一駕駛B君，他在民國四十年代，就藉久病不癒而強求離開軍職了，由軍友總社某前副總幹事介紹進入社內。在試用期間，因工作態度傲慢而被解職。不久，站內有一駕駛出缺，某前副總幹事又把他介紹進來。據好幾位工作同仁告訴我說，B君個性倔強，目空一切，工作同仁乘坐他駕駛的汽車，於慰助常備戰士家屬途中，尋找我們安排的路線，偶有差錯須要改變時，即破口大罵。另外，在每月一次的偏遠地區征屬訪問行程中，只要超過平時下班時間，B君不管是否已將徵屬訪問完畢，即堅持要按時下班，絲毫不能配合每月一次的業務需求。民國七十六年十月份的征屬訪問案件特別多，且因國定假日較多，站長擬利用假日時間親自訪問征屬，並事先告知B君將予以補假，詎料B君卻以「有病」為由拒絕。他那種惡劣的工作態度，前幾任站長，都有著無奈的感覺。我到站裡以後，曾經規勸他好幾次，也看不出有什麼效果。到了民國七十六年十一月十六日，我請專員徐子敏先生（政戰學校四期、三軍大學戰爭學院主任政治教官任內退役）通知他：「退休年齡已逾齡兩年，因工作不熱心，依規不予僱用，請自七十七年一月一日起另謀出路。」B君接獲通知後，立即到我辦公室來，以威脅的語氣說：「不幹，就讓大家都不幹。」我心平氣和的告訴他說：「你的服務態度，一向不受歡迎，勸你，你也不願改進，再加上你的健康欠佳，體力不能適任長途駕駛（每月必須駕車去雙溪、貢寮地區訪問征屬），同時你也已經延長了兩年服務的時間，也該回家休養了。」他不接受我的意見，仍堅持要繼續留站服務。我把軍友總社頒發的人事任用法規翻給他看，他也視若無睹。他知道我要他退休的意志很堅定，於是到處請託關說，我曾先後接到兩位老長官的信函和電話，囑我關照他，我都以實情實報，無法繼續延用的事實，回報那些長官。B君於民國七十七年一月一日退休後，心猶不甘，仍到處寫信控告，都轉到軍友總社來，總社的總幹事吳（亮生）將軍，知道我的立場堅定，行事風格誠正，一切依法辦事，沒有任何偏見、私心，而且是為了整建工作紀律，所以對來函查處的單位，也都據實回覆。除了增加一點業務負擔以外，不會感到困擾，對於臺北縣站以及我自己，根本沒有受到任何傷害。我把這件事情的處理情形，向前站長馮（志俊）將軍說明時，還格外受到讚揚，認為我的魄力實在值得肯定。

站內的各位同仁，在工作方面我認為只要能達到六十分，就很滿意了。可是這個起碼的標準都沒有，叫我怎麼對得起上級？對得起我的良心？對得起我這份薪俸？所以我是用這種標準來要求工作同仁的。當時有一位C幹事，他是從總政戰部前政五處上尉軍官退伍下來的，到站裡來任幹事已有好幾年了。每看到他送來常備戰士申請服務的案卷，來文的日期都超過兩、三個月之久才處理，詢問他為何逾時處理的原因，他都以征屬尋找無著來搪塞。我問站裡的同仁，過去有沒有這種現象，有好幾位同仁都說，C幹事簽收公文以後，通常都不按時處理，等案件累積太多的時候，他就會自行處理，即一方面自己「批先發」，另一方面將簽收的公文丟進垃圾桶內。也有同仁向我反映，C幹事來站裡的時間很久，過去的站長曾向軍友總社建議調升專員數次，都沒有奉准，工作情緒頗受影響。經我瞭解這種種狀況以後，在獲悉站內即將增加一個專員編制的消息時，立即報請總社把C幹事調升，沒有多久，果然奉准。從這時開始，C專員的工作情緒，確實改變了許多，每天都能按時上、下班，一切作業也很正常。可是這只有「五分鐘」的熱度而已，沒超過兩個月，遲到早退、上班睡覺，假出去訪問征屬之名，行搓麻將之實的老毛病，再度出現了，我請他把臺北縣境各駐軍單位的通訊錄重新整理一事，歷時三個多月仍然看不到成效，當初我還以為我自己的領導方法欠佳，才會使C專員發生這種不正常的現象。後來經請教前總政戰部第五處先後幾任處長，如孫將軍、鄧將軍、榮將軍，其中除榮將軍對C員無深刻印象外，孫、鄧兩位將軍都異口同聲的告訴我「C員的才能平平，但有吃喝玩樂的本性。」並希望我提高警覺，避免上當。當我瞭解他的過去狀況，再針對現職的表現，除了加強疏導、容忍之外，似乎沒有別的辦法可以解決。時至民國七十七年八月，軍友總社為了緊縮編制員額，確定於十一月一日實施人事精簡（本站應裁編專員、幹事各一人）消息傳出，自然引起C專員的關注，特向我陳述衷情，我當時以誠懇、坦率的言辭，詳予解釋，說明「與其請我關照你，不如請你自己關照你自己，來得更加有效。」他聽我這樣解釋時，知道精簡案實施後，他是待不下去了，等到軍友總社徵求他轉任基隆市軍人服務站專員時，他也就知難而退，從此，站內又少了一個問題人物了。

我在任何單位工作，特別重視善良風氣的樹立。在人事方面，必須做到大公無私，鼓勵好人出頭。當年執行人事精簡案時，為了裁減一個幹事，我就本著這一原則來思考。站內有四位幹事，即陳震茂、林茂春、李政輝、D××等四同志，陳、林、李三位同志在工作方面，都能主動負責，積極進取，著有績效。惟獨D幹事，行動散漫，每當站長公出，他便隨即開溜。只要友人電話邀請打牌，他便立即請假或擅自外出。他負責管理站內財產，當臺北縣家畜肉類公會向軍友總社收回臺北縣軍人服務站的房屋時，站長請他依據軍友總社所提標準，出去尋找房屋，他根本不願採取行動。有一天上午剛上班不久，我在臺北縣進出口商業同業公會洽商勞軍事宜，徐專員接到總社轉國防部總政戰部的電話，謂執行官楊上將要瞭解臺北縣軍人服務站現址的地籍資料，以及遷移的構想簡報。徐專員把電話轉給我，我立刻要徐專員轉知D員準備地籍和房產資料。可是當我從公會回到站裡時，卻不見D員的蹤影了，站內的同仁也不知他的去向。在這種狀況下，我只好親自來寫簡報，並請林茂春幹事代為清稿、打印。D幹事那種不負責的態度，實在使我無法容忍。在這件事情沒有發生以前，我曾請教臺北市軍人服務站站長李傑齡先生（李先生是我在政戰學校一期本科班的同期學長），他把D幹事過去在某軍醫院的服務情形一一地告訴我，並勸我盡量容忍，不必在短短任職三年期間，得罪了他，因爲某上將如同D員的家長，有一次某軍醫院擬建議上級把D外調，消息傳到某上將那裡，該醫院院長忽然接獲某上將的電話，使D員的外調案受到阻撓，所以希望我不必爲D員的事而傷腦筋，免得影響我的職務。

我對於李學長的指教，當然銘感五內。可是在當時我不會爲了自己的職務，而停止對工作紀律的整飭。換言之，我在任何工作崗位，從來不計較個人的得失，祇要對國家、團體有利的事情，個人的任何犧牲，也都在所不惜的。時至民國七十八年四月，執行精簡案時，我請承辦人事的徐專員通知D幹事，請他自七月一日起另謀前程。D幹事知道問題嚴重，特別到我辦公室來看我，聲稱如果站裡不予續聘，他將向有關單位提出申訴，我立即把他在站裡服務的情形，一件一件的告訴了他，並同意他向有關單位申訴。我這種誠正坦率，大公無私的立場，使他目瞪口呆，不再表示任何意見了。到了七月一日，順利達成了精簡案的任務。從此以後，站裡的工作同仁，無論是生活紀律和工作紀律，也因爲一連串的整建行動而步上正軌了。事後我把處理D幹事的人事案件，告知也曾在某軍醫院任政戰部主任的張景華將軍（張將軍任三軍大學海軍學院政戰主任時晉任海軍少將），也得到張將軍的誇獎，認爲我不向環境屈服的魄力，值得高度肯定。

在臺北縣軍人服務站任職兩年九個月期間，除了整建紀律，端正風氣之外，值得一提的還有下述幾件大事。

軍友社是一個社團法人，雖然是受國防部總政戰部督導，可是一切的經費，自成立以來，都由民間商業團體捐獻，和國防預算扯不上任何關係。在軍友社暨所屬各縣、市軍人服務站服務的人員，極大多數是來自三軍各部隊退役的軍、士官，任職屆退的年齡，最高是六十歲，最低五十歲，任職薪俸所得不影響軍士官退休俸的支領。正因爲領取雙份薪俸，容易引起其他未獲安置工作的退伍軍官的嫉妒，經反映到國防部參謀本部後，參謀總長郝上將爲瞭解軍友社的實際狀況，曾親自到軍友社及若干縣市軍人服務站來視察。臺北縣軍人服務站奉通知，於民國七十七年三月四日接受視察。在簡報中，我把服務站的任務、編組、工作概況，包括執行常備戰士家屬服務、推展敬軍勞軍活動、辦理住館官兵服務事項等，除用簡要的文字敘述之外，並以詳細的數據列表提報。郝上將於聽取簡報後，隨即垂詢有關問題，對我據實稟報的情形，深表滿意。陪同總長來站的官員，都認爲是一次極爲成功的視察。

因爲這項視察，與國防部研擬將領取軍友社雙份薪俸的工作人員「降級減薪」的政策，有著密切的關係，所以我在接受視察時，一切作業準備，都很嚴謹。接受視察後，原以爲可以打消總長對軍友社「降級減薪」的旨意。然而，事與願違，國防部要求「降級減薪」的呼聲，依舊沒有改變。軍友總社和各縣市軍人服務站的工作同仁，對此項要求，極度不滿，憤怒之情，溢於言表，甚至有人主張要走上街頭抗爭。我在六月五日的擴大社務會報中提議：「我們爲國家奉獻犧牲數十年之久，如果爲了細微的薪俸而走上街頭抗爭，無論對個人的名譽，或團體的形象，都不很好。爲了維護我們的權益，也爲了在情、理、法三方面讓長官瞭解我們的處境，我們可以推選幾位代表，寫一份陳情書，用聯名陳情的方式，向國防部有關長官表達我們的心聲。」我的建議，當即獲得與會人員的支持，並推舉臺北市軍人服務站站長石（政求）將軍、基隆市站站長蕭（鳳山）先生和我自己，來辦理這件權益之爭的大事，在準備期間，蕭站長和石將軍出力最多，經召開兩次協商會議之後，消息傳到總政戰部執行官楊（亭雲）上將處，他先約見石將軍，把「降級減薪」的緣起作了詳盡的解釋，希望能獲得軍友社各位工作同仁的支持。到了民國七十七年八月二十日（星期六）下午四時，再召見我，軍友社總幹事吳（亮生）將軍和我一同去晉見，楊上將也同樣把「降級減薪」的來源，作了說明，在談話時還誤會我有鼓動風潮的情事，這時我不得不把我在社務會報中所提意見詳加說明，使楊上將消除了對我的誤會，並指示「也不要寫陳情書了，總政戰部一定會照顧大家的。」從這時開始，軍友社暨所轄各縣市軍人服務站，爲爭取「免予降級減薪」的風波，正式平息下來了。國防部所要求的「降級減薪」，除了薪俸方面象徵性的每人少領了一、二千元之外，並沒有給我們降低職務等級，同時給主官（管）級增加了兩千元公關費，以資補償。

民國七十八年三、四月間，政府舉辦公職人員選舉，國民黨中央先行舉辦黨員初選時，臺北縣有一位立法委員，即周書府先生，登記競選連任，上級通知要策動黨籍常備戰士家屬予以支持，因軍人服務站所受理的征屬服務申請表件中，並無登載黨籍資料，經協調臺北縣黨部提供支援時，該黨部以維持公正起見，未予同意，使這項任務增加了不少的難度。復於每日凌晨七時前與下午九時至十一時，直接洽請周書府先生及其長子周錫斑先生設法提供，惟其均以板橋市的黨員名冊只有一份，且工作繁忙無法複印而婉拒。這項協調工作，我利用早晚時間，和周氏父子先後連絡達一個星期之久，承辦本案的徐專員也連續奔走了一個星期，沒有得到任何成效，軍友總社第三組組長李（輔南）先生天天催促要提供這項名冊，亟須回報總政戰部。到了限期的最後一天，徐專員只在板橋市黨籍身分的征屬中，找到了二十餘人，認為數額太少，無法交代；特別問我如何處理？我立即明確地告訴徐專員說：「本人做事，一向本諸良心，做到一切盡其在我，絕對不做虛偽造假，矇上欺下的事。我們列冊的人數很少，如果上級追究的話，一切責任由我承擔。如果虛應故事，那就不是我的責任了。」徐專員為人誠正，做事認眞，聽到我如此肯定的回答，他只得據實呈報名冊了。這件事當初的確使軍友總社和總政戰部對我很不諒解，並屢加指責。可是當瞭解事實的眞相以後，就再也沒有任何怨言了。

民國七十七年春，臺北縣家畜肉類公會理事長李水日先生，向我洽商將臺北縣軍人服務站的房屋，作有條件的遷移，使板橋市重慶路七十二號的站館，交由肉類公會與建築商合建為商業大樓。我當即請李理事長直接和軍友總社協調，軍友總社總幹事吳（亮生）將軍，邀我面研，我即表示：服務站和肉類公會現有的房屋，是在民國五十年代初期合建而成的，產權混淆不清，肉類公會為了拓寬房屋招租，最近又在站的餐廳前加蓋鋼架庫房。為求服務站擁有產權（實際上就是軍友總社的產權），能利用肉類公會需要房地的機會，實施分割（家），那是最理想的做法，吳將軍對於我的建言，也有同感。經和幕僚單位分析後，即確定了臺北縣站遷移的基本原則：㈠以板橋地區為限。㈡須有二〇〇坪的房產面積。㈢如係現品屋，必須一次買斷。㈣產權必須清楚。㈤如用現金折價，必須先付清現金，始能協調遷建。

當軍友總社確定了上述原則後，即約我和李理事長去總社研討，當討論現金折價時，吳（亮生）將軍以新臺幣二仟萬元存放銀行孳息所得，用於月租房屋爲例，以利早日遷建。李理事長乍聽誤以爲二千萬元，即可達成遷建的協議。我發言補充說明時，把李理事長誤解的二千萬元，作了澄清，而李理事長反而誤會我要索取更高的價款，對我很不諒解。經再三面對面溝通，說明「吳（亮生）將軍所提的二千萬元，是舉例說明二千萬所孳生的利息，用於每月的房租，絕對不是二千萬元便可達成遷建的協議。我站在服務站的立場，根本沒有討價還價的權力，就算遷建費用高達壹億元，也均由總社全權處理，我本人和服務站，也得不到一文錢。」李理事長聽完我說明之後，才消除了對我的誤會。

服務站的遷建案，經由軍友總社和國防部總政戰部執行官楊（亭雲）上將，以及肉類公會李理事長等共同研討結果，以新臺幣二千六百五十萬元，達成協議。後來軍友總社的監察、主計部門在臺北縣板橋市南雅西路二段二｜一號，以新臺幣一千六百餘萬元，購得電梯大廈的三樓、四樓，合計一三五坪的辦公大樓，使服務站的房產問題，獲得徹底的解決。這是我在臺北縣軍人服務站服務期間，最有意義而且最有價值的一大貢獻。

服務站遷建工作剛告結束，就接獲政戰學校校友會第一屆主任委員林（榮祖）將軍的電話，徵詢借用服務站的場地，舉行臺北縣校友會籌備工作座談會，我基於增進校友對復興崗的凝聚力，欣然同意了他的要求。民國七十八年八月二十五日上午十時，準時召開籌備會議，林榮祖、馮志俊、劉胤龍、孫德安、柯尊三、謝國雄學長等相約與會，座談結果，公推學識淵博、才能卓越、服務熱心的柯尊三學長為籌備會主任委員。我為了略盡地主之誼，在服務站行政事務經費短絀的情形下，自掏腰包付出新臺幣伍仟元，邀請與會學長共進午餐，使臺北縣校友會得以展開籌備工作。

除此之外，政戰學校第一屆校友會成立不久，為了創立復興崗文教基金會，籌募校友子女獎學金，在臺北國軍文藝活動中心舉行校友美術作品義賣會時，我特請臺北縣進出口商業同業公會與臺北縣板橋信用合作社，各以新臺幣伍萬元，購買國畫二幅，所得金額雖然僅有壹拾萬元，但對於文教基金的籌募，發揮了集腋成裘的功效。這兩項都是我在臺北縣服務期間的額外工作，也是我對復興崗校友會小小的一點貢獻。

我經常自勉勉人的說著：革命軍人的職務可以退伍，但是革命軍人的責任永不退休。我從軍職退伍下來，到軍人服務站來工作，在時間上雖然沒有超過三年，可是所做的事情，在成效上並沒有浪費這三年的時光。在這三年當中，如果我以得過且過的工作態度，或抱著「好人做到底」的心理，讓服務站那種「積重難返」的惡習，繼續延續下去，使那種「慢吞吞」、「鬆垮垮」、「粗糙糙」、「亂糟糟」、「髒兮兮」的現象，任意傳承下去，對我那份薪俸，固然沒有絲毫影響，可是對於我為社會服務的職責，卻是問心有愧。因此，我願意以犧牲小我，不計毀譽的精神，竭盡所能去整頓服務站的工作紀律，把那幾位不識大體，不明大義，而且懷抱自私自利的工作同仁，沒有繼續予以聘雇，是我在忍無可忍的情形下，所做的決定，絕對不是出於個人的利害或好惡心理。

在服務站任職期間，有關重大的工作績效，分別說明如次：

執行常備戰士家屬慰助與服務，是服務站的基本任務，每到年度開始，便要依據總社賦予每年六千戶的工作目標，及全縣的征屬狀況，訂定工作實施計畫。為了責有專歸，我把縣屬二十九個鄉、鎮、市的征屬，依地區特性、交通狀況，劃分為六個責任區，交由專員、幹事分別擔任各該責任區的慰助、服務工作。除雙溪、貢寮二鄉，因地處偏遠，每月定期前往訪問一次外，其餘各鄉、鎮、市，則由專責人員視實際狀況需要，適時訪問、慰助。對因公或作戰、演習死亡官兵的家屬，都由我親自代表國防部前往慰問，並致送每戶慰問金新臺幣二十五萬元（軍官三十萬元）。我在執行這項任務時，每慰問一戶，依規定可領取茶水費新臺幣一百元，為了體念陪同訪問的承辦人和駕駛同志的辛勞，我所領取的錢，都分別發給他倆各五〇元，從來沒有例外。記得剛開始實施時，前述的那位駕駛B君，還懷疑前任站長為什麼沒有這樣做？錢到那裏去了？我當時告訴他說，這一百元本來是站長照規定應該得的，不發給你們也是應該的，希望你不必告訴別人，以免造成是非。

在慰問征屬工作方面，最使我難以忘記的一件事情，就是民國七十六年十月二十六日深夜，強烈颱風「琳恩」來襲，臺灣東北部地區，都涵蓋在暴風雨的威力範圍之內，強風暴雨，徹夜不停，累積雨量達六百多公釐，淡水、三芝、汐止一帶成為水鄉澤國。特別是三芝鄉的八賢村，因山洪暴發，造成山崩屋塌，有一正在陸軍×部隊服役的楊文旺戰士家中，就因為屋後山崩，土石流失，整幢房屋被土石流所吞噬，楊戰士的祖父、祖母和父親、母親，一家四口在睡夢中全遭活埋。我經由傳播媒體獲知消息後，於十月二十九日偕幹事林茂春先生專程前往慰問，致送慰問金新臺幣二萬元。當我抵達現場，面對慘不忍睹的災難，以及楊戰士家破人亡的悲痛情景，不禁爲之鼻酸。

總計民國七十七、七十八年度的慰助服務工作，就任務目標言，完成急難病困慰助九、八〇六戶。一般服務（含協調管教、連線服務、糾紛協處）三七一戶。連繫訪問二、三一四戶。慰問因公死（傷）亡官兵六〇戶，一般死（傷）亡八七戶。實際慰助訪問一三、五三八戶，超出計畫目標一、五三八戶（件），發放慰助金新臺幣二、〇一八萬七千元，照總社分配二、〇五四萬元，尚結餘三五萬三千元。關於發放慰助金的作業流程，均經總社查證結果，沒有發生任何差錯或弊端。（民國七十九年度的慰助服務成效，我在七十九年四月一日限齡退休，因年度尚未終結，故未列計。）

一年一次的「九三」軍人節，是展開敬軍勞軍活動的重要時刻，通常須舉辦敬軍聯誼餐會，邀請縣境以內各部隊的軍事主官和政戰主管，以及黨政與民間社團的首長參加，洽請駐軍最高單位的部隊長和縣長林豐正先生聯合主持。三年來在餐會中共計表揚敬軍模範六人，莒光連隊六個（部隊長接受表揚）。

每當年度開始，配合秋節、春節、端節勞軍活動，先行擬訂三節勞軍實施計畫，在執行前邀請有關單位參加協調會議，研商勞軍日程，並策動地方黨、政、民意機關及社團組織，分別組成三—五個勞軍致敬團，於節日前分赴縣境三軍駐地，及海防偏遠基層單位，向國軍官兵致敬，並贈送加菜金及慰問品。七十七至七十八年度，總計慰勞縣境三軍各部隊、學校、機關共一九一個單位次。贈送加菜金新臺幣三六五萬六、三八〇元（七九年度未列計）。爲擴大勞軍範圍，曾先後策動板橋信用合作社、臺北縣建築師公會、臺北縣進出口商業同業公會等，於三節前後，分別前往東沙、澎湖、金門、馬祖，慰勞三軍將士共計四次。

服務站英雄館部份，在沒有裁撤前，自民國七十六年七月一日至七七年四月三十日，共計接待官兵住宿三、〇三九人次。

辦理生產事業附徵結匯勞軍捐款，是服務站的一項重要責任，因爲這關係到整個軍友社的權益，所徵得的款項雖然沒有拿到站裏來，可是在數字上不能發生差錯。應該收取的，更加不能落空。記得民國七十七年度，臺北縣政府應交由臺灣省政府勞軍捐獻的預算二二〇餘萬元，因臺北縣政府兵役科王科長（後來改爲兵役局）在臺北縣議會審核年度預算時，沒有把這筆預算提出說明，所以沒有通過，事後被軍友社得知，須向服務站轉臺北縣政府追索時，除請臺北縣政府向臺灣省政府詳加說明外，並在七十八年度追補。後來經洽請臺北縣政府兵役科和縣政府主計室，以及縣議會的有關議員與縣長林豐正先生、議長洪吉春先生等協商同意，始在議會併民國七十八年度的勞軍捐款預算，合計四〇〇餘萬元，一併通過，轉臺灣省政府撥交軍友總社，如果不是我在臺北縣政府的再三協調，跨過年度的預算，是不容易追補得來的。

在生產事業附徵結匯勞軍捐款方面，係由服務站委託臺北縣二十家銀行代爲收存的，三年來共捐得新臺幣三、七〇〇餘萬元（民七十九年起，立法院通過決議，取消這項勞軍捐款），均依規定時限解繳軍友總社，服務站從來沒有經手現金，這項做法，對防弊工作頗收實效。

回憶我在服務站任職期間，其所以能超目標達成任務，並順利整建工作紀律，完成人事精簡專案等工作，應感謝軍友社總幹事（現改稱秘書長）吳（亮生）將軍的熱心指導和大力支持，在有求必應的情況下，使我在工作上，並沒有感到困擾。在這裏我更要感謝專員徐（子敏）先生、幹事陳（震茂）先生、林（茂春）先生、李（政輝）先生、林（章華）先生，服務員徐阿子、張以明、司機張天進等幾位工作伙伴的通力合作，使站裡的各種工作，都能順利推展，如期完成。

依據國防部核頒軍友社人事管理運用辦法的規定，我限齡屆退的時間，應在民國七十九年五月一日。可是爲了使新任站長徐（劍萍）將軍，早日履新。而且便於準備趕赴美國參加長男定輝，在南美以美大學法學研究所碩士班的畢業典禮，奉准提前於四月一日退休。在四月二日（星期一）十一時，軍友社總幹事吳（亮生）將軍偕同有關人員，蒞臨臺北縣軍人服務站主持交接儀式，承贈榮譽狀乙紙，獎金新臺幣叁萬元，吳將軍在致詞時，對我在任職期間，負責盡職，任勞任怨，銳意革新，力求精進的開創精神，多所讚譽。全體同仁在參加歡送餐會時，都以依依難捨的心情，舉杯向我敬酒。並於會餐後，列隊歡送。當時的熱烈場面，不禁使我感動得落下淚來。因爲這是我正式退休的日子，從今以後，再也沒有機會和這些伙伴在一起工作了。

第二十一章　退而不休談時政

民國七十六年三月一日限齡退役時，旋應行政院國軍退除役官兵輔導委員會聘為研究委員，被編入第四小組，研究「大陸問題」，至七月一日因受聘爲中華民國軍人之友社臺北縣軍人服務站站長而辭職。至七十九年四月一日復以限齡從臺北縣軍人服務站退休後，再應輔導會聘爲國家建設研究委員，編入第八小組，研究有關「國家建設」問題。

輔導會延聘支領退休俸將級軍官，擔任研究委員，旨在借重其長期對國家建軍備戰之實際經驗，繼續從事研究工作，爲促進國家建設進步而貢獻心力。

研究工作，是按各研究委員的專長、志趣，編爲「輔導就業」、「國防建軍」、「國家建設」、「大陸問題」等四個專題研究範圍，以三個月研究一則專題，每月定期舉行研討會一次。我參加的第八小組，定於每月第三週的星期五上午九至十一時，舉行會議。在我受聘四年十個月期間，除了民國七十九年五、六月去美國會親，以及民國八十一年、八十二年九月赴大陸旅遊、探親，先後請假四次未參加研討會之外，其餘的開會時間，我都全程出席，並在每次會議中，踴躍表述我對政府的忠誠建言。四年多來獲得該小組三任召集人高（海翔）中將、王（顯）中將（均爲陸軍），葉（可蔚）中將

（海軍）的一致嘉許，及組內先進的一致好評。遺憾的是我在每次研討會的發言單，絕大部份都交給會議紀錄去整理，未曾留下備份。經翻閱現存資料，僅僅找到五份，現將這五則專題研究的發言要點，分誌如后，從此或可看出我對國家時政關心的程度。

壹、對大陸開放政策之檢討與建議

（民七十九年七至九月專題研究發言要點）

一、「三不」政策之彈性運用

三十年前，政府處於敵強我弱的險惡環境時，爲達成「鞏固臺灣，光復大陸」的最終目的，就訂定了不和中共「接觸」、「談判」、「妥協」的「三不政策」，對反擊中共的統戰陰謀，發揮了階段性的功效。但今日的時代、潮流、環境都在變，「三不政策」自可隨著時代、潮流、環境的變遷，作彈性的運用。

換言之，只要中共能實行民主政治、自由經濟，政府就可以考慮展開實質性的雙邊接觸，等到大陸社會的體質有了改變，時機成熟以後，再進行雙邊談判。

二、開放大陸探親及體育、文化等交流之得失

自政府開放大陸探親以來，海峽兩岸民間的交往，顯然有了極大的發展。現就所顯現的正面效果和負面影響，分述如后：

㈠**正面效果：**

1.瞭解大陸落後實況：過去我們對中共統治大陸的情形，僅見（聞）於傳播媒體，不但知道有限，且可信度也很薄弱，但自開放探親以後，因有實際的接觸與觀察，至少可以瞭解下列各種情況：

⑴人民生活貧窮落後，證明共產主義已經破產。

⑵交通、水電及公共設施均嫌不足。

⑶政治改革無法配合經濟改革的進程，官僚、特權橫行。

⑷經濟改革成效，距人民生活水準遙遠，一般民衆，尤其是新生代，普遍不滿現狀，對共產主義制度，確已動搖了信心。

2.肯定我政府的建設成果：

「人在福中不知福」，若不去大陸瞭解實況，就不知道、珍惜我們自己建設的成果，可是到過大陸之後，才知道三民主義在臺灣實行的成果，確已臻於政治民主、經濟繁榮、民衆富裕的境地，這對於三民主義信念的堅定，確有積極的功效。

3.大陸普遍掀起了「臺灣熱」：自政府開放大陸探親以來，除赴大陸的民衆已逾五十萬人之外，赴大陸探親、訪問、觀光的人，在大陸的花費，據估計三年來已超過四十億美元。赴大陸探親的，以每人接觸四十人計，可達二千餘萬人。所以大陸因我們開放探親，普遍掀起了「臺灣熱」。因爲有「臺灣熱」，所以也出現了下列幾項顯而易見的情況：

(1)新生代的青年群衆，普遍嚮往臺灣，對中共的領導愈失去了信心，使中共不得不承認，人心已到了鬆弛、渙散，對共黨產生離心離德的時候了。

(2)中共中下級幹部，對中共的「對臺政策」，並無深刻的瞭解，執行不力，甚至產生反效果。他們不但不敢對返鄉探親的臺胞，宣傳中共的「對臺政策」，說服所謂「回歸統一」，反而對任何一位探親者，都視爲上賓，親切地接待，也就是間接地承認了「臺灣經驗」和成就。

(3)廣大群衆對返鄉探親及觀光的臺胞，多投以羨慕的眼光和嚮往的心理，長期以來「臺灣同胞」一直被列入所謂「黑五類」分子，大家避之猶恐不及，如今卻人人以擁有「臺胞」或攀上「臺屬」關係爲榮了。

㈡**負面影響**：

1.在中共的笑臉接待，親情攻勢和「民族情感」的號召下，我們長期建立的敵我意識模糊了，心防堡壘鬆懈了，從而滋生了與中共「和平共存」的幻想。

2.我們內部不同政治派系之間，對「大陸政策」的矛盾與爭執，特別是「統」、「獨」之爭，趨於激化。朝野間的政治團結功能，也受到重大的影響了。

3.中共擴大宣傳大陸的豐富資源，廉價的勞力和龐大的市場潛力，號召臺商去大陸與其建立經貿關係，特別是以投資優惠的法令，吸引臺灣工商界前往大陸投資設廠，因而在臺灣地區也掀起了「大陸熱」，尤其在「六、四」天安門事件之後，當國際間對中共實施經濟制裁時，因臺商和少數中央民代一窩蜂似的湧向大陸，甚而藉機會見中共高層領導人士，以提高其知名度的種種做法，也產生了負面影響。其中對沙烏地阿拉伯和南韓的外交，都可看到類似的負面效應。

4.隨著開放政策的日益擴大，其所帶來的嚴重問題，莫過於黑槍走私、販毒、和人員偷渡等問題的發生，這對於臺灣治安的惡化，可說是禍亂之源，並不爲過。

5.由於國人在大陸的言行不檢，破壞我復興基地的優良傳統和美好形象，招致海峽兩岸同胞的反感。

三、如何藉對大陸的開放政策，達成國家統一的目標。

今年六月的國是會議，對於大陸政策所獲得的共識，基本上應以臺灣地區的安全，及二千萬民衆的福祉爲前提，考慮國際形勢的限制、中共政權的趨向、大陸人民的心理等因素，並在能力範圍內，促使大陸走向民主自由。

㈠由於中共持續打壓我「務實外交」，抵制「臺灣經驗」，對我大陸政策迄無善意回應。因此，我們對現行的大陸政策，應做徹底的檢討，以決定那些措施應逐次加強？那些措施應嚴加管制？特別對於一些「熱」過頭，以及失控的情況，應予適度的冷卻，以免引起國人和國際間對我產生誤解。

㈡對於無政治色彩和不涉及意識型態的學術、文化、體育等交流活動，應該逐次加強，以放寬海峽兩岸的民間接觸，進而影響喝共產黨奶水長大的人，起來消滅共產主義。

㈢政府應以負責、擔當的態度，儘速制訂（修正）兩岸相關的法令，並迅速成立民間性的中間機構，讓民衆減少兩岸間來往所發生的風險，解決兩岸人民無法自行解決的各種問題，諸如文書驗證、協助司法案件的送達、人員遣返，以及旅遊、法律諮詢、經貿、文教各方面的服務，都有賴於這一民間機構居中協調、處理，作爲兩岸溝通的管道。

㈣設置專責的政策機構，其組織成員應容納各黨派與無黨派人士、以及學者專家，期能專責推動國家統一和加強大陸政策的研究、規劃工作。

㈤強化大陸政策的宣導，對大陸政策的本質、目標，以及所採取的各項措施，都應向國內、外人士，大陸同胞，展開宣導，以增進其對國家統一的共識。同時對於赴大陸探親、觀光、訪問、經貿的臺灣民衆，與大陸來臺的同胞，分別提供適切的簡報。特別是對於去大陸探親、觀光、訪問、經貿的臺灣地區民衆，更應制訂言行準則，藉以溝通觀念，促進瞭解，消除誤會，爲國家統一做好思想奠基的工作。

㈥儲訓大陸工作人才：未來兩岸交流的範圍，將日漸擴大，接觸的層面，也勢必日益提升。因此，對於辦理大陸工作的人才，尤其是準備將與中共高層談判的人才，必先加緊儲訓，以肆應兩岸情勢發展的長程需要。

貳、如何強化國民文化教育？以增進國民信心。

（民國八十年四至六月專題研究發言要點）

我們經常聽到有人說：「有甚麼樣的國民，就有什麼樣的國家。」足見國民和國家的關係是何等的密切，國民教育與國民信心對國家是何等的重要。

就目前的國家現況來看，領導階層對國家的定位沒有明確的目標，高層人士也缺乏團隊精神，因此出現了移民的熱潮，工商界沒有長遠投資的計畫和意願，年輕人也缺乏對國家的使命感和對社會的責任心。所以強化國民的文化教育，增進、堅定國民的信心，是刻不容緩的重要課題。

強化國民文化教育，應從復興中華文化做起，在作法方面，須注意下列幾個層面：

一、民族主義文化：培養勤儉的傳統美德，促進現代社會的倫理關係。

二、民權主義文化：

㈠提升民主的文化素養：要使國民認知民主不僅是一種觀念，一種制度，更重要的是一種生活、風度、尤其是一種文化。

㈡充實法治文化的認知：民權主義包含了守法的精神，也包含了協調合作的精神。

㈢維護自由的文化環境：要使國民了解、尊重別人的自由和國家的自由，政府官員更應以公僕自居，來維護國家和國人的自由。

三、民生主義文化：

㈠促進精神生活和物質生活的平衡發展。

㈡促進鄉村生活和都市生活的平衡發展。

㈢促進人文建設和科學技術的平衡發展。

信心是成功一切事業的泉源，也是一切事業成功的動力，有堅定不移的國民信心，才能建設富強康樂的國家。國之大老陳立夫先生說：「三民主義文化，是重人兼重德，充其極致，人人知道體天行道，修身爲先，家族爲重，崇尚倫理道德，互助合作，使家齊國治，以進世界大同。」這些都是我們國民文化教育的重點，也是增進國民信心的起點。

叁、國家統一問題的探討

（民八十年七至九月專題研究發言要點）

一、兩岸對於統一的基本概念：

㈠我政府公布的國統綱領：

1.國家統一目標：建立一個民主、自由、均富的新中國。

2.國家統一的原則：要在和平、對等、互惠的原則下進行。

3.國家統一的方式：採漸進方式，並分階段進行，即：

(1)近程：交流互惠階段，以民間的、間接的方式嘗試接觸，建立基礎。

(2)中程：互信合作階段，開始直接「三通」，並考慮上層互訪。

(3)遠程：協商統一階段，也就是雙方正式商討國家統一大計的階段。

㈡**中共的統一構想**：以楊尚昆對臺北記者所作的答詢，與唐樹備和陳長文見面所提的要點，總結了中共對於統一的概念，是：

1.在「一國兩制」的前提下進行和平統一，但反對「一中一臺」或「一國兩府」。

2.儘速進行直接「三通」。

3.儘速進行直接商談。

二、比較兩岸對於統一在概念上的差異：

㈠中共「一國兩制」的基礎上，以中央對地方的姿態來處理一切，顯然無意於平等互惠的原則，所以在國際事務上嚴厲採取外交封殺的方式，打壓我在國際上活動的空間，凡和中共有邦交的國家，都不准許賣武器裝備給我們，這與我們國統綱領平等互惠、在「互惠中不否定對方為政治實體」的原則，完全不同。

㈡中共急欲開展直接「三通」，這與我國統綱領分階段進行的統一構想，完全不同。

㈢中共提出立即直接商談，這與我國統綱領，從間接轉為直接，從民間接觸轉為政府官方接觸的構想，完全不同。

㈣我們的統一目標是民主、自由、均富，而中共除了所謂「一國兩制」、「對等談判」外，從未宣示其統一的理念，這也是兩岸「統一」不同之處。

不過，兩岸談「統一」也有相同之處：

第一、對「統一」的期望是相同的。

第二、對於「一個中國」的原則，兩岸都是認同的。最近國統會委員與研究委員，對於「一個中國」的界定，提出討論，在討論過程中，與會者認爲「一個中國」的定義，在民國三十八年之前，不成問題，「一個中國」就是中華民國，而照國統綱領的規定，中國統一於民主、自由、均富之下，在定義上自不會有問題。這就是說過去的一個中國和未來的一個中國，都不會有問題的。有問題的是現在的「一個中國」，因爲現在是處在分裂的政治現實下，在臺灣的中華民國和在大陸的「中華人民共和國」，對「一個中國」的定義，各有其主張，有必要界定一個中國的定義，以免中共在兩岸民間交流過程中，仍然藉這一問題來阻撓交流之進行，但迄今無結論。

我政府一向堅持「一個中國」的原則，可是在內涵上係根據李總統登輝先生去年宣告終止動員戡亂時期，將中共視爲一政治實體（在互惠中不否定對方爲政治實體），以及行政院院長郝柏村先生向立法院作施政報告時，提出「一國兩區」的構想爲基礎。

總而言之，「一個中國」的概念，都有各說各話的立場，這一點可以說是兩岸關係中，最根本的差距，也是國家統一的最大阻力。

三、兩岸互動的若干新發展：

㈠申辦大陸通行證事件，因受臺灣觀光旅遊單位的大力抵制，而由香港中國旅行社口頭表示，仍按舊方式辦理，也就是不再繳交戶籍謄本和護照正本。不過值得注意的，有兩點：

1.這一新辦法是根據「中國公民往來臺灣地區管理辦法」所訂出來的。這與中共「一個中國」的構想，是完全一致的。

2.雖然不再要求繳交戶籍謄本與護照正本，但中共國務院發言人，對於「中國公民往來臺灣地區管理辦法」，在態度上最大的堅持，就是堅持不作文字的修正，只是透過香港中國旅行社，作口頭的宣布而已。

㈡對於GATT的三項要求（中共之所以阻撓我先行加入GATT，其關鍵就是「一國兩制」的延伸。）

1.提前入會，那怕是幾個小時也可以。

2.中共入會後，要經由中共爲我方申請入會。（這就是貶抑我爲地方政府。）

3.要求我方應改變名稱。

㈢推動直航，突破對臺灣「以民逼官，以商圍政」的策略仍在進行。

「直航」是中共突破「三通」最有效的做法，因此上海航空公司正在計畫擴編機隊，迎接直航。深圳準備開設國際航線。廈門航空公司已廢止五星紅旗，改用「白鷺上青天」的標幟，以此作爲降低政治性的色彩，爭取直航。福建三沙港正在建立臺商貿易加工區。這種種作法，都是中共貫徹直接通航的決心。因爲「直接通航」是兼具政治性與經濟性的雙重意義，毋怪乎中共副總理吳學謙希望將「三通」放在國統綱領的近程階段，也就是這個道理。

(四)兩岸經貿發展的趨勢：臺商在大陸設廠，或設置生產線，已加強了大陸的出口能力，而且對臺灣製造的產品形成競爭，這是臺灣產業空洞化的危機訊號。

(五)大幅增加軍費，對我構成威脅：三月二十一日在人大會上宣布，增加今年軍費預算一三・八%，估計為六十九億美元，在迫切需要資金，用以改善經濟的情形之下，中共大幅增加軍費，紐約時報認為「對臺灣可能構成威脅」。

(六)幾個小動作的表現：

1.將兩黨「對等談判」改為「平等談判」。

2.將「中國人民郵政」的郵票，改為「中國郵政」，這對於國家的統一，可能有著正面的意義。希望擴大到國號和國旗的更改，那就是對統一有著明顯的跡象了。

(七)據中共「瞭望周刊」在所闢的「兩岸關係叢談」專欄中，刊出由魏大業署名的文章，題為「新形勢下兩岸關係的思考」，建議兩岸不計方式，及早進行溝通或談判，以化解兩岸的對立和矛盾，並以此消除「臺獨」的生存發展條件，早日完成統一，確保臺灣長治久安。

以上各項是我對於「探討國家統一問題」的發言要點，建請主管當局參考、指正。

肆、如何消弭社會暴戾之氣

（民八十二年一至三月專題研究發言要點）

一、暴戾之氣形成原因之探討

㈠知識份子趨向功利，影響社會風氣：知識分子本是社會的支柱與安定的力量，可是今日的知識分子，失去了傳統士大夫「以國家興亡為己任」的美德，趨向於急功近利和個人利益的追求。如議場打鬥、叫罵、走向街頭，領導抗爭，一切作為莫不以個人利益為中心，致社會大衆群起倣效，功利主義成為今日社會的風尚，這是今日社會暴戾之氣形成的最大原因。

㈡道德倫理淪喪，群己關係失常：今天我們很明顯地可以發現，大家族已經解體，小家庭日益勃興，農村人口流入都市，由平面關係發展為垂直關係，在既無大家族的約束，又無鄰里監督的情況下，本質的頑劣遂無所顧忌，為所欲為，致使倫理破壞，道德淪喪。

㈢執政黨向暴力妥協所造成，也就是求安、求治、求和諧心切，在暴戾之氣形成的初期，要求情治單位做到「罵不還口，打不還手」，處處向暴力分子讓步，致使暴力分子得寸進尺，為所欲為。

㈣經濟發展過速，精神建設（教育文化）未能和經濟建設同步前進，導致功利主義橫行，上焉者追逐權勢，下焉者貪圖享受。

二、暴戾事件與司法問題的探討

司法是維護社會正義的最後一道防線。無可諱言，我們對民主政治的建設，確有顯著的績效，可是法治方面的改革，卻沒有和民主政治的推行，同步向前，這是今日暴戾事件層出不窮的主要原因。尤其是民國八十年廢止「懲治叛亂條例」之後，接著於民國八十一年修正了刑法第一〇〇條，把這一條的陰謀及預備內亂罪，修正爲「限於暴力脅迫的行爲，才構成犯罪。」

因防止內亂罪的精神喪失之後，臺灣地區已淪爲法律的黑暗期。如自稱「臺灣獨立國」大總統的黃華，以汽油彈攻擊國民黨臺灣省黨部，並燒燬警車。偷渡回國的臺建組織主幹陳婉眞，曾數度駕駛「民主戰車」鬧事。山胞狂人江蓋世、臺獨聯盟美國本部主席郭倍宏、副主席李應元、秘書長王康陸等，都因刑法一〇〇條的修正案而獲得釋放。像這些用汽油彈攻打省黨部也罷、縱火焚燒警車也罷、糾衆遊行破壞一切公共設施也罷（如砸毀電話亭、折毀平交道的護欄）、無故傷害路人也罷、妨礙集會遊行法、癱瘓市區交通也罷，一概不予追究，統統一律免責。這對於我們賴以維持國家安定，確保社會安全的法治精神，統統予以扼殺，這就難怪社會的暴力事件不斷地發生了。刑法一〇〇條的精神，在於防止內亂罪，防止陰謀暴亂的預備犯，把這一條取消了，人人都可以叛亂無罪，人人也可以謀害國家的生存，眞正成了「造反有理、叛亂無罪」毛澤東的文革再版了。

美國哈佛大學政治學教授韓廷頓，在研究「變遷中社會的政治秩序」中指出：「現代化中的國家，主要的問題不在於自由，而在於公共秩序的建立。人類當然可以過著沒有自由而有秩序的生活，但不能過著沒有秩序而有自由的生活。公共權威先建立，然後才有必要加以限制。」從這裡我們便可了解社會須要法律和秩序，人民才能過著安寧而幸福的生活。今日臺灣社會的暴戾事件，就是因為缺乏法律和秩序所造成的，我們必須加以警惕！

三、暴戾之氣對國家社會的影響

㈠危害社會安定，影響國家安全。

㈡侵害民衆權利，危害國人生命。

㈢破壞國家形象，妨礙社會發展。

四、如何有效消弭社會暴戾之氣？

㈠依法制止暴戾，做到惟除暴才能安良。

㈡情治機關應公正無私，做到無枉無縱，不意氣用事，不帶政治色彩，使政治的歸政治，法律的歸法律。惟有保障合法、取締非法、制裁暴力，始能消弭暴戾，安定人心。

㈢貫徹國家法則，導正政治風氣，嚴格要求政治領導人物以身作則，嚴守法紀。

㈣致力文化建設，加強學校、社會、家庭教育：

學校教育：強化德、智、體、群、美五育併重，均衡發展。在國民教育階段，應加強生活教育與道德教育，對具有暴力傾向的學生，宜另訂教育方法和管訓處所；中學教育階段，應加強公民教育，養成自律自治的習慣；專科教育階段，應培養專業技能，注重職業道德和熱忱服務的精神；高等教育階段，應啓發學生發揚人文主義的精神，培養學生誠實、公平、榮譽、負責的精神。

社會教育：應做整體性的長期規畫，鼓（獎）勵民間人士參與善行義舉，培養社會善良風俗，善盡社會責任。家庭教育：注重言教、身教併重、生活教育與倫理教育兼顧，促使子弟明禮、尚義、知恥、守法。並鼓勵參與宗教活動，企求藉神的力量，來約束人的獸性。

伍、我國重返國際社會「名稱問題」的探討

（民八十年十月出席退輔會將官擴大座談會發言要點）

近來政府高層和輿論界對於我國究以何種名稱重返國際社會問題，有著不同的說法和報導。如九月十四日自由時報披露：焦仁和於九月十三日的總統府記者會上強調，李登輝總統在外交上多次強調做法、想法要務實，好重返國際組織，參與國際活動，有時我們在名稱問題上，會通權達變，做彈性處理。有時雖然不滿意，但也可考慮接受。

同日自由時報報導：李登輝總統於九月十三日下午四時，接受日本「產經新聞」四位主管級人物採訪時透露：「對於中華民國重返國際社會一事，特別指出，臺灣曾以『中華臺北』名號參加奧運會，現在也以『臺澎金馬』名義申請加入ＧＴＡＴ。因此對於各種國際組織的參與立場，今後將採取不會計較名目的態度，積極投入，藉以開拓更爲廣寬的空間。

由於這項談話與總統府新聞秘書焦仁和十三日所發表的談話前後呼應，因此格外受到重視。

又如同日自由時報披露：行政院郝柏村院長於九月十三日，在和五十三位農漁民代表會談時，針對我國重返聯合國一事強調：我們是聯合國的創始國，聯合國憲章仍為『中華民國』，中共只是冒名頂替竊據席位；政府要做的是恢復會籍，如果以『臺灣』或『臺灣共和國』等其他名號進入聯合國，不僅達不到目的，也會給中共製造『臺獨』的印象，進而製造犯臺的藉口，不是明智之舉。

焦仁和於九月十三日晚間又發表談話說：「聯合國不同於其他國際組織，我們在其他國際組織的名稱上，可有彈性的作法，但重返聯合國，必須以『中華民國』的國號，恢復我在聯合國的會籍。」

復據九月二十日的中央日報報導，總統府發言人邱進益十九日鄭重指出：「李總統登輝先生日前接受日本產經新聞訪問時，並沒有談到聯合國的問題，有關不拘泥於名稱的答覆，是指加入一般國際組織而言。」邱進益說：「如果將來要參加聯合國，總統及總統府的立場，一定尊重行政和外交當局的研究結果，如果外交當局認為以中華民國的名義重返聯合國，是唯一可行之道，總統府當然應該尊重。」

我們常說名正言順，名不正則言不順。我國重返國際社會，攸關國家的生存發展。尤其我中華民國是東亞第一個創立的民主共和國，也是聯合國的創始會員國，參加國際間的任何一個組織，必須以光明正大的名義，才能彰顯國家的定位和聲譽，如果隨隨便便安一個名號，除了有喪國格之外，那是沒有任何意義的，敬請決策當局深思。

第二十二章 給國民黨的忠誠建言

民國三十三年抗日戰爭末期，就讀湖南私立協均中學時，我參加了三民主義青年團。三十七年就讀湖南省立二中高中時，正式申請加入中國國民黨。三十八年來臺灣，因黨證遺失未曾申請補發，至民國四十年再度申請入黨。嗣後歷任小組長、區（黨）分部、支黨部、特支黨部的委員、書記，特種第×黨部委員、副書記長、革命實踐研究院革命實踐研究班第二十四期輔導委員等職。對於黨的組織發展、教育訓練、文化宣傳工作等，都付出了許多心力，也曾有過很多的貢獻。

民國七十九年退休以後，正值政府開放黨禁的時期，本黨的政策路線和領導作風，都呈現模糊狀態，在在使忠貞黨員感到憂心、困惑。爲了端正黨的領導風格，團結黨的力量，發揚光榮傳統，我曾以誠摯的心情，坦率的態度，敬向黨中央提出了下列幾項建言。

壹、光明磊落，大公無私，才能贏得民心

擴增當然黨代表，將產生負面影響的分析

民國八十二年五月十八日函請中常委許（歷農）上將（時任行政院退輔會主任委員）**在中常會轉述**

一、**就本黨和李主席登輝先生的形象言**：本黨中央委員會秘書長許水德同志五月十五日在臺北圓山大飯店聲稱：「有關擴增當然黨代表一事，李主席沒有任何指示，也不是黨中央的決定，而是經由民代反映和籌備指導小組討論通過的，這是黨內的決策模式，而非李主席個人的指示。因此面對不同的意見，我將儘量協調、整合，來化解紛爭。」（詳82.5.16中國時報）。但是根據媒體報導，這事早在今年二月第二屆立委就職後，立院高階人士多次和李主席見面時，就建議應將新選出的立委、國代列為十四全會當然黨代表，李主席也曾同意這一做法，讓黨意和民意結合。李主席的這項理念，曾透過不同管道在本黨高層流傳，也曾獲得連院長、許秘書長和立法院高層次聚會研究過這一問題，並得連院長、許秘書長的支持後，立院才開始推動這做法（詳82.5.6聯合報）。現許秘書長說李主席對這事沒有任何指示，顯與事實不符。若這種做法出於民代的建議，則不僅有損民主政黨的形象，且容易使本黨內外人士認為在李主席的主導下，讓第一屆中央民代退職，第二屆國代、立委的產生，並非為著民主憲政的改革，而是本黨和李主席私心自用的一種權謀，這樣能取得黨內同志和全民對本黨的共信嗎？

二、**就擴大參與層面言**：全黨同志等待了五年之久，才能見到一次全國代表大會的召開，主要的是希望黨中央聽取不同領域、階層的黨員意見。中央和省市的民代平日對政府的施政，已有充分反映意見的機會。在召開全代會時，應讓平日無表達意見機會的基層黨員參與，這才叫做「擴大參與」。若讓中央及省市民意代表列為當然黨代表，除給一般民眾以「保障特權」的惡劣印象之外，根本談不上「擴大參與」，反而是一次縮小層面，減少不同聲音的集會，對黨的民主體制，打了一個大問號。

三、就團結、和諧的氣氛言：將黨籍中央民代、省市議員、縣市長、議長及縣市黨部主委等列爲當然黨代表，固然能使「入圍者」皆大歡喜，但減少基層黨員代表的參與，將使其對中央產生怨懟的心理，勢必影響本黨年底縣市長選舉的成效。同時在所有黨代表當中，很明顯的形成「一黨兩制」。因爲一種黨代表須經選舉產生，另一種則毋須經過選舉而成爲當然黨代表。這種做法，是公平合理嗎？另就當然黨代表的組成分子言，無論黨籍國代、立委、省市議員、縣市長、縣市議長、縣市黨部主委等，都因人多勢衆，對於中央委員，乃至中常委的競選，必將是磨拳擦掌，他們勢必在大會中，或明或暗的一爭高下，這種互不相讓的拚鬥，誰說不會影響黨的團結、和諧氣氛？誰又相信不會影響本黨年底縣市長選舉的成效？

四、就黨意與民意結合言：有人認爲將上述民代與省縣市的從政主官（管）同志列入當然黨代表，對本黨的政綱政策，將得到支持和貫徹；若不讓他們參與，在執行時他們的熱心程度就會不一樣。甚至還有人說：「假如不讓他們參加大會，引起立委和國代的反彈，不但會杯葛正在審查中的中央政府總預算，而且會使明年第三次的修憲工作，不會朝著黨所規劃的方向進行。」如果眞有這樣的黨籍民意代表，請問我們的黨性、黨德、黨紀何在？這顯然不是志同道合的組織，而是利害結合的烏合之衆了。須知，任何一個黨員都有接受黨的任務，服從黨的命令，堅持黨的政策的義務，若因未當上當然黨代表，就不接受黨的政綱、政策，那還夠資格作中國國民黨的黨員嗎？所以黨意和民意結合，不宜以是否爲當然黨代表，或是否出席大會就可認定的。再就現任黨籍中央民意代表，有少數不認同國家，傾向「臺獨」，甚至和民進黨相互呼應的，這樣的黨籍民代，還能把他列為當然黨代表嗎？還談得上是黨意和民意結合嗎？這除了破壞黨的團結，打擊黨員士氣之外，對本黨是沒有半點好處的。

總而言之，今天黨內外為什麼對擴充當然黨代表，有很多很大的反對聲浪呢？除了有如上述各節的負面影響之外，最重要的是黨籍中央民代（國大代表和立法委員）和省、市議員，縣（市）長、縣（市）議長的提名，輔選，原來都是由本黨中央一手主導運作而成的。特別是國代和立委，在競選時都以李主席登輝先生推薦為號召，其中不分區和僑選的國代、立委，更是黨中央一手提拔而成的。如今，這些由黨中央拔擢，或指定的人員，又成為當然黨代表，很明顯的就是增加十四全會的「投票部隊」，將來為李主席投票「護航」，這豈不是黨內「封閉循環」式的政治權力運作嗎？這怎麼不使黨內菁英、忠貞黨員，以及社會公正人士，對本黨的惡質作風，頓足捶胸，揮淚呼天呢？對本黨形象與社會風氣，怎不造成嚴重傷害呢？因此，為了彰顯本黨的民主體制和李主席「天下為公」的理念與領導風格，黨中央應接受各種不同的意見，以溝通化解爭議，以共識促進團結，用普選產生黨代表，做到光明磊落，大公無私，始能贏得全民的尊重。絕對不能只要求有意見者放棄發言，停止聲音，接受黨中央的一切規劃和安排。如果硬要這樣，那就有失民主政黨的風度了。

五月二十八日接許上將五月二十五日覆函，其內容為：「接五月十八日瑤函，承寄來研析資料乙份，拜讀之餘，至佩　卓見。吾兄履艱危之境，識存亡之機，勁節清操數十年如一日，時時以振興黨國為念，事事以團結奮鬥為先，忠義感人，鬼神同泣。吾兄之奉獻於黨國者，實多且大矣。」（按：許上將是我最崇敬的長官之一，稱我為兄，實在愧不敢當。）

貳、發揚「自重、自強、自信、自立」的精神，以贏得勝選

民國八十四年二月十三日出席臺北市黨部黨務顧問座談會發言要點

去年臺北市市長的選舉，候選人黃大洲同志，本是一個品學兼優，實幹苦幹，且著有政績的人選，可是為什麼會落選呢？選民的求變心切，乃是原因之一。而選民之所以求變（也就是希望換人做做看），就是由於黨的領導風格，使黨員及廣大選民感到不滿。

近三年來，有許多跡象顯示，黨始終沒有擺脫金錢和黑道掛鈎的陰霾，甚至沒有嚴守黨的立場，而和主張「臺獨」的民進黨底政策相呼應、結合，模糊了忠貞黨員和中產階級的視線焦點，因而自民國八十一年立法委員選舉開始，選票的流失有每下愈況的趨勢。總裁曾有遺訓：「能自重則為人之所不能輕。能自強則為人之所不能弱。能自信則為人之所不能欺。能自立則為人之所不能困。」最近幾年來，就是因為本黨未能做到「自重」、「自強」、「自信」、「自立」。所以我們的忠貞黨員和我們站在一起的民眾，遠離了本黨而去，這是一種非常危險的趨勢，值得本黨警惕！

為了贏得今年年底立法委員的勝選，謹提出以下幾點意見，供主管部門參考：

一、**謹慎提名**：提名參選的同志，除注意其思想、黨性、品德之外，還應重視其形象、操守、學

歷和表達才能。

二、誠摯純潔：黨絕對不能和財團結爲「利益共同體」，必須面對現實，以壯士斷腕的決心，剷除金錢和黑道兩害，以免黨的本身成爲臺灣的大害。

三、堅持立場：黨必須堅持「反共、反臺獨」的嚴正立場，才能鞏固團結，凝聚向心。目前傳出所謂「中華民國在臺灣」、「現階段的主權分割論」、「放棄大陸領土主權論」、「一中一臺兩個中國論」，都容易使國人的觀念模糊，使黨在思想領導方面，無法給予肯定、立足。儘管李主席登輝先生近來一再宣示「反共」、「反臺獨」的立場不變，可是在行動上沒有展現他的決心，如果能劍及履及，迅速處理民進黨的「臺獨黨綱」，比喊千萬篇「反臺獨」的口號，來得更加有效。

四、對於屬於歷史性的應予尊重，不可抹煞；屬於現實性的應展現智慧，不可意氣用事：諸如「國民黨是外來的政權」、「國民黨只有兩歲」，這都是否定歷史，抹煞事實的說法，很不容易得到黨員同志的諒解，且易造成反感，請切實導正，以利黨的團結。

叁、為民國八十六年縣市長選舉挫敗向黨中央提出檢討建言

——由退除役將官黨員梁恩義將軍等五十人連署提出——

檢討建言之緣起

修憲凍省議案通過後的第一次縣市長選舉，本黨動員之人力、物力和付出之心力，都是空前的，

但選舉的結果僅得八席，所得選票僅百分之四十二點一二，首次低於民進黨，亦即成為「少數黨」。就人口數言，本黨主政之縣市地區，僅百分之二十二，民進黨已逾總人口數的百分之七十（含臺北市）。此一不成比例之數字，顯示民衆對本黨之施政成績，已做了明確的投票選擇。面對此一「慘敗」的局面，本黨中央與李主席登輝先生（以下簡稱主席）應勇敢面對，虛心檢討，認眞改革，以期挽回失去之民心。

我們是一群無任何派系色彩、眞心愛本黨、愛臺灣、赤誠保國衛民的退除役將官黨員，為了贏得明年即將到來之鄉鎮市長、縣市議員、立委和北、高兩直轄市長選舉，與大後年總統選舉的勝利，謹就此次選舉挫敗之主要原因與建議改進事項，一本知無不言，言無不盡之態度，臚陳如后。

敗選之主要原因

一、修憲凍省，構成選戰失敗的主因：

主席在第三次修憲時曾說，那是「最後一次修憲」，可是今年第四次修憲時，主席又對國大黨團幹部提出「重點修憲」，「其他議題可留待日後研處」之指示，亦即未來尙有無數次修憲之必要。修憲大業任憑主席一人反反覆覆的耳提面命，怎不教黨內同志和廣大民衆產生疑慮？尤其此次修憲，民衆目睹中央擴權—把立院「虛」掉（按：總統提名行政院院長人選，毋須經過立法院同意）；地方削權—把臺灣省「凍」掉。再聽主席所提「凍省是為了防止一區兩國」頗値爭議性之話題，怎不教臺省選民憤怒？因而趁此次選舉，用選票發洩其內心之不滿。

二、缺乏「黨內民主」，使黨員離心離德：

近八年來，本黨重要人事之任免，或重大決策之制訂，因未經由「黨內民主」程序，竟不斷演出內鬥的「戲碼」，致使黨員離心離德，甚至造成分崩離析，無法整合之殘破局面，其效應是逼使黨內重臣或菁英出走。今年修憲凍省期間，其所以再度爆發內鬥，亦即由於去年國發會前，缺乏「黨內民主」而引發之「政治悲劇」。這種因沒有「黨內民主」所衍生之不滿情緒，本黨同志只有在選舉時，用神聖之選票，來向本黨及主席表達。

三、黨提名候選人，多違背選民意願：

過去臺北市黃大洲敗於陳水扁，桃園縣方力脩敗於呂秀蓮，此次臺北縣謝深山敗於蘇貞昌，其他凡是主席推薦之人選，全部敗北，足見提名人選都不爲選民認同、接受。另臺中縣和臺南市原本開放競選，卻各准二人報備參選，但因過早宣布重點支持另一修選人，致造成未受支持者之強烈反彈，形成鷸蚌相爭，漁翁得利之結果。因此，對於提名政策，應作深入檢討。而候選人無論在都會或非都會區，均未提出具體有關選民切身利益之政見，亦是選票流失的原因之一。

四、統獨意識模糊，使選民不知所措：

年來本黨主席和民進黨重量級人士如黃信介、許信良、陳水扁等過從較密，修憲凍省議題，亦和民進黨之主張，前後呼應，密切配合；選舉前答英、美報人訪問，昭告「臺灣早已獨立」、「臺灣是主權國家」，嗣後雖經政府發言人解釋，仍未能消除黨內同志與廣大選民之諒解，無怪乎黨內同志存有「不知爲何而戰？爲誰而戰？」之疑慮。又如主席在北縣宣示發放「老人年金」，此本是民進黨行不通之政策，無怪乎選民有「國、民兩黨魚水同池」、「情投意合」之感覺。復如民國八十一年與八十六年，先後提名蔡勝邦、謝深山競選臺北縣長，民調反應均有違民衆意願，但主席堅持不予更改，因此咸認是暗助民進黨執政的做法。另八十三年臺北市長選舉的「棄黃（大洲）保陳（水扁）」，亦認是主席暗助陳水扁當選之舉措。就此更無怪乎外有「李總統登輝先生白天是國民黨主席，夜晚是民進黨執行長」的傳言（按：民進黨人士亦曾公開表述）。因此選票的流失，並非偶然。

五、治安惡化，選民對政府喪失信心：

李總統於第九任總統就職後首次記者會中宣示，整頓治安，要在半年內交出成績單，言猶在耳，劉邦友、彭婉如命案相繼發生，迄今尚未偵破。今年四月白曉燕命案，兇嫌陳進興、林春生、高天民等三人，不但遲遲未被緝獲法辦，抑且到處犯案累累，民衆不僅無法安居樂業，生命財產亦有朝不保夕之虞。選民置身於此一恐怖之生活環境，還會樂意投票支持本黨候選人嗎？

六、內政不修，選民多厭棄貪污腐化：

一個政治清明的政府，每一個公務員，都應做到廉潔自持與有爲有守，一切以國家利益第一、人民福祉爲先。臺灣以往之所以能創造「經濟奇蹟」，也就是因爲能上下一心，甘苦與共。可是現在出現了畸形怪狀，那就是「政商掛勾」，諸如年來耳熟能詳的電玩弊案，與某些工程綁標、圍標，土地開發、重大採購、超額貸款等等不一而足之貪瀆事件，以及揮霍無度的豪飲盛宴，無一不是由於公務人員貪污腐化所造成。至於去年「賀伯」颱風、今年「媼妮」颱風，以及豬隻口蹄疫所帶來慘不忍睹之損失，民衆對政府之信心，更是喪失殆盡，一般選民眼看此等怪異現象，平日本感無奈，可是一到選舉，誰還能控制他們不用選票來發洩內心不滿之情緒？

七、**文宣主題生硬，引不起選民共鳴**：

此次選舉，本黨以推動臺灣（keep moving Taiwan）作爲文宣主軸，生硬難懂，未能結合選民之切身利益，所以也引不起選民的共鳴和關切，而「打扁」近似謾罵，所提「香爐事件」、「路邊尿桶」等低俗文化，均有失我堂堂大黨之風度。文工會主任某同志，語態蠻橫，如同黃婆罵街，有恃無恐，惹人生厭，衍生諸多反效果，選戰失敗，自當難辭其咎。

綜觀上述數端，便可看出此次選戰之慘敗，是臺省同胞對以往奪權、鬥爭、貪污、腐化、無能政治之唾棄，亦即對於「清廉政治」之渴望與企求。

建議改進之事項

一、**重振革命精神**：呼籲全黨同志，爲貫徹「反共、反臺獨」之歷史使命，完成自由、民主、均富之國家統一大業而奮鬥到底！

二、**喚醒革命黨魂**：重整黨的紀綱，對不執行本黨政綱政策及執意違紀參選之黨員，應一律開除黨籍。

三、**建立全黨憂患意識**：面對「臺獨」假民主（選舉）之名，行奪權（執政）之實的陰謀詭計，本黨同志，特別是從政黨員，應共同體認「變天」了，你還能擁抱「大地」嗎（按大地喻爲某人大腿之意）？政權丟了，你還有官位嗎？（現任部長以上的從政主官同志，連總統府的國策顧問、資政，恐怕都無份了）。亡黨亡國之後，我們還有生存的意義和價值嗎？因此，我們應共體時艱，奮起救黨，自救救國！

四、認眞改革黨務：

㈠主席於第四次修憲時曾指示：「今後黨務工作，交由副主席全權處理。」此爲明智之抉擇，蓋主席年事已高，總統之本職工作，已是席不暇暖，宵衣旰食，兼任主席，更是負荷過重。若能實現上述承諾，將黨的政策、人事、組訓……等等實務，均指定一位副主席分勞分憂，主席僅負監督之責，以便集中精力，專司總統本職工作，擘劃國家大政方針。

㈡鞏固團結，增強黨的統合戰力，其具體做法如后：

1.面對當前國家情勢，內有「臺獨」奪權（要求執政），外有中共打壓，請主席開懷大度，要求流失之黨員以及因「反凍省」而受處分之同志歸隊，共赴國難。

2.廣開言路，加強溝通：黨內任何會議，應多鼓勵「說眞話」，做到「心中有事，和盤托出」、「知無不言，言無不盡」、「聞過則喜，聞譽則懼」。惟有「無話不可當面講，無事不能對人言」的溝通，才是促進和諧，加強團結之不二法門。

3.各級從政主官（管）同志，應承擔一切成敗之責，不僅消極的「不爭功諉過」，更應積極做到「賞從下起，罰從上先。」

4.本黨無論研擬、制訂，或執行任何政策，都應本著無私無我，至公至正的愛黨、衛黨精神，一切透過「黨內民主」程序，以討論決定政策，以政策決定人事，以組織（紀律）管理（考核）黨員，絕對禁止黨內有黨，黨內有派。

5.中央政策工作會，不無政策誤導之嫌，早已令人詬病，請立即改組，大量換血，以利團結，重新出發。

6.提升文工會工作效能：

(1)適時訂定文宣主題，協調各種傳播媒體，善用人才、技術，宣導本黨政綱政策，及有關民生建設之重大成效。

(2)平日應加強與各種媒體之聯繫、交誼，俾便掌握社會脈動，改進文宣措施。

(3)遴選文藝人才，成立「口隊伍」、「筆隊伍」，經常報導本黨施政績效。當媒體開放電子、紙上叩應時，應指定各該隊伍成員，進行叩應，展開戰鬥，以便闢邪說，正視聽。

7.強固基層組織，充實幹部員額，照顧生活福利，適時調整服務民衆所需之經費，辦理優秀基層幹部選拔、表揚，並優先拔擢任用，期能激勵士氣。

8.制訂各種公職與民意代表候選人之提名辦法，絕對做到公正、公平、公開。以期加強本黨團結，營造勝選契機，其重要做法如后：

⑴制訂上自總統、下至鄉鎮市長候選人，黨員直接選舉（初選）實施辦法。
⑵制訂中央與地方民意代表黨員直接選舉（初選）實施辦法。
⑶上列各項公職人員黨員初選，各分兩階段實施，即初選成績佔百分之六十，複選（採評鑑制）佔百分之四十。
⑷評鑑人員，遴聘學者專家、社會賢達擔任，以每一選舉年聘請一次為限，不得連任。各級黨工幹部保持中立，以免受人情包圍，影響評鑑之公正性。如查證評鑑人員有欠公正之事實，各權責黨部應立即解聘，永不錄用。
⑸各縣市與各地區應選出之公職人員，應由各該縣市（地區）自行產生候選人，中央單位不准指定、推薦人員參選，亦即不准「空降」，以便加強地方（區）之動員能量。
⑹提名時限：總統提名應在投票日前一年完成。北、高直轄市長應在投票日前九個月完成。縣市長在投票日前半年完成。鄉、鎮、市長須在投票日前三個月完成作業，以便整合選戰力量。對執意違紀參選者，亦能及早處理，以免後患。

9.「言為心聲」、「言忠信，行篤敬」、「一言可以興邦，一言可以喪邦」、「君子一言既出，駟馬難追」，此為我國千古流傳之名言。當今本黨同志與舉國上下，在思想上找不到著力點，甚至意見紛岐，形成互信不立，共信不生，皆源自主席語言表達未盡嚴謹之所致，如「國民黨是外來政權」、「將在有生之年，和平轉移政權」、「奶水論」、「將宋楚瑜同志譬為孫悟空」、選舉前在臺北縣公開宣告「發放老人年金」等等談話，不僅傷害本黨與全國軍民同胞之團結，且影響主席之威信，至深且鉅，恭請主席參考改進。

五、**廣納優秀人才**：拔擢思想忠貞，黨性堅強，學有專精，有爲有守，且孚衆望之宋楚瑜、吳敦義、趙守博、馬英九、吳伯雄、廖正豪、賴英照、王志剛、胡志強同志等，作有計畫之培植。另各級黨部平日應多發掘品學兼優，出類拔萃之大專以上青年，經合法程序吸收爲新黨員，並給予黨務工作歷練，以培育本黨新血輪，亦即主席所求之「培養許多的一枝獨秀。」

六、**擷取經驗教訓，改進選戰策略**：

㈠主席站台助選，外界評爲「黨政不分」、「假公濟私」、「有違行政中立」，造成許多負面影響，即從主席在自己故鄉臺北縣連續三屆縣長選舉站台助選，即可證明。且主席年事已高，記憶力遞減，講話稍欠嚴謹，往往授人以柄。建議主席今後不爲任何候選人站台，以便用具體的行動，向外界證明改革之決心。

㈡對於曾因違紀參選而被開除之黨員，應依法規處理，不應有任何例外。此次苗栗縣縣長之落敗，即不應提名曾被開除黨籍之何智輝，而另開除傅學鵬，引起選民與黨員同志之反彈。

㈢請建議司法機關，對於能提前，亦能延後公布之重大刑案（如臺北縣之土地弊案），勿在競選期間揭發，以免引起在野黨人士誤爲「政治迫害」，產生「危機意識」，陷本黨於不利。

七、請行政院重新訂頒「行政革新」辦法，嚴格約束公務人員之生活行爲，以挽回失去之民心。

八、民進黨所熱衷之「公投入憲」，將在第五次修憲時，強力闖關，本黨爲維護國家之正統與法統，須透過黨團運作，力阻「國家體制」（含國號、國旗、國歌），不准列入公投，以免「臺獨」陰謀得逞。

九、依據國發會之共識，與國、民兩黨之協商，鄉鎮市長選舉，制訂落日條款，明年最後一屆選完後，以立法手段改爲官派。若然，將失去本黨在地方穩固政權賴以發展之基地。因此，立法院修正省縣自治法時，應嚴防民進黨偷渡。

十、建請行政院院長蕭萬長同志，改革應從治安、廉政、經濟、生活品質做起，期能滿足民衆之需求。

十一、針對此次縣市長選舉結果，於八十七年年底凍省後，請繼續任命宋楚瑜同志，爲臺灣省政府主席，藉以彰顯李主席之氣度與本黨之團結。並請行政院凍省執行委員會對凍省步調與精簡幅度，作適當之調整，使省府權責不致因凍省而被大量削減。

我們誠摯的請求

總裁曾訓示：「說一丈，不如行一尺，知之深，不如行之著」。本黨近幾年來，每次選舉落敗，都曾有過檢討，但改進成效不彰，因而選票之流失，每下愈況，至感憂心。此次敗選，從各種傳媒發現，多屬選戰策略與技術層面之檢討，對於黨的政策路線、領導作風，以及施政作爲等項，甚少提及。我們以愛之深、責之切的態度，披肝瀝膽，掬誠檢討建言，旨在請求本黨用「一棒一條痕，一摑一掌血，見得眞切，做得眞切」之精神，與「置之死地而後生」之決心，劍及履及，付諸行動。並懇請主席勿因人廢言之偉大胸襟，察納眞言，則幸甚焉！是否有當，恭請睿察。

這一檢討建言的初稿，先請臺北市松柏網球俱樂部的先進（多係將官黨員）同志審查後，經由五十位將官連絡人梁恩義將軍以電話轉述：「一、檢討建言的語氣必須和藹、親切。二、流失之黨員不必指名道姓。三、勿逼李主席因敗選而下臺。」等三點意見。於審愼修訂後，請鄰居何才判先生（政工幹校三期本科班）用毛筆繕寫竣事，在民國八十六年十二月三十日上午十時，由梁將軍偕同黃子信、陳晝世將軍及本人一同前往本黨中央委員會，面交章秘書長孝嚴同志，並承親切接待。在各自表述意見時，梁將軍先說明這一檢討建言的緣起、撰寫經過，請章秘書長必須轉呈李主席，以滿足連署人員的心願。陳晝世將軍以憂國憂民的心情，陳述民國八十九年的總統大選，如果像此次縣市長選舉落敗的情形一樣，總統府的主人若換爲民進黨黨員進駐，則國家的前途將何堪設想？黃子信將軍首先介紹他自己是江西贛南人，並說明他和章秘書長的胞弟孝慈先生是摯友，且把他和孝慈先生生前的合影照片，顯示出來。接著說明「黨和民衆站在一起的意義及其重要性，黨是黨員的第二家庭，黨應隨時歡迎黨員同志回到家來，惟有使黨員對黨有了信心，黨才能產生力量，選舉也才能贏得勝利。這次李主席請秘書長來承擔黨務工作的重責大任，意義非凡；成功了，將是人家的功勞，如果不幸失敗了，責任將落在秘書長的肩上，務請愼重將事。」最後輪到我發言時，本來表明「書面資料請秘書長自行參閱，我用口頭補充幾點意見。」可是章秘書長說：「書面資料是你主筆，請先摘要說明。」在我未摘要說明書面資料前，我開始就說：「當寫作這一檢討建言時，曾有數位老長官和先進同志勸我不要寫，以免浪費精力，因爲章秘書長不會轉給李主席的。我說章秘書長是腳踏實地、勇於任事的人，怎麼會不給轉呢？」章秘書長聽了我這番話時，立即答說：「明天（三十一日）中常會時，我就會轉呈給李主席的。」時隔三天，我請問三十日當天坐在現場（我的左後方）聆聽檢討建言的組工會副主任（後任秘書處主任）彭文正同志（民國六十四年我在嘉義中莊前陸軍九十二師政戰部任主任時，彭同志任嘉義縣黨部書記，因公務協調密切，可說是老朋友。），據告「這一檢討建言的正本，確由章秘書長於十二月三十一日在中常會的會議席上轉呈給李主席登輝先生。」另影印的六個副本，除經由章秘書長交組工會在三十一日中常會時分呈連戰、李元簇、俞國華、邱創煥等四位副主席外，其餘則由梁恩義將軍與作者本人分別於十二月三十日下午親自送交行政院蕭院長萬長同志辦公室，八十七年元月七日送交考試院院長許水德同志親收。爲求節省篇幅起見，連署的五十位將官黨員（計中將潘光遠等四員，少將梁恩義等四十六員）姓名與電話號碼未及備載。

肆、建議黨中央請推薦連戰與宋楚瑜同志搭配參選第十任總統、副總統候選人（提案）

案由：請李主席登輝先生推薦連戰與宋楚瑜同志（以下簡稱連、宋）爲第十任總統、副總統本黨候選人，期以鞏固黨的團結，營造勝選契機案。

說明：

一、邇來有關單位針對明（八十九）年總統大選所作之民意調查，均以宋楚瑜、陳水扁、連戰、許信良的先後次序居多，但本黨中央對此似乎漠不關心，而連副主席也似乎視若無睹，且曾發表「從來沒有一個總統靠副總統來選上的」談話。此種情勢，使熱愛本黨的同志至爲憂心。

二、尤有甚者，本黨中央與「擁連」「排宋」的黨工幹部和先進同志，面對宋的民調支持度居高不平，即對宋採取打壓措施，或謂宋在黨內已無顯赫力量，或以黨紀、黨德，暗示宋不應脫黨參選，或謂宋缺乏政黨支持，絕對不會當選。而宋及其支持者反彈聲中，在各地紛紛成立「宋楚瑜工作室」。此種跡象，顯示本黨又一次分裂的政治鬥爭，即將引爆，其後果可能也是繼「棄黃保陳」之後另一次「棄連保扁」的結局。若果如此，則本黨前途與國脈民命將何堪設想？

辦法：請李主席登輝先生爲本黨團結與勝選爲出發點，提名連戰與宋楚瑜同志，搭配參選第十任總統、副總統本黨候選人，俾使本黨繼續執政，中華民國亦能永續生存。

上述提案定稿後，承蒙孫延昌、袁廷濟、胡升堂、梁恩義、陳畫世、劉學敏、謝榕礎、劉迪忠、胡紹康、施振鐸、張兆鈞、潘光遠、沈振寰、陸少俠、王九如、韓龍光、韓炯等（按連署人之先後次序排列）十七位先進同志連署，於民國八十八年四月十五日以快遞郵件寄給本黨中央評議委員潘禮門同志。並於同日十二時十分，以電話通知潘同志，務請於四月十六日本黨召開第十五屆中央評議委員與中央委員聯席座談會時提出。

伍、為贏得中華民國第十任總統勝選，向國民黨中央提出書面建言

由國軍退除役將官黨員梁恩義將軍等一二〇人連署

我國第十任總統大選即將到來，其勝敗攸關本黨前途與國家存亡至鉅。爲了保證勝選，謹提出下列數則建言：

一、認眞闢謠：對外傳李主席打宋（楚瑜）助陳（水扁），以達和平轉移政權之謠言，請隨時予以澄清，以免影響本黨團結。

二、順應民意：依據民意調查與我們親身接觸的基層民衆，都認爲連副主席與宋楚瑜同志（以下簡稱連、宋）搭配參選總統、副總統，必可穩操勝算。否則，將兩敗俱傷，陳水扁得利。

三、鞏固團結：其具體作法爲：

㈠請黨中央與先進同志，勿再發表批判，打壓宋同志的任何言詞。

㈡請章秘書長主動會晤宋，懇切商談，爭取合作。若宋堅持自行參選，則請主席、連副主席以黨的團結、勝選爲出發點，分別約見宋，曉以大義，誠摯慰留。在仁至義盡，仍無轉圜餘地時，至少可得本黨同志與民衆的諒解。若主席、副主席及秘書長均漠不關心，任由宋脫黨參選，將加深本黨同志與民衆對本黨的怨懟與指責，勢必陷連副主席於不利。如因此而使本黨失去政權，將何以面對總理、總裁與蔣故主席經國先生在天之靈？

我們是一群無任何派系色彩，眞心愛本黨，爲愛臺灣曾經流過血汗，且年逾古稀的「新臺灣人」，無任何名利可求，只盼本黨繼續執政，讓我們的子孫能享受幸福安康的生活。對於爲騙取選票，突然宣布「認同中華民國，強調國家安全」的政客，毫無信心。忠誠建言，恭請睿察。

這一書面建言，經本黨退除役將官黨員一二〇人，計中將潘光遠等十七員，少將梁恩義等一〇三員連署，於民國八十八年五月十七日，由梁恩義將軍親自送交本黨中央委員會。嗣獲章秘書長孝嚴同志六月一日函覆，略以：「囑爲代轉五月一日呈主席『勝選建言書』，藉譜先進同志關心總統大選，惠提意見，至佩宏識。所提各節，當引爲思考之參據。」

綜觀上述肆、伍項，無論是書面建言，或是提案，都希望由連戰同志與宋楚瑜同志（通稱連、宋配）搭配，代表本黨參選中華民國第十任總統、副總統，期能鞏固團結，營造勝選契機，使本黨能繼續執政。但當時的黨主席李登輝先生，爲了滿足其「和平轉移政權」的心願，對我們這些忠心愛黨，公忠體國的意見，既無檢討改進的誠意，也無接受建言的雅量，始終是一意孤行，拒絕接受連、宋搭配，且對總統、副總統（連戰與蕭萬長）候選人，堅持在黨內不民主的程序中（即不接受黨員直接選舉）完成提名，逼使宋楚瑜獨立參選，造成黨的分裂。且李登輝不計個人毀譽與本黨之成敗得失，採取棄連（戰）保扁（陳水扁）的選戰策略，推動李遠哲、許文龍等人爲陳水扁助陣。迨至民國八十九年三月十八日開票結果，陳水扁得四、九七七、七三七票，得票率爲百分之三十九點三；宋楚瑜得四、六六四、九三二票，得票率爲百分之三十六點八四；連戰僅得二、九二五、五一三票，得票率爲百分之二十三點一，使本黨在選民的裁判中，輸掉了在臺灣維持五十五年的執政權，也就是李登輝犧牲了連戰，成就了陳水扁鐵證如山的事實。這樣的結果，使支持連戰或支持宋楚瑜的黨員同志，從選舉揭曉的當天傍晚開始，採接力方式輪流衝向中央黨部抗議，高喊「李登輝下臺！」以發洩心中的憤怒與不滿，至三月二十五日，李登輝終於在黨員和民衆的抗議聲中黯然下臺了。這不只是李登輝臉面無光，也使全黨同志和全體國人感慨萬千，更使為著支持「連、宋配」而連署的一百餘名退除役將官黨員百感交集。

第二十三章　香港會親多感慨

我已體驗到，相隔數十年的大陸親屬，除了貪圖利益之外，是沒有什麼親情可說的。

從民國三十八年離開故鄉來到臺灣之後，因海峽兩岸隔絕，不祇是未能返鄉探親，連書信往來，也被嚴格禁止，這是古今中外所罕見的。民國七十三年三月，參加茶陵同鄉陳高明先生的葬禮時，承鍾政寬學長將四姑長女段而學輾轉寄來的通訊地址傳遞給我，因受法令限制，不敢貿然寫信連絡。直到民國七十六年退伍後，趁茶陵縣籍國民大會第一屆代表劉柔遠將軍伉儷，赴美國探親之便，帶著信件由美國寄往大陸，不久接獲而學七月三十一日的回信，始知我　父母、大姐與姐夫段仁讓先生、弟媳段翠嬌（四姑的次女）等都已先後辭世，噩耗傳來，哀痛不已。再和胞弟依仁取得了連繫，並證實了　父母辭世的確切時間，於同年十二月十三日（農曆十月二十三日），也就是父親辭世十二週年的當天，我和在臺的家屬，假自宅的佛壇前，敬上香燭、貢奉鮮花、素饌，跪在　父母的畫像前，念誦地藏菩薩本願經（上中下卷合訂本）一個整天，以表達對　父母大人的追思。

民國七十六年十一月二日，政府基於人道考量，開放大陸探親，因在軍友社臺北縣軍人服務站工作，不便請假返鄉，特約胞妹運蘭、胞弟依仁，於民國七十七年（西元一九八八年）十二月三十一日至七十八年一月六日，一同到香港會親一週。段而學表妹聞訊，也希望來香港會晤，因非直系血親，格於規定無法如願，乃約定於民國七十八年一月六日，當我送運蘭、依仁回茶陵，經深圳車站出站時，就在深圳見見面，以滿足其心願。

當一切準備工作就緒後，我和內子與定輝準時搭乘新加坡航空公司的班機，於三十一日十一時許順利抵達香港啓德機場，下機後僱用計程車開往九龍尖沙咀加拿芬道十號B3三樓嘉芬大廈C棟。這是臺商張婉薇女士的住宅，當我們放下行李時，張女士就告訴我說，胞弟依仁早在昨（三十）日清晨，即已到達，現在樓下等著，我們一行立即下樓，發現蹲在騎樓牆邊的那個身穿草黃色上衣，腳穿白色破舊膠鞋的中年男子，就是四十年來未曾見面的胞弟依仁，臉色赤青，身材瘦弱，一看就有著病態的模樣。兄弟相見，雖然沒有痛哭流涕，卻彼此都有無限的感嘆。當我們上樓以後，張女士即引導我們一行進入我所租賃的九龍通州街二十八號頌賢花園一座八樓C室。這是一幢電梯大廈，具有嚴密的安全設施，大門配備著密碼對號鎖，每星期更換號碼一次，外人不容易闖入，客廳、臥房、廚廁一應俱全，而且還有現代化的家飾、器俱，讓運蘭、依仁能眞正體會生活的品味，也是我當年安排香港會親的用意之一。

當一切安頓妥當之後，我便詢問依仁爲什麼沒按我的意思，陪同不識字的運蘭一同來港？依仁直截了當地回答說：「運蘭姐倆夫婦一向對我不好，而且又不順路，所以沒有陪她一同來。」從這些話當中，便可了解他和運蘭的心結是很深的。我聽到以後，心裡便有些不悅，而且很著急，因為運蘭第一次遠離家門，從深圳（妹夫劉玉林送她到深圳，並在深圳等候運蘭一同返回安仁）乘火車來香港，迷路是極有可能的事。

一月一日用罷早餐後，輝兒陪他媽媽出去逛街，我跟依仁待在住處等候運蘭一個整天，直到下午五時仍舊沒有音訊，內心非常焦慮。在閒談中問起　父母晚年的生活情形和家庭的境遇時，依仁將我所問的幾個問題，都和盤托出，千言萬語，只用一個「慘」字便可概括一切。尤其提起「文化大革命」時期，因　父親對於我的行蹤回答不出來，曾遭受中共殘酷的鬥爭，用繩索把老人家吊掛在空中，加以鞭撻，致右手拇指被吊斷，當依仁將綠色絨布包裝的那個被繩索吊斷的乾枯拇指，拿出來給我看的時候，不禁悲從中來，痛哭失聲。當時我便告訴依仁，這就是中共失去人性，殘害善良百姓鐵一般的事實，也是我當年離開故鄉，追隨政府來到臺灣，誓死反共的主要原因。

時間一分一秒的過去，接近晚餐時刻，我偕依仁外出用餐完畢，原擬從另一條街道返回住處，可是走了幾步之後，又折迴以往經常走過的那條街道，就在前面十字路口，發現一個中年婦女，由兩位青年男女（按：是九龍車站的職員）帶著向陌生人在問路，我正在懷疑中，依仁抬頭一看，原來就是運蘭。她和依仁跟我見面時所不同的，就是哭泣開來，當然這是喜極而淚的自然表情。接著我和依仁帶她進入住處，休息片刻後，一同前往餐廳用膳。沒多久內子偕輝兒也同時來到餐廳和運蘭會晤，這就是當年香港會親的情景。

是日深夜，靜坐沉思，不禁想起　父母辭世多年，我們這些兒女數十年未曾謀面，如今還能在海外相見，冥冥之中似乎有著庇佑的意思，假若我和依仁在當天晚餐後，不折回由平日所走的那條街道返回住處，怎麼說也不可能遇見運蘭。這樣，在時近黃昏，日將西沉，運蘭身無分文，食宿無著的情況下，很可能會被當地警察帶往收容所，或被遣返深圳，所以我要感念　父母的庇佑，使我們能如願以償的在香港會面。

一月一日夜晚，我和內子把帶去的兩袋衣物和禮品，分送給運蘭和依仁，並按照他倆家的人口數量，凡男性贈送金戒子一個，女性金耳鐶一雙，還有其他禮物，如洋傘、毛襪、絲巾、香皀禮盒等。內子於分贈各種禮物之後，又將她自己佩戴的一條很重的金項鍊，取下來套掛在運蘭的頸上，並分送男、女自動手錶各一塊（含妹夫劉玉林的一塊）。這些東西雖然不很貴重，但這是運蘭和依仁生平所僅見的，照理講應該是相當滿意的。可是，運蘭對於所分配到的衣物，並不感到滿意，立即向她大嫂叫嚷，說她所得的衣物不及依仁的多，卻不曾想到她所得的金飾，不知超過依仁的好多倍。她那種嫌少不怕多的貪心，我和內子當時就有著無奈的感觸。

我和家人在香港停留了一個星期，在那些日子裡，每天都安排了活動的行程。除了引導運蘭、依仁參觀市政中心、動、植物園、時代廣場、金鐘太古廣場、中環、上環等地以外，還遊覽過胡文虎公園、海洋公園，讓他們的眼界爲之大開，特別是在海洋公園，觀賞高台跳水，海洋動物的精彩表演，使長年住在內陸的農村，未曾見過世面的運蘭和依仁，無不嘖嘖稱奇，捧腹大笑。

一月五日，我們一同去銅鑼灣一家百貨商場，選購了一些冬裝和家電用品，分贈運蘭二十一吋彩色電視機乙台，依仁要我送他二十吋與十八吋的彩色電視機各一台，我問他爲什麼需要兩台呢？他說一台供自家使用，另一台帶回家鄉去拍賣，將所得人民幣約四至五千元，作爲經營農業肥料的資金。按中共當年的規定，每人每次可帶免稅家電五件，攜帶兩件並未違規，所以我同意了他的要求。在付完價款之後，商場經理開出了提貨單，要運蘭、依仁去廣州提貨。這時候我向她倆姐弟公開說明，給了依仁兩台電視機，就不另外給美金，運蘭祇得一台電視機，我要另給美金二佰元，我這種處理方式，立即得到她倆姐弟的同意。

那天下午，我們一行又去商場選購了一些禦寒的衣物，運蘭除了給自己選購需要的以外，還替她丈夫買了夾克。可是爲了要買雙適合玉林能穿的皮鞋，走遍了兩條街道，仍舊沒有買到，到了華燈初上，亟須趕回住所用餐時，運蘭覺得有點失望。我對於她那種「意猶未盡」的想法和做法，只是礙於情面，不便加以指責罷了。

一月六日清晨，爲了送運蘭、依仁趕搭火車去深圳踏上歸途，我們一行在住所用完了早點，旋從旺角搭乘計程車到九龍，再由九龍總站乘廣九鐵路的火車，於十一時許抵達羅湖車站。下車後，在人海茫茫中找不到運蘭，使我焦急起來，內子說運蘭出站以後，很可能見到了玉林而先離開車站了。我依循這一假定和內子等一行同時出站，當我們走到深圳市區的街頭時，果眞發現運蘭夫婦和段儒（段而學之子）佇立在路旁等待我們到來，這時候我有著如釋重負的感覺。

在高興的時刻，由段儒陪同我們去他同學家會晤四十年不曾見過面的而學，首先感謝她到處尋找我的行蹤，並在七年以前將她自己的通訊地址傳遞給我，使我和老家的親屬能夠取得聯絡，再就是感激四姑當年賜予我的照顧和鼓勵。接著把我準備好的美金二佰元、金戒子、耳鐶、手錶、絲巾等禮物，分送給她倆母子。

當我把這些見面的禮數處理完畢之後，大夥兒高高興興地前往「桂園賓館」去用餐，正好是八人共桌，在溫馨的氣氛中，暢談了一些家鄉的往事和親屬的現況。並對依仁罹患急性肝炎表示關心，希望他返家後儘快治療。用餐完畢，就在賓館的前院，拍攝了許多值得留念的照片。因爲時針已走到下午三點了，大家在相互祝福與互道珍重聲中，畫下了這次千山萬水來港會親的句點。

香港會親，原本是一件富有意義，而且值得回憶的事情，可是自依仁返回家鄉之後，連續發生了幾件掃興，而且很不幸的事件：

七十八年（西元一九八九年）三月二十二日，接獲依仁三月九日的來信，謂自香港返家後，肝病惡化，若是不治，請照顧雙目失明的柏雨（即依仁的獨子）。並告知我所贈送的十八吋電視機，到廣州提貨時，即被段儒以人民幣一、五〇〇元強迫賣出，在拒絕交付時，還說這是我要送給他的。消息傳來，使我感到非常驚訝，因爲在深圳和他母子倆會晤時，從沒有談到送段儒電視機的事情，這完全是空穴來風，莫名其妙。

同年八月二十二日，接獲侄女聰秀（依仁的長女）八月九日的來信，謂乃父依仁因肝病不治，已於八月一日（農曆六月三十日）去世。復據聰秀十月二十六日（農曆九月二十七日）的來信，謂她的姑父、姑母對她們這些晚輩，從來沒有照顧，和她父親也沒有來往，她父親住院直到臨終期間，也沒有到醫院來見過一面。因此，她父親去世之後，柏雨當然不願去她姑母家安養。至於乃父之所以不治，原來是她姨母段而學（按：依仁的妻子就是段而學的胞妹，也是我四姑的次女）於詐取他父親的金錢，延請巫醫用符咒治病，延誤送醫的結果。以上種種，無不使我痛心疾首，也使我悔不當初，如不邀約而學及其兒子來深圳會晤，怎會連續發生受騙上當的事情呢？因此，我深深地覺悟到，今日的大陸親屬，除了用詐欺的手法，意圖取得利益與金錢之外，是沒有什麼親情可言的。

第二十四章　老年返鄉終償宿願

物換星移，我對於故鄉的現況，確實有著江山依舊，人事皆非的感觸。

自政府於民國七十六年十一月二日，開放大陸探親以來，我從民國八十一年九月至八十八年九月，曾先後返回故居三次，每次都有計畫的重點工作，而這些重點工作，也都和內子先行研商，於獲得共識之後，才去進行的，現將前後三次返鄉的實況分誌如后：

第一次返鄉：舉行報本法會

民國八十一年七月十九日，經與曾照明鄉長和雷芳藻鄉長研商，定於同年秋返茶陵探親，從此便著手各項準備工作，除將行程及為　先父、先母舉行報本法會，事先通知胞妹運蘭夫婦和宗弟喬生之外，並預訂機票，辦妥了一切證照。

九月十五日凌晨，按照計畫偕內子搭乘國泰航空公司的班機，從桃園中正國際機場飛往香港，轉搭廣九鐵路的火車到廣州，換乘粵漢鐵路的火車，於翌日凌晨五時許抵達株州，再轉由湘東鐵路開往茶陵的火車，於十六日十二時許，順利到達闊別長達四十三年之久的茶陵縣城。承曾照明先生的外甥女婿段祖恩先生和雷芳藻先生的胞弟雷芳文先生所安排的交通工具，將我們送往芳文先生坐落於名叫「三公里」的新居。

芳文先生也是我幼年時期認識的朋友，待人誠懇、親切，因爲他早就知道我們返鄉探親期間，將居住在他家中，所以備妥了新的床鋪和寢具，他那股熱情，眞使我和內子永難忘記。

十七日晨，租用了二輛吉普車。祖恩先生精明練達，爲了維護安全，還請了一位現職公安幹部，身著制服，佩帶手槍替我開車，並承照明、芳藻兄嫂一同作伴，和我倆夫婦一同返回故居—楊柳村石尙組潭山沖，這幾位好友的眞誠，使我和內子感到極爲愉快、溫馨。

吉普車在通往炎陵縣（原酃縣）的柏油路上奔馳著，眼望著沿途的村莊和橋樑，覺得似乎跟我幼年時期所走的道路，有著不同的景觀。車輛經由「餘里」右轉，越過山丘，快要到達故居潭山沖不遠的一條田野路上，因司機路況不熟，車的左前輪滑入稻田的泥淖中，在進退兩難的時刻，幸被郭村的鄰居發現，他們立即趕來救援，把車頭抬上路面。這時候在人叢中出現了一位年近八十歲的老先生，突然問起我青少年時期的名字，你是不是志道？我立刻回答是的，這位老先生的淚水，瞬間奪眶而出，並向我說明他就是郭談仔。這時我立即緊握著他那粗糙而熱情的手，內心感到格外的親切、愉快；因爲他就是早年（民國三十四、五年）在我家建造房屋時，幫忙做木工的郭叔叔。料想不到還能見到跟家父年歲相差不太大的長輩，心裡怎不感到高興呢？

家鄉的田野道路狹窄，汽車行駛極爲不便。爲避免車輛再度滑入泥淖，招來不必要的困擾，於是把車子停放在郭村前面的一處空地上，大夥兒徒步到我的故居。當快要進入家門時，一串萬響的鞭炮響徹雲霄，許多親友都出來熱情的歡迎我們，在家鄉來說，眞是盛況空前。

約九時半，準備妥當的佛事立即鳴鼓啓經，廳堂內外，掛滿了許多神像。我爲了感激　父母對於我的恩賜，寫了一副楹聯張貼在大門的左右，上聯爲「劬勞掬育廿餘年，耳提面命，舊事數從頭，感激深恩寧有盡。」下聯爲「人絕路殊四十秋，朝思夕念，今日俱往矣，緬懷遺範不勝悲。」

當佛事開始，一時鑼鼓鐘鈸齊鳴，爲沉靜多年的獨立家屋，平添了一番熱鬧，也吸引了許多鄰居前來圍觀。我和內子首先上香祭祖，並在我　父母的牌位跪拜行禮，然後到我祖父、父親、母親、祖母的墓前，依路程遠近的順序，一一祭掃，並在　父母的墓園恭讀祭文，誠摯表達對先嚴、先慈的追思和感恩之意。（祭文如附錄一）

佛事從十七日至十九日連續舉行三天，請段永德法師等八人共同主持誦經超度，並乞求佑我子孫平安，至十九日（農曆八月二十三日）下午爲　先嚴先慈獻上朝服、冥篔、華屋各兩幢，以盡孝思。

在舉行佛事期間，所有親戚，無論路程遠近，莫不扶老攜幼，全部趕到，有些親戚甚至攜帶草席、蚊帳等寢具來作客的，這種罕見的作客方式，至今我仍舊念念不忘。有的親戚從佛事的先一天，也就是九月十六日來到，所以自九月十六日至二十日散廚爲止，一日三餐，總共開了八十八桌次，全部開銷計人民幣四、二五四元七角。

物換星移，我深深地感覺到家鄉的江山依舊，但人事皆非。四十多年來許多料想不到的事情，竟在第一次返鄉探親時，浮現在自己的眼前，使我有著情何以堪的感受。

十七日清晨自茶陵縣城出發前，即考慮到老家的房屋，自民國三十五年建造迄今，因年久失修，難免會有倒塌之虞，為了維護祖產的完整，曾請芳藻兄從事建築業的外甥，一同到我老家去勘察，無論是整修或改建，應在那次探親期間，作個明確的決定，所以當我抵達老家時，即交代入贅的侄婿黃順清，將房屋的現況，向芳藻兄的外甥詳加說明，等我掃墓歸來後，正在瞭解勘察結果，並討論是否改建問題時，坐在我背後的表侄首先以威脅的語氣提出：「這幢房子無論整修或改建，都須由本村村民承包，如果由外地人士包辦，將阻止其把建材運來。」沒多久我進入室內，忽然聽見我的外甥女也對我提出：「舅舅，房子改建，若是由外地人來做，她也要抗議，應由她從事建築工程的丈夫承建。」我和芳藻兄聽到這些聲音之後，感到非常驚訝，但都沒有表示任何意見，從此就決定不再考慮、討論重建的問題了。

十九日中午的會餐，席開二十桌，與宴的遠親近鄰，大家都感到溫馨而愉快，桌上的菜餚，都被吃得光光的，這本來是一場很富意義的餐會，可是餐後當我和內子進入室內一一分贈親戚的禮物時，按照預定計畫，凡男性的送金戒子一個，女性的贈金耳環一對，當我分贈二姑幾個孫子和孫媳的禮物時，那位長孫媳的丈夫，因為不是我姑父母的孫子（按：姑父母的長孫早已去世）所以沒有送他的金戒指，未料被長孫媳的親生子發覺，立刻向我提出「抗議」，當時他那種不滿意的表情，全部寫在他的臉上。使我不得不向他解釋：「你的繼父不是你祖父母的孫子，這是千眞萬確的事實，照道理是不應該送給他的，現在你既然來替他爭取，看在你祖父母的情面上，我同意發給他一個。」他聽見我這麼解釋，再也不好意思表示任何意見了。

那天下午分送親戚的禮物時，爲了避免非屬至親的客人看見有所不便，所以一個一個的依序請他們進入室內，並把房門關了起來，可是沒有想到，竟有一些好奇的客人，爬在屋後的窗戶上偷窺分贈禮物的情形，猜想可能是在打聽贈送些什麼禮物？或有無厚此薄彼的情事？這種罕見的現象，在教育普及，文化水準較高，及民衆生活富裕的國家，是不容易見到的。而發現在今日貧窮、落後的故鄉，覺得眞有點怪怪的。

十九日是舉行法會的最後一天，由於農村的道路窄狹，行車不便，我偕照明、芳藻兄嫂從「餘里」到石尙故居，步行約四十分鐘之久，因天氣炎熱，大家都覺得有些吃不消。當天下午五時許返回茶陵縣城時，爲減少大家的途勞，特請二姑排行第三的孫兒，以人民幣二十元租用一輛耕耘機（三輪車），送我們一行六人到楊柳國民小學，轉乘由段祖恩先生率同駕駛開來的吉普車，這也是生平第一次所乘的交通工具，頗感新鮮有趣。當大家坐在車上，聽到「的答！的答」底馬達聲響，眼看著沿途村莊跑出來看熱鬧的男女老幼，我們感受到如同坐、立在「花車上」遊行，參加嘉年華會一般的風采。事後得知，我們所乘的那輛「鐵牛」車，是屬於表侄私有的搬運車，因爲不好意思向我這個表叔收費，只好說是向別人租來的，說起來眞是可憐又復可笑。

四十多年來，偕同老伴不辭辛苦返回故鄉，除了祭祖、掃墓，聊表孝思之外，對於「探親」，實在體會不出什麼品味來。若是朗讀唐代詩人賀知章所作「少小離家老大回，鄉音無改鬢毛衰，兒童相見不相識，笑問客從何處來」的詩句，反而增加了不少的感嘆！因爲四十歲以下的鄉親都不相識了。

不過，那是我土生土長的地方，也有我先人靈骨埋葬的處所，如果計較於少數私心自用的窮親戚，說了幾句不通情理的話，就斷絕這條來路，那也就有點反應過度了。何況還有許多的事情亟待處理，所以必須展現寬宏的氣度，體諒那幾位信口開河的親屬，以便完成我想要做的幾件重大事情。

第二次返鄉：瞭解為雙目失明的侄兒柏雨購屋及替先人修墓的實況

幫助侄兒完成學業，使其習得謀生技能，並替他購置房屋，以免老年陷於流浪，已在本書第二章提過（詳本書第十一頁）。但房屋付給定金已逾兩年，究竟有無著落？再加上民國八十四年秋，委請宗弟燦文（已於民國八十八年三月辭世）爲　先祖父母、父母、嬸母，以及胞弟依仁夫婦等修墓的事情，據燦文之子德明來信告知，業於民國八十五年清明節前竣工。爲了實地瞭解這兩項工程的情況，於同年九月二十日八時五十分，搭乘國泰航空公司班機，經香港轉往南京，住宿於古南都大飯店，在當地遊覽過中山陵、明孝陵、秦淮河、靈谷寺、前中華民國總統府、玄武湖、長江大橋、莫愁湖、雨花臺、夫子廟、中華門、鼓樓、太平天國博物館，以及新街口等觀光景點。因是第一次到南京，確有著不虛此行的感觸。九月二十三日乘南方航空公司的班機飛往長沙，到達黃花機場時，承段醫師祖恩先生來接，租車駛抵距長沙車站僅咫尺的民航大酒店住宿，當行止定位後，電話邀請韓微女士帶領柏雨同來酒店聚晤，並同進晚餐，因感覺有點疲倦，當韓女士回家，約九時過後，房間常有電話鈴聲響起，都是外面的小姐洽詢「是否需要按摩？」猜想那都是找男士賺錢的「流鶯」，可是都找錯了對象，當我接電話感到有點不耐煩時，便直接了斷地把聽筒和話機分離，安靜的入睡了。

九月二十四日用完早餐之後，偕祖恩、柏雨等一行，乘八時半的直達快車，於當天下午一時許順利到達茶陵，住於預訂的雲陽賓館，這是縣人民政府的招待所，設備極為簡樸，但無安全顧慮。二十五、六兩天，受託勘察旅臺茶陵同鄉會會館的建築用地，雖有多處頗覺適當，但受同鄉會的經費限制而作罷。

二十七日（中秋節）上午八時，我和芳藻兄、祖恩、積蕚、輝燦等一行，租用吉普車二輛，駛回楊柳村的故居，因先一天夜晚降雨，道路有些泥濘，車輛行駛在一處山坡路時，因車輛打滑，我們只得下車，用力推著車子上坡，當車輛駛至「坦下」，那就是我二姑家的村莊，因稻田的路邊較寬，惟恐前行的道路窄狹，擷取上次回故居時，車輪滑入稻田的教訓，便把二輛吉普車停泊在路邊，大夥徒步約十分鐘，抵達老家，雖然認識的親屬不多，但是到場歡迎的人潮依舊擁擠，鞭炮聲響徹雲霄，使沉靜多年的石倘村，頓時又熱鬧滾滾。當我把帶回去的禮物，分贈各有關的親屬之後，立即前往先祖父母和我父母的墓園，一一祭掃，時近下午一時，掃墓完畢，即和親屬、宗族人等一起會餐，席開六桌，座無虛席，因為妹夫玉林和胞妹運蘭對餐飲的各項準備工作，都很充分，菜餚也極豐盛，席間處處充滿著歡笑的氣氛，至下午三時半，在賓主盡歡之餘，我們一行在鞭炮歡送聲中，踏上了歸途。

這是我第二次返鄉探親、祭祖的日子，因爲計畫週詳，行程都很順利，眼看著在茶陵爲侄兒柏雨所購置的房屋，有了著落，且已蓋到三樓屋頂，使我不再爲這件事而操心了。不過對於宗弟燦文委由乃兒德明代爲先人所修建的墓園，因有明顯的偷工減料情形，使我心裡有些不悅。按照燦文原列修墓經費計人民幣六千餘元，於匯款後延誤半年之久未見興土，經催促後，增匯人民幣九仟餘元，開工後第二次增匯一萬二千餘元，迄至竣工，第三次又增匯一萬七千一百元。經費一次又一次的增加，可是當我到達現場一看，德明侄雖然在勞怨不辭的情況下達成了任務，然而，我嬸母及胞弟依仁與弟媳翠嬌的三具墓道，都沒有照我原來計畫「砌磚」的方式去興建，只是各用水泥鋪蓋一下，再加上我先父、母墓地拜堂的地基工程都沒做好，且有部份紅磚沒有鋪蓋水泥。這種種虛應故事的情形，基於情面關係，當時我並沒有予以責備，只是把我原先在信函中應允補助德明購買機車的款項予以保留，改送一個金戒指作爲紀念品罷了。從這裡概可瞭解，委託故鄉誠信不可靠的鄉親辦事，如果不親自在場監督，是絕對不會落實的，也就是花了錢也得不到效果的，這就是我第二次返鄉探親的感受。

第三次：紀念先父百歲誕辰，並辦理房屋贈與雙目失明的侄兒柏雨的公證手續

時光的巨輪永恒地向前奔馳，自民國八十五年九月第二次返鄉探親之後，又有三年沒回故居了。民國八十八年八月八日，偕內兄孟和搭乘長榮航空公司班機，經澳門轉搭上海航空公司的班機，飛往

上海虹橋機場，原定於下午二時五十分抵達，嗣因該機場有架飛機衝出跑道而關閉，使我們搭乘的那架飛機轉飛杭州，停留四個多小時，始飛回虹橋。承東苑房產公司派車接我們到江蘇省吳縣市，用直鎮渡假村，當車輛抵達時，已是夜晚八時二十六分了。

我和內兄在渡假村住了一個月另八天，於九月十七日十二時二二分，同乘直達快車從上海開往長沙，爲了避免長途行駛所帶來的疲勞，特別感謝東苑房產公司徐主任昌政先生代我們預購軟臥下鋪的車票，我和內兄因是第一次乘坐，所以旅途感到非常愉快。十八日上午七時二十分抵達長沙車站時，蒙尹物文學長的內侄譚凱先生來車站接我們住進民航大酒店，雖然待在火車上熬了十九個多小時，可是都不覺得疲憊。休息一天過後，於十九日八時半，從長沙搭乘直達快車，於當天下午一時許抵達茶陵，承段醫師祖恩租車，並偕侄兒柏雨、侄媳華英、侄孫女楊揚等來車站迎接。大家親切地見了面之後，段醫師帶我們進入雲陽賓館，也就是我第二次返鄉探親時所住的地方，因早已完成改建，各項設備都有耳目一新之感。當晚就在館內的餐廳宴請前湖南省立二中同學向仲茂、前文江中心小學同學彭志堯和段醫師祖恩、宗弟輝燦、表弟段積薦（曾任茶陵人代會代表），以及柏雨的岳父李國華先生和他全家。席間暢談一些老年保健的話題，年輕人除「埋頭苦幹」，猛吃大餐之外，沒發出任何聲音，積薦和親家愛好杯中物，對「五糧液」系列的新產品—「金六福」名酒最感興趣，在連番敬酒、乾杯聲中，氣氛更顯得熱鬧起來。當大家盡興而歸，我和內兄也很快回到臥室，靜靜地入睡了。

二十日凌晨六時半，參與昨晚餐會的親友，都相約在預定的地點集合乘車，我託段醫師租用三輛吉普開往故居楊柳村，我跟內兄及輝燦行駛在前，仲茂、志堯學長及積萼的車排在中間，親家與柏雨的全家殿後。行駛在前的龍姓駕駛，開車經驗豐富，當車隊在「餘里」離開柏油路轉往「石尙」那條田野道路時，車速控制在十五哩，雖然先一天夜晚飄了一點細雨，路面還不十分乾爽，但這次行駛在山坡路時，我們一行都沒有下車步行，一直開到「腊樹下」，才把三輛吉普停泊在一處草地上，等大家到齊之後，才一起步入我成長的那幢古厝。原安排先舉行「紀念　先父百歲誕辰追思會」，因親屬還沒有到齊，只能先在大廳祭告祖先，然後去掃墓，約十一時許，掃墓行程全部結束，回到大廳時，應邀來的親屬五十餘人都已到齊，儘管時隔三年沒有見面，可是都顯得格外的高興。沒多久，立即舉行追思會，在會場上端的牆上貼著「紀念陳公新甲先生百歲誕辰追思會」的橫額，正門兩側貼了楹聯，上聯爲「遺訣酸辛，哀嚴父飲泣呑聲，昊天阻隔三千里。」下聯爲「和通賜澤，喜兒孫圖強發奮，渡海追思百壽辰。」追思典禮的程序是：一、紀念會開始、二、請各位親友起立、三、主事者就位（由我親自主持，並跪在父母的遺像前）、四、鳴炮、五、上香、六、獻花、七、獻果、八、獻酌、九、向陳公新甲先生暨陳母譚太夫人遺像行三鞠躬禮、十、宣讀紀念文、十一、來賓致詞、十二、家屬致謝詞、十三、禮成—鳴炮。

追思紀念會簡單隆重，參加典禮的親屬，都說從來沒曾看見過這種場面。紀念文的內容如「附錄二」。前湖南省立二中高中同班的向仲茂學長（曾任茶陵縣人民政府水利局局長）代表來賓致詞時，言簡意賅，他說：「國綱同學遠從臺灣回家爲陳公新甲老大人舉行百歲誕辰追思會，我們應邀來參加，感到非常的榮幸，謹先向陳伯伯的遺像鞠躬致敬。紀念會的舉行，是老同學懷念家鄉，懷念父母的表現，這種尊宗敬祖的誠意，非常感佩。一九四九年夏天，我們在湖南省立二中畢業後，因時局劇變，陳同學離別家鄉四十餘年，人雖在外，而赤誠愛國、念家、思親之心常存，海峽兩岸互通以後，老同學不顧年逾花甲、古稀，曾三度返家拜祖省親，和親朋敘舊，助侄兒安家立業，眞不忘水源木本，孝敬可稱典範。追思會的舉行，也是陳公新甲伯伯昔日勤儉持家、教子成材的碩果，陳伯伯的一生，是學而不厭、誨人不倦、濟公好義、廉潔自持、勤勞不懈、克己爲人。陳同學一直在陳伯伯的慈愛、教誨、督責下長大成才，並有遠見卓識，促陳同學離家，走向社會，陳同學在陳伯伯的教導下，在校學習成績突出，在社會上的業績宏偉，名列去台青年軍的前茅，曾任陸軍少將，爲國家的高級幹部。兩位公子學有所成，均獲碩士學位，這都是陳伯伯積德累仁，教子有方的善報，陳伯伯可與義方媲美。父慈子孝，是中華民族的美德，陳伯伯和國綱同學正是父慈子孝的楷模。今天的追思會非常莊嚴肅穆，追思紀念文更是情深意長，陳伯伯九泉有知，亦當欣慰含笑。最後敬祝陳府吉祥，各位親友健康快樂！謝謝！」

追思紀念會禮成之後，立即舉行餐敘，席開六桌，由於外甥（堂姐的長子）段毛仔的熱心幫助和胞妹運蘭夫婦的全力協辦，追思會和聚餐的各項準備工作，都做得十分周全，深受與會親友的讚許。因爲我早先要求每桌的菜餚都須一致，所以大家都吃得高高興興。餐會結束前，我再度向在場的親友致謝，說明我對各位親友只有關懷的心情，卻沒有照顧的力量，希望大家善加保重，自求多福，再過六年，先母百歲誕辰時，只要我的體力許可，一定回來再度邀請各位聚晤，與會親友都以熱烈的掌聲表示歡迎，這時候整個追思紀念活動，宣告結束。當我們一行離開故居時，萬響的鞭炮聲，一直跟在我們後面步行五百公尺之後才告停止。等我回頭遙望五十年前住過的那幢古厝，不禁又使我平添了無限的眷念。

在歸途中，車隊駛過「坦下」時，最後一輛吉普滑入稻田，經由我所乘的那輛車拖了上來之後，才回到路面行駛。我每次返鄉探親，感受壓力最大的，就是行車安全。當車隊到達「餘里」，回到柏油路面，安全抵達茶陵縣城關鎮洣水街雲陽賓館時，在滿懷興奮之餘，很真誠的發給每一司機人民幣一五〇元，照原先約定的租金增加五〇元作爲行車安全奬金，我看司機們的臉上都露出了愉快的笑容，並聲聲祝福我健康長壽。當時我也覺得這種歡喜錢用在勞工身上，的確是很有意義的。

爲先父百歲誕辰舉行追思紀念，是我第三次返鄉探親的首要工作，承蒙祖恩先生、仲茂、志堯學長、妹夫玉林夫婦，以及積蕚表弟與外甥毛仔等的安排和協助，可說辦得非常成功，人人滿意。而另一件重要的事情，就是把我和內子座落於茶陵縣城關鎮雲陽街那幢商住房，無條件的贈與柏雨了。九月二十一日上午十時，承段祖恩先生陪我和柏雨及其岳父李國華等一同到達茶陵縣公證處，請求辦理房屋贈與的公證手續，該處的負責人對於我們的到來，接待非常親切、熱忱。我所寫的贈與書是這樣的：「我妻陳程梅和陳國綱本人，爲了照顧雙目失明的侄兒陳柏雨，使其有屋可居，願將座落於湖南省茶陵縣城關鎮雲陽街第六組，建築面積一三六．三三平方米磚混造結構屋，共計三層九間，其證號爲茶房共字第〇七—〇六〇〇八五號，無條件贈與陳柏雨，但要求受贈人不准拍賣、轉讓，若贈與人在百年之後，受贈人如須對該房作任何處置，亦須徵得贈與人之長子陳定輝及次子陳建宏之同意。該房屋在贈與後，如有必要之稅捐，概由受贈人陳柏雨負責，且該房屋之贈與，其他任何人無權干涉。恐口無憑，特立贈與書爲據。」贈與書經我簽章之後，即交由公證處審核，並立即出具「贈與公證書」，其字號爲⑼茶證字第一八四號，確證我和內子的贈與行爲，符合「中華人民共和國民法通則第五十五條的規定」。當我把公證書和房屋證明的正副本一併交給柏雨的手中時，他和他的岳父都顯得格外的高興，從此以後，不僅柏雨不再爲住的問題操心，而我也給　先父　先母以及已故的胞弟兩夫婦有所交代了。同時我第三次返鄉探親的重要工作，也都畫下圓滿的句點了。

同日下午我和內兄前往五十年前我就讀的湖南省立三中遊覽，現在雖改名爲茶陵縣第一中學，也稱湖南省重點中學，興建了許多幢教學大樓，整個校園除了有些設施比較老舊之外，廣袤的運動場和部分紅磚建造的校舍，仍和五十年前沒有兩樣，我們環繞著校區瀏覽一遍過後，佇立在校門口拍了幾幀照片，就回到賓館。當晚應彭志堯兄嫂宴請，他倆夫婦好客的那股熱情，使我永誌難忘。

九月二十二日早餐後，經洣水街，發現縣城內唯一裝置著鐵門窗的一幢商住房，推斷可能是尹物文學長的住宅，等我回到臺北確認，果然沒有猜錯。當時沿著洣水街直行左轉，到達南門，這是千年古蹟的鐵犀亭，相傳於宋朝縣令劉子邁築城時，因洣水氾濫，蕩決南門城牆，醞成災變，特鑄鐵犀置於岸上，以鎭水患。因爲是觀光景點，和內兄合影後步行折返，途中偶遇一輛公共汽車停在街口，我們懷著驚奇的心理跳了上去，乘坐不到五分鐘，就回到雲陽賓館了。用完午餐之後，於當天下午三時，我們和柏雨全家共計八人，一同搭乘開往長沙的直達快車離開了茶陵，柏雨一家在株州轉車折返婁底市，我們直接隨車去長沙，約於下午七時五十分順利回到民航大酒店。

二十三日上午蒙譚凱先生陪同我們搭乘公車去頗富盛名的岳麓山遊覽，首先參觀岳麓書院，依據歷史記載，這書院創建於北宋開寶九年（公元九七六年），是我國四大書院之一，至大中祥符八年（公元一〇一三年）宋眞宗親書「岳麓書院」門額。迄一九〇三年，書院改爲湖南高等學堂，一九二六年，正式定名爲湖南大學，千多年來在此興學不輟，是我國一處可稱千年學府的文化史跡。參觀完畢，我們從岳麓山步行下來，經由「愛晚亭」到達小街一家餐館，用完了午膳，乘坐計程車去湖南省立博物館，參觀陳列在該館的馬王堆漢墓。這是七十年代中國乃至世界最重要的考古發掘底出土文物，展出薄如蟬翼的素紗單衣、完好無損的印花敷彩絲綿袍和各種精巧絢燦的刺繡、光亮如新的彩繪漆器、神奇浪漫的彩繪帛書，字體秀勁，內容豐富的遺冊、帛書、彫刻、精製的各種木俑和琴、瑟、竽等樂器、兵器及彩繪漆棺、巨形木槨等，而最令人驚嘆的，還陳列有沉埋地下二千一百餘年而保存完好，全身潤澤，皮下脂肪豐富，軟組織尚有彈性的西漢女屍。參觀了將近兩個小時，我們一行都能感受到博大精深的中華文化，確實有如燦爛的史詩。

當我們步出湖南省立博物館之後，趕搭計程車去長沙市東北郊區瀏陽河畔新建的「世界之窗」。這是占地四十萬平方米，投資人民幣三億元興建的湖南省最大的旅遊景點。將世界奇觀、歷史遺跡、古今名勝，以及世界民居、民俗風情，世界歌舞藝術表演，匯集於一園，再現了一個美妙世界的處所。也是集愉悅性、趣味性、刺激性（如雲霄飛車）與深刻的文化內涵，完美結合的經典之作。各景觀區的設計，都有著獨出心裁，且又各具魅力，也可說是無處不引人入勝，無處不讓人心曠神怡的遊樂區，參觀完畢，大家都有著值回票價（每張人民幣五十元）的感覺。

二十四日上午因受時間的限制，我們只逛了逛「友誼商店」和鄰近大型的百貨公司，選購了幾件簡單的用品，和一本「黃庭堅行書字帖」，趕回酒店用罷午餐之後，搭乘下午一時十二分的直快車，離開長沙折返上海回到甪直，圓滿而愉快的結束了第三次探親、觀光的行程。

第二十五章　為茶陵同鄉會奉獻心力

我甘作同鄉會的義工，卻始終不願擔任同鄉會的理事長。

凡是讀過「增廣昔時賢文」的人，都可能記得「親不親故鄉人」那句感人的諺語。民國三十八年前後來到臺灣的茶陵同鄉，不管人數有多少，或是否見過面？每當提起某某同鄉，大家都會有著親切感，甚至有顆關懷的心。正因爲大家都是同一塊鄉土，同一條路上出來的鄉親，所以都有著成立同鄉會的願望。如我縣的長輩陳應性先生，早在民國五十年間，就蒐集了一〇七位鄉親的通訊地址與家屬狀況，印製「茶陵同鄉通訊錄」分送給各位鄉親，藉以加強聯繫，惜因陳先生年邁而體力不濟，未見正式成立同鄉會的組織即已辭世。又如民國七十四年三月二十九日，前湖南省立二中校友蕭明忠學長，邀請同鄉八十餘人在臺北市延平南路湖南飯館餐敘，前國大代表劉柔遠將軍和前國立政治大學教授周世輔先生發表談話，都強調有成立同鄉會的必要，但謙辭擔任主持人的責任。

民國七十七年二月二十二日，承劉代表柔遠將軍邀我去陳麟鄉長家，研擬籌組同鄉會的有關事宜，因盛情難卻而欣然前往，並認捐新臺幣伍仟元作爲贊助。嗣後承陳麟、譚祖緣、李回春、蕭俊群、譚衍慶等諸鄉長，分別邀請相關人員以餐敘方式，研討籌組同鄉會的相關事項，參與歷次餐敘的鄉親，亦紛紛解囊，踴躍捐獻，共得新臺幣壹拾肆萬餘元，使成立同鄉會的開辦費用無虞匱乏。

民國七十八年八月五日，舉行發起人會議，選舉譚衍慶，陳國綱、蕭明忠、彭晉生、陳麟、譚祖緣、彭冠文、譚其龍、周詠凱、譚逸、李回春等十一人爲籌備會委員，並推譚衍慶先生爲主任委員，本人爲總幹事。幾經會議研討，使籌備工作能順利進行。在發起人譚衍慶等三十一人連署完成後，於同年十月五日，以「臺北市湖南省茶陵縣同鄉會」的名義，向臺北市政府社會局申請登記，依該局民國七十八年七月十六日北市社一字第三五六一五號函覆，准予立案登記。

經臺北市政府社會局准予立案後，彭冠文先生不辭辛勞，經常到臺北縣軍人服務站我的辦公室來研擬有關組織章程、年度工作計畫、經費預算、理監事選舉辦法、成立大會會議資料等文書作業的可行性。爲求集思廣益，每次研討問題時，都請譚其龍鄉長，也是前政工幹校的學長，共同參與，我對彭、譚二位鄉長的服務熱忱，深表欽佩。

自民國七十八年十一月十九日至七十九年一月七日，我親自主持過三次籌備會議，承譚祖緣、過桂榮（來臺後回復攸縣籍）、蕭俊群鄉長等分別舉辦餐敘，計討論通過成立大會籌備委員會工作人員的編組與職掌、同鄉會組織章程草案，年度工作計畫草案、年度經費預算草案，理監事選舉辦法、選票格式、候選人提名原則及候選人參考名單、成立大會召開時間、地點與重要議案等多起。

當上列各項籌備工作就緒後，依照預定計畫，於民國七十九年二月十八日，假臺北市羅斯福路新愛群餐廳，舉行成立大會，參與大會的鄉親共一百餘人，盛況空前。在大會過程中，我全力協助主席譚衍慶先生處理全盤會務；除討論通過上述各項重要議案外，並順利選出理事十九人，候補理事七人，監事七人，候補監事五人，本人以次高票當選爲第一屆理事。

三月二日召開第一屆第一次理監事聯席會議，先選舉常務理事五人，再由常務理事選舉理事長一人。在選舉理事長之前，譚衍慶先生一再籲請與會的理監事同仁，全力支持本人參選理事長，我坦然面對全體理監事們公開宣布：「我對於同鄉會的成立，能作義工付出一點心力，是很愉快的事情，也是應盡的本分。今天我們要眞心誠意地推舉德高望重的譚衍慶鄉長來做理事長，待會兒開票結果，如果是我當選理事長的話，我會立刻離開會場，屆時請勿責我不懂禮貌。」大家聽到我講完這番話之後，都認爲我是出自眞誠。選舉結果，終於看到譚先生膺選爲理事長，我是首席常務理事。當討論總幹事人選時，我和譚其龍、彭冠文二鄉長，於研討之初，曾以周詠凱鄉長爲主要人選，後來因彭冠文先生自告奮勇，有意擔任這項職務。我和其龍鄉長也覺得冠文先生在籌備成立大會期間，對於會務狀況已成竹在胸，推展工作一定能駕輕就熟，所以在理監事聯席會議席上提出討論，未料剛提出這項動議，就被蕭常務理事明忠先生提出質疑，認爲這項人事的安排是「黑箱作業」，引起會場一陣驚慌，也使譚其龍鄉長感到無奈，在蕭、譚進行激辯時，我就立即出面說明這項人事安排的動機，和討論的立場，都是本乎客觀、公正，一切以今後的會務爲考量，絕對沒有私心，更加不是所謂「黑箱作業」，而且把構想和建議案提到會議席上來討論，那還有什麼不可當面講的話呢？這樣不僅化解了蕭、譚二位鄉長的爭執，抑且使總幹事人選獲得了共識，決議仍由彭冠文先生出任。

當一切議案討論完畢，主席結論前，我在臨時動議中，誠懇地提出：「同鄉會的成立，是大家心血的結晶，也是各位鄉長共同的心願，得來非常不易，大家應好好地珍惜這個團體，我們所希望的是要問：我對於這個團體應作那些貢獻？絕對不宜打算我要從這一團體裡得到那些收成，如果每一位鄉親都能對這個團體付出心力，做到有力出力，有錢出錢，我們的同鄉會就一定能日新又新，蒸蒸日上，否則就會日漸凋零，每下愈況。」散會後尹理事物文先生對我上面所講的那段話，頗爲感動，認爲我那段話，眞是語重心長，寄望深切。

當同鄉會正在籌備階段，有一位鄉長，爲茶陵雲麓高中發起建校募捐，並透過譚衍慶先生邀我作爲發起人之一，因礙於情面，不便予以拒絕，但我事先聲明：「捐款要多捐一點，又負擔不起，捐少了又覺得不好意思。所以我作發起人是可以的，卻無力捐款。」因爲我有言在先，所以始終沒有捐獻。

那位鄉長於發起募捐之後，據聞共得美金貳萬餘元，於民國七十九年春初將所得捐款送回茶陵雲麓中學時，曾獲得家鄉各界熱烈的掌聲，並曾與地方各界首長合影留念。不過事後有鄉親告訴返鄉探親的蕭明忠學長，略以那位發起募捐的鄉長，在繳交募款時，曾影射本人和蕭明忠學長對於募捐一事持反對態度，否則會捐得更多。蕭學長於獲得這一消息後，大表不滿。四月間返臺時，曾把這一訊息轉告我，邀我共同請求譚理事長召開理監事會，以資澄清。我因爲要去美國參加長男定輝碩士研究所的畢業典禮，無法參加這項會議。等我從美國探親返臺後，始知這兩位鄉長在那次理監事會議席上，爲了這件事情鬧得不可開交，若非與會人員在場勸解，可能會演出「全武行」的。

同鄉會的會務工作，由於彭總幹事冠文先生的勞怨不辭，一切都能順利推展。而組織發展工作，因爲蕭常務理事明忠先生的熱心，使會員人數也日益增多。至民國八十二年二月七日舉行會員大會改選第二屆理監事前，譚理事長和幾位熱心會務的理監事如尹物文、李回春等都爲我勸進，仍被我謝絕。我當時力勸尹物文鄉長接任理事長，但後來接受好幾位鄉長的建議，認爲尹鄉長的身體狀況欠佳，如果由經濟頗有基礎的雷玉松先生出任，較爲適宜。我爲了使有關鄉親對這項人事的安排取得共識，特在臺北市信義路一家餐館，邀請譚衍慶理事長、譚其龍、陳麟、譚祖緣、譚雲漢、彭季麟、尹物文、蕭明忠、鍾政寬、李回春等理監事舉行餐敘，經討論之後，果然獲得同意。民國八十二年二月七日召開第二屆第一次會員大會時，我除了爲譚理事長衍慶先生與彭總幹事冠文先生對同鄉會的貢獻表示感佩之意以外，並向與會鄉親介紹雷玉松先生，籲請全力支持雷先生出任理事長，旋即獲得在場鄉親的熱烈掌聲。選舉結果，雷先生果然以高票當選爲第二屆理事長。我因拒絕參選不成，仍被選爲常務理事。在出席第一次理監事聯席會議時，曾贊助新臺幣貳萬元用作會務基金，雷理事長當場捐獻新臺幣伍拾萬元，與會的各位理監事也相繼解囊，踴躍認捐，其金額少則伍千，多則貳萬，足見對同鄉會的支持至爲熱烈。

同年七月蕭明忠先生在他所作的回憶錄中，將上述爲雲麓中學募款所引發的糾紛事件，登載出來，且有好幾處顯示有損某鄉長的名節，致使某鄉長深表不滿，因而用掛號信函寄給各有關鄉親，要求明忠先生把發出去的回憶錄收回焚毀、賠償其名譽損失，並向他公開道歉。這時正逢明忠先生因病住於臺大醫院，我擔心兩位鄉長可能會因此而興訟，特請譚衍慶先生和李回春先生首先安撫某鄉長，一切等到明忠先生病癒出院以後，再研究解決之道，並親往臺大醫院，勸明忠先生勿因此一事件而影響健康。我這項處置果然奏效。最後承彭晉生鄉長和本人從中調處，由兩位鄉長簽訂和解書而息事寧人。

我在擔任第二屆理監事會常務理事期間，曾盡力之所能，爲同鄉會做了幾件頗感有意義的工作：

依據第二屆第一次理監事會的決議，於民國八十二年八月成立同鄉會實錄編輯委員會，依會議的決議出任主任委員一職，並聘請劉仲之先生任總編輯，蕭明忠、羅文漢、譚逸、譚文篤、周文湘、彭冠文、彭季麟、羅德成、龍啓文、鄧步雲先生等任委員兼執行編輯，歷經四次編審會議，決議按序言、會務概況、活動影集、會員通訊錄、史地人文概略、名勝古蹟、鄉賢傳略、歷代進士名錄、民國以來將軍名錄、禮儀習俗、鄉土名產、藝文集錦、故鄉近貌、編後語等爲本實錄的重要內容。

實錄中有關史地人文、名勝古蹟、鄉賢傳略、歷代進士名錄等史料，都是周文湘先生熱心提供的，經劉仲之先生總輯完成後，於民國八十四年元旦出版，二月十二日（農曆正月十三日）召開第二屆第三次會員大會，同時舉行新春團拜時，分送與會鄉親每戶一冊。在大會中我除了報告實錄編輯的經過以外，並特別說明編輯的主旨，在提供親鄉連絡感情，給繼代菁英對故鄉的歷史、地理、名勝古蹟，歷代鄉賢的行誼，有著概括的認識，以促進代代傳承，源遠流長。我這番說明，博得與會鄉親熱烈的掌聲。

依據章程第六條第三、五款規定，主動研擬「茶陵同鄉會會員慰助、服務工作實施辦法」。其工作項目包括會員本人及其主眷特殊急難、病困、遭受災變之慰問。單身年長會員之就醫、就養時之慰問。法律疑難與醫療服務之協處。會員子女服務三軍因公（作戰）殉職，或傷殘者之慰問。會員本人或其眷屬亡故之慰問。會員本人或其子女、孫子女結婚之祝賀。會員及其主眷探親旅遊之服務。尋人協處及糾紛調解之服務。輔導進修、創業、就業提供資訊之服務。這項辦法經由第二屆第四次理、監事會議討論通過後，使同鄉會對會員及其眷屬之照顧、服務有了根據，對於發揚互助精神，增進鄉親情誼，也能發揮實際的功效。

爲了充分運用同鄉會的各項經費，並切實掌握管理，使所有經費均能發揮最大效用，以擴大運用管理功能，曾親自研擬「茶陵同鄉會經費運用管理實施辦法」一種，規定會費、樂捐款、基金儲存所生利息、經常會務活動收入、團體支援之經費等，均應以同鄉會名義在郵局開立存簿儲金，作爲調節運用；自由樂捐與團體支援（補助）之經費，應以同鄉會名義，向政府立案之金融機構開立短期優利定存。在管理要求方面，規定各項經費之儲存情形，應於大會前一週向儲存機構開具存款證明，除由監事會審核外，並公布於大會會場，以昭大信。另要求凡使用於本會事務以外之經費，如逾新台幣二萬元以上者，須經由理監事會出席人員三分之二以上通過，始行支付。這項辦法經第二屆第五次理監事會通過施行，對會務經費之管理、運用，確已發揮了功效，使一切經費做到了當用則用，該省則省，不會有所浪費，更不會發生弊端，這是我對同鄉會所付出的一點心力。

因爲釐訂了「會員慰助、服務實施辦法」與「會務經費管理、運用實施辦法」，再加上編成了「

同鄉會實錄」發給會員人手一冊，使我對同鄉會的成立略有貢獻，滿足了服務同鄉會的心願。到了民國八十五年三月三日舉行第三屆第一次會員大會，同時改選第三屆理監事時，因我堅決謝絕任何鄉長的勸進，終於擺脫了常務理事的職責。但在第二屆理監事們要求「條件交換」的原則下，長男定輝當選了第三屆理監事會的理事。因爲他熱心會務，備受讚許，於民國八十八年二月二十八日改選第四屆理監事會時，又當選爲理事長。在這項人事安排之初，我曾數次當面或以電話向彭總幹事季麟學長（前湖南省立二中高中的學長）與財務組長羅德成鄉長，以及常務理事尹物文學長（前湖南省立二中學長）謝絕推薦，可是都未被接受。各位鄉親對定輝的推薦和支持，雖然都不是我願意接受的，但仍是心存感激。並希望定輝把會務工作更向前推進一步，以毋負鄉親們的厚愛和期許。

【註釋】

㈠湖南省茶陵縣旅臺同鄉會實錄第一六〇至一六九頁。

㈡湖南省茶陵縣一中九十年大事紀要第四頁至二十頁。（茶陵一中校誌編寫組一九九五年五月一日發行）

㈢湖南省茶陵縣一中九十年大事紀要第十七頁至二十頁（茶陵一中校誌編寫組一九九五年五月一日發行）

㈣國民革命軍史話（國防部總政戰部編印）

㈤國軍政戰史稿上冊（國防部總政治作戰部編纂）

附錄一：陸軍培養團隊精神實施要點（摘要）

壹、目的：陶鑄「鬥志堅強，士氣高昂，軍容雄壯，紀律森嚴」之鋼鐵勁旅。

貳、中心要求：忠誠、團結、負責、守紀。全軍官兵必須做到：

一、思想：效忠領袖，報效國家，去偽除虛，表裏如一。

二、團結：官兵一體，上下一心，親愛精誠，志同生死。

三、負責：守分盡職，公爾忘私，主動積極，達成任務。

四、守紀：恪守營規，爭取榮譽，服從長官，奉行命令。

叄、具體作法：

一、策訂計畫：各單位依據本部訂頒「培養團隊精神實施要點」，參酌本單位之任務特性與實際狀況，並結合官兵生活、工作、學習、戰鬥之各項要求，自訂實施要項，逐級要求實施，並隨時實施效果追蹤、考查。

二、宣傳啓導：

㈠各單位報刊對本要點所列之目標與要求，應經常以社論、專題、文藝，或圖畫展開宣導，闡釋培養團隊精神的意義及其重要性，以增進官兵之認識與瞭解。

㈡對發揚團隊精神之典型單位與官兵個人，應適時撰文報導、表揚，藉以樹立典型，擴大影響。

三、教育培養：

㈠政治教育：

1.結合本軍團隊精神之有關主題，配合課程講授。

2.針對單位任務特性與要求重點，實施政治小組訓練。

3.透過輔教活動，奮發官兵蓬勃朝氣。

4.各級主官利用各種集會，闡釋團隊精神與反共復國對個人事業成敗之關係。

㈡軍事教育：

1.基本教練：著重軍人基本儀態及「軍人十二要項」之訓練，使每一官兵均能合乎要求標準。

2.戰鬥教練：本從嚴、從難之原則，認眞實施，革除官兵怕苦畏難，逃避戰鬥教練之不正常心理，磨練官兵輕傷不退，重傷不叫，忍饑耐勞，堅持到底，達成任務之堅毅性格。尤其在各種作戰演習中，更應砥礪冒險犯難，犧牲果敢，協同一致，志同生死之團結精神。

3.體能訓練：運用各種球類活動、田徑運動與戰鬥體育訓練，培養官兵體魄強健，技能優越，團結奮發，勇猛驃悍的尚武精神。

㈢生活教育：

1.結合國民生活須知、國民禮儀範例、軍人禮節、內務規則等項認眞施教，以使人人均能成為現代化的軍人。

2.配合軍紀營規與節約規定，及軍紀、軍法教育之實施，以培養官兵守紀、守法與節約儉樸之崇高德性。

㈣史政教育：各營級（含）以上單位，應將單位特性，成軍經過，本單位之光榮史蹟及典型人物傳記等編印成冊，分發官兵閱讀，並由各級主官利用週（朝）會時間，向官兵闡述，以激發官兵之責任心與榮譽感。

四、環境薰陶：

各級主官除應經常督導所屬保持環境內務與營舍之整潔，做到「不陰暗、不破舊、不髒亂」與精神佈置之清新悅目外，並須設法充實本單位之隊史館，將各種史蹟資料整理陳列，對新進官兵詳為介紹，使其見賢思齊，以收潛移默化之效。

五、全面影響：

㈠加強康樂活動：各單位在兵演兵，兵唱兵之原則下，應經常運用「文康推動人」加強小型康樂及軍歌教唱等活動，以調劑生活情趣，增進官兵活力與朝氣；各單位藝工團隊在「寓教於樂」之原則下，應編排具有團隊精神意義之節目演出，期能振奮士氣，團結軍心。

㈡照顧官兵生活：各級主官對官兵日常所需之生活福利與文康設施，應予盡力改善；對官兵個人之急難病痛，更應深入發掘，疏導情緒，解決疑難，使官兵能眞正以營為家，精誠無間。

㈢改善領導統御：各級幹部在領導統御方面，除做到言教、身教、心教、事教、法教之相互印證外，並應隨時瞭解官兵心理，接納所屬意見，善用群體智慧；對於人事的處理與運用，更要做到公正合理，才職相稱，務使好人出頭，以培養主官威信，凝聚官兵向心。

㈣重視團體活動：各單位對外之一切比賽活動，無論代表本單位或全軍，均應一本積極進取之精神，認眞準備，全力以赴，爭取榮譽，以堅定官兵對團隊之信心；對本單位之團體活動，如慶生會、榮團會等，各級主官必須親自參加，藉以溝通意見，增進情感，鞏固團結。

附錄二：參加國防部民國六十二年度三民主義講習班辦班幹部講習總結報告全文

壹、前言

在國軍官兵接受國際姑息逆流的挑戰，而益勵忠貞，莊敬自強的時刻，我們九十五員辦班幹部，為保證達成六十二年度三民主義講習班的辦班任務，遠從復興基地的四面八方來到青邨，接受為期三天的講習。在此期間，敬聆班主任羅上將（按：係羅友倫上將）的訓示，並承諸位長官的指導和各位教官熱心的講授，使我們確切體會到本年度「戰鬥動員人」召訓意義的深長，與辦班任務的重大。謹就過去三天來講習的心得，提出總結報告如后：

貳、本年度講習主題，對未來軍事作戰可能發生之影響：

本年度選訓「戰鬥動員人」的主要目的，在統一國軍官兵的戰術思想，加強戰鬥技能，鍾鍊勝敵方法，期使自民國五十七年以來，每年所訓練的政治作戰技能，均能統一發揮在軍事作戰的有形力量之中。所以就講習的內容言，（講習課程，基於軍事機密，不便詳細列舉）不僅有益於戰術思想的統一，抑且在未來的戰鬥中，必能產生下述各項影響：

一、精進教育訓練：軍以戰為主，戰以求勝為目的，戰力的發揮，在於平日教育訓練的加強。國軍官兵在「一面建軍，一面備戰」的軍事政策要求下，對教育訓練工作的加強，一向不遺餘力，並且已獲致預期的效果，今後因「戰鬥動員人」的建立，對教育訓練的精進與部隊戰力的增強，必能達到「日日求新」的地步。

二、發揮戰鬥功能：

總裁昭示我們：「眞正的戰爭打在開火之前，最後的勝利取決於準備之日。」黨是戰鬥組織的核心，也是戰鬥力量的泉源。黨要接受戰爭的考驗，掌握戰爭的勝利，就必須將一切物質的、精神的、有形的和無形的戰鬥力量，面對敵人，作週密的部署，萬全的準備，以達到「勝兵先勝」的要求。今年辦理「戰鬥動員人」講習，就是將過去訓練的四種專責人員緊密的結合起來，使無形的力量和有形的力量凝結成爲凌厲無比的堅強戰力，來發揮組織戰鬥的功能。

三、統一戰術思想

總裁在「光武會議」席上提示「打什麼有什麼」的思想。今年「戰鬥動員人」的講習課程，無論是政治作戰或軍事作戰的各種課程，無一不在尋求克敵致勝的戰法，亦無一不在研討「打什麼，有什麼」的戰術思想。祇要我們將研究所得，結合單位特性、結合教育訓練、結合戰備任務，不斷地研究發展，有效運用，則必能贏得未來革命戰爭的勝利。

四、動員整體力量

動員工作的策進，全賴組織的健全，而動員工作的要求，即在整體力量的發揮。本年度「戰鬥動員人」的召訓，是基層五大任務分工的第五次訓練，也是最後一次總結性的訓練。深信由於「戰鬥動員人」的講習，不僅能協同其他四種專責人員去克敵致勝，抑且因「戰鬥動員人」對整體力量的動員與策進，更能發揮精神動員和組織動員的宏效。

叁、如何有效達成辦班任務？

一、愼選辦班幹部：爲保證達成辦班任務，各設班單位（講習區）應愼選富有工作經驗與工作熱忱之優秀幹部，承擔辦班任務，並遵照精簡編組，節約人力之規定，做到班內無閒人。

二、改善教育環境：各設班單位之各種生活設施，應力求寬舒適用，各種精神佈置亦應平實大方，惟須貫徹三實要求，禁止舖張浪費。

三、精研教學方法：一切教學設計，均以貫徹教育目標，配合學習實際需要爲中心要求。

四、加強作業演習：本年度三民主義講習班所授「怎樣摸清、掌握、打擊、消滅敵人」四大課程，除課堂講授，分組討論、綜合測驗外，尙須實施課程作業與演習。此爲促進學者實作，加強教育效果的有效作法，各設班單位應針對單位特性，把握講習要求，妥爲設計，認眞執行，以使作業演習達到「止於至善」的境地。

五、切實辦好伙食：遴選富有採買、烹調經驗人員辦理伙食，藉以改善學員生活，鼓舞學習情緒。

六、貫徹辦班要求：切實做到講習計畫要週詳，召訓對象要精選，聯繫協調應密切，業務管制要嚴格。

肆、結論：

反共復國的戰爭，是以武力爲中心的思想總體戰。特種黨部歷年來辦理三民主義講習班的目的，在於健全組織，戰勝敵人。我們深信繼過去講習的成效，舉辦今年「戰鬥動員人」的訓練，對未來作戰的勝利與成功，具有決定性的影響。因此我們要竭智盡忠，善用集體智慧，達成辦班任務，使「戰鬥動員人」經過講習之後，能動員全軍官兵的精神力量與組織力量，達成光復大陸，解救同胞的神聖使命。

附錄三：培養陸軍官兵典型實施要點（綱要）

壹、目的：培養雄壯威武，勇猛驃悍，靜如山嶽，動如猛虎的堅強鬥士。

貳、對象：以官兵個人為對象。

叁、要求：

一、在心志上：

㈠忠：忠於主義，忠於　領袖，忠於國家，忠於職責。

㈡誠：不虛偽，不造假，說實話，做實事。

二、在生活上：

㈠衣：服裝整潔，佩件光亮。

㈡食：靜肅安詳，飲食有度。

㈢住：起居定時，環境清潔。

㈣行：抬頭挺胸，勇往邁進。

㈤言談：簡明扼要，眞誠懇切。

㈥儀態：舉止大方，莊重和藹。

三、在工作上：

㈠辦公：

1.了解任務，善用方法。2.主動積極，著重實效。

3.注重整體，破除私心。4.慎始全終，循序漸進。

㈡服勤：

1.熟記守則，認眞執行。2.堅守崗位，盡忠職守。

3.維護裝備，珍惜公物。4.提高警覺，防範意外。

㈢訓練：

1.虛心探求，用功學習。2.不避辛勞，不怕煩難。

3.反覆演練，動作嫻熟。4.體魄強壯，技藝高超。

四、在戰鬥上：

㈠演習：

1.平時就是戰時，演習就是作戰。

2.確遵演習規定，嚴守演習紀律。

3.演習要求逼眞，動作符合實戰。

㈡作戰：

1.樂意接受任務：見危受命，爭取榮譽。

2.勇於執行任務：奮勇向前，爭取勝利。

3.誓死達成任務：有我無敵，視死如歸。

肆、作法：

一、教育培養：

㈠以政治教育，培養官兵忠誠純樸，樂於犧牲之高尚志節。

㈡以軍事教育，錘鍊官兵雄壯威武，勇猛驃悍之奮勇氣慨。

㈢以軍紀教育，促進官兵守法重紀，負責盡職之高尚品德。

㈣以生活教育，陶冶官兵明禮尚義，開闊大方之優良風範。

二、表揚典型：併「毋忘在莒」運動模範官兵選拔表揚案，辦理表揚。

附錄四：祭父、母文

民國八十一年（公元一九九二）九月十七日，歲次壬申農曆八月二十一日，偕內子返鄉探親，祭祖、掃墓，在先父、母的墓園，所讀的祭文全文如后。

維

公元一九九二年九月十七日，歲次壬申古八月二十一日，不孝男譜名志道學名煥新現名國綱、孝媳程梅，謹以清酌素饌，致祭於

考　公新甲府君

先　陳

妣　母譚太夫人　之靈說：

唉！這是誰也沒有料想到在離鄉背井四十三年後的今天，仍會回到父、母的墓前，上香祭拜的事實吧！然而，美夢終於成眞了。這一方面要感謝上蒼的保佑和祖先的恩賜，而另一方面更要感激父、母生前對不孝苦心的教導和栽培。就當年的家庭環境來說，雖然只屬小康，但若是父、母貪圖享受，當不必力促不孝升學讀書，然而父、母早在三十年代，就已發現時代潮流的趨勢，於是在茹苦含辛、縮衣節食，甚至不惜告貸的情形下，助不孝在連年戰亂之中，完成了中等教育，以求日後獲得發展、開創的機會。一九四九年六月，值不孝畢業於前湖南省立二中高中部時，父、母親大人本是興高彩烈，以

為從此可以放下家庭重擔，安享天年的幸福，卻沒料到時局突變，心與願違，經深思熟慮之後，願不孝遠離家門，往外追求生存發展，就從當年古六月二十六日之後，因人絕路殊，音訊阻隔，生死莫問。所幸不孝無論在天涯海角，始終將父、母在臨別依依時所訓示的「保健身體、不貪財、不違法、腳踏實地埋頭苦幹」幾句庭訓，永遠牢記在心。當不孝費盡千辛萬苦到了臺灣之後，首先經過兩年的磨練，備嘗艱苦，憑藉著原有的學識基礎，在祖先的庇蔭之下，考取了政治作戰學校，自一九五三年四月畢業後，無論在基層、中層、高層歷練，莫不兢兢業業、誠誠懇懇，踏踏實實，從不敢有辱使命，更不敢有違父、母的庭訓和親朋好友的厚望，因而也能獲得上級的信任和栽培，先後奉頒獎狀五幀，勳獎章二十餘座，這是可告慰於父、母親的第一點。

一九六〇年十一月二十日，和臺灣省雲林縣西螺鎮的望族程公永德先生的長女程梅女士結婚之後，因當時的待遇菲薄，居無定所，先後搬家達十一次之多，然而夫婦感情不但沒有因經濟拮据、生活困苦而有所隔閡，反而更能相互體諒，夫唱婦隨，任何鄰居親友對程梅的敦親睦鄰、相夫教子、克勤克儉的美德，莫不讚揚有加。不孝在事業上之所以略有成就，得力於程梅的幫助，使無後顧之憂，的確是不能抹煞的事實，這也是差堪告慰於父、母親的第二點。

一九六一年十月十九日，您的長孫定輝出生，因資質優異，從幼即知勤學上進，國民小學以滿分第一名畢業，就讀初中、高中的成績，都名列前茅。一九八〇年七月一日，在十餘萬學生參加大學聯合招生考試時，能考取聞名中外的國立臺灣大學，實在難能可貴。一九八九年六月十八日，定輝和臺北市籍周芷巧小姐結婚後，旋即攜眷赴美國德州南美以美大學法學院法律學研究所碩士班深造，於獲得碩士學位後，再入德州大學達拉斯分校政治經濟研究所研究，在學業上已奠定了深厚的基礎。您的長孫媳於一九九〇年二月六日產一曾孫女名薇吉，天眞無邪，活潑伶俐，爲鄰居、親友及家人所寵愛。

一九六六年一月二日，您的次孫建宏出生，未滿三歲，不孝即奉派去福建省連江縣馬祖地區服務，一九七七年再派去金門地區服務，這期間的一切家庭事務，全由程梅一人承擔，在家庭無恒產，也無積蓄，生活相當清苦的情形下，其責任之艱鉅，可想而知。次孫建宏的資質和勤學的精神和您長孫定輝無分高下，於一九八七年六月自五年制商業專科學校畢業之後，又在今年六月在大學獲得第一名畢業，並連續考取國立臺灣大學政治研究所、國立政治大學公共行政研究所、文化大學政治研究所第一名，足見他讀書精細、勤奮上進的精神，已經獲得肯定。有人說：「子孫賢良，遺傳有關」。不孝則認爲今日您的孫兒在學業上有所成就，完全歸功於祖先和父母積德的結果，這是告慰於父母親的第三點。

一九九〇年四月一日，以限齡退休後，不孝因數十年操勞，致身體多處不適，照醫生囑咐不宜遠行，所以沒有立刻返鄉探親、祭祖、掃墓。可是在退休前，曾於一九八八年十二月三十一日，邀胞妹運蘭和當時健在的胞弟依仁同去香港會親一週，每聽到胞妹胞弟談及父母大人自一九四九年以後的種種遭遇，和對不孝牽罣的殷切情形，總是抑制不住內心的悲慟，人誰無父？人誰無母？樹欲靜而風不息，子欲養而親不待，這難道是上蒼的安排嗎？不！這完全是時代的悲劇所造成；先是父親大人於一九七五年乙卯農曆十月發病於舅父家中，在接運返家途中，於同月二十三日卯時不幸辭世；時隔六年，母親大人因思兒成疾，藥石罔效，於一九八一年辛酉農曆六月十一日寅時與世長辭。父母親雖然都已到了古稀之年，但晚年生活的窮困，是不孝夢想不到的事情。這前後六年間，雖然是不孝在事業上兢兢業業，蒸蒸日上的重要時期，卻不知已變成無父無母的孤哀子了。這種生不能盡奉養之孝，死未獲匍匐奔喪之哀的罪孽情形，怎不使不孝悲慟萬分呢？

如今，在國家還沒有完成統一之前，趁政府實行開放、改革的大好時機，返鄉探親，雖然說不上是衣錦榮歸，但能在這一時期回故居祭祖、掃墓，並爲父、母親大人舉行追思、報本法會，誦經超渡，也是不孝的一番心意，拜請父母親大人魂兮歸來，接受不孝這份誠摯的祭告和追思，並祁護佑您後代子孫的健康，給予智慧和毅力，庇蔭他們能繼續開創光明遠大的前程。不孝對父親堅毅奮發、樂善好施、熱心助人和誨人不倦的精神。對母親敬長孝親、相夫教子、勤儉持家的美德，以及父母生我、育我、撫我的劬勞，雖然是話說不盡，但淚也流不盡啊！唉！尙饗！

附錄五：永遠活在我心中的父親

——紀念先父新甲公百歲誕辰的追思

先父名福星字新甲，生於清光緒廿六年（公元一九〇〇年）歲次庚子，農曆三月十八日，卒於公元一九七五年歲次乙卯，農曆十月廿三日，享年七十六歲，到今年正好是他老人家的百歲誕辰。

父親是　先祖父茂桂公、先祖母王氏的獨子，因幼而慧敏，才智過人，勤奮好學，為　先祖父母所鍾愛。在我有知之年，我一直是在　父親的慈愛、教誨、督責之中。父親於我不只是慈父，而且是嚴師。所以虔誠地恭述下列數端，以為追思。

好學上進，誨人不倦

父親資賦穎悟，曾讀四書、五經，國學根基深厚，所作各種應用文，諸如書信、公文及其他酬世文等，思維縝密，結構嚴謹，尤其書法秀勁，更是為識者所讚佩。在私塾學堂，執教極為認眞、嚴格。無論學生的資智優劣，都能一本「有教無類」及「教不嚴師之惰」的古訓，耐心給予教導，深受學生及其家長的尊重。

濟公好義，熱心助人

父親為人誠正，心地善良。對於地方的公益事業，諸如辦學堂，修道路，架橋樑，都能熱心參與。對家境清寒的學生，願給予義務施教，不收取酬勞。對鄉親們的婚喪喜慶，或排難解紛，只要有所請託，都會盡力幫助，從來沒有推辭。所以在地方上處處受人尊崇，爲具有高度影響力的意見領袖。

廉潔自持，臨財不苟

「增廣昔時賢文」那兩句「錢財如糞土，仁義值千金」的格言，是父親經常自勉勉人的語句。抗戰期間，他擔任地方公職時，有一農民來到楊柳仙的私塾學堂求見，首先談起徵壯丁的問題，父親就「情理法」的觀點，作了詳盡的解說，但不爲那位農民所接受，於是就從腰袋內拿出一條用布包好的銀幣交給父親，意圖賄賂。父親立即把銀幣放在書桌上，以嚴肅的態度面告那位農民說：「我生平做人一向是堂堂正正，做事也一直是規規矩矩，這條錢請你全部帶回去，我是絕對不會接受的。」那位農民看見父親的態度很堅決，只好把錢幣裝回腰袋。父親那種公正無私，光明磊落，臨財不苟得的操守，對當時的社會風氣，特別是對我做人做事的原則，確實有著莫大的啓示。

自奉甚儉，勤勞不懈

父親的生活非常儉樸，平日僅飲用米酒，沒有不良嗜好。他那種勤勞不懈的精神，使我永記在心。父親也很熱愛家庭，當年在近處私塾學堂執教時，早晚都在家中料理莊稼事務。農忙時期，親自下田插秧、除草、灌溉、施肥、收割。不到萬不得已，是不會請人幫忙的。每逢學期結束，無論炎夏或寒冬，常去山上除草、鬆土、堆肥，希望能增加茶仔的收成和杉樹的成長。如果用「勤耕苦力」來形容父親「發憤圖強」的精神，那是恰當不過的。

綜觀父親的一生，可用學而不厭，誨人不倦，濟公好義，廉潔自持，勤勞不懈，克己爲人這幾句話來概括一切。所以父親是母親的好丈夫、是兒女的好爹爹，是學生的好老師、是鄉親的好朋友。

半世紀來，每當想起父親教導我許多做人做事，成功立業的道理時，總覺得自己對國家社會的貢獻不夠多，未能仰答作育深恩於萬一，深感內疚；尤其想到我對父親，生未盡菽水之歡，死未盡送葬之禮，更是濟濟淚下。不過，我堅決的相信，父親雖然離開我已達半個世紀之久，可是他會永遠活我的心中。

編後感言

「書到用時方恨少，事非經過不知難。」當我完成本書的寫作之後，才真正體會其中的涵意，也領悟到寫文章固然很難，而寫回憶錄更不容易。我在序文中曾提到因記憶不清，或不值得一提而沒有寫的，是比寫的要多。事實上在我斷斷續續寫稿時，通常是想一段寫一段，凡遇到疑難，除翻閱過去的日記以外，還得請教昔日的長官、同事加以印證。如今終底於成，的確感到高興。

在付梓之前，我再三校閱了一遍，有感此生數十寒暑，雖然沒有做過大事，也沒有求得高深的學問，但在世事滄桑之中，我還能一本至誠，憑著良心血性，為國家的建軍備戰工作，做出一點貢獻，應歸功於父母的庭訓和學校老師的教誨，特別是　蔣故總統經國先生的精神感召，以及在工作過程中，深受長官的愛護、鼓勵、栽培與工作伙伴的合作之所致。同時也使我體認到惟有一切靠自己的努力，才有信心去創造事業的願景。也惟有為工作盡心、盡力、盡責，始能得到天助自助，自助人助。

我對於佛教當中有關「三世因果」的問題，略微有些體認，知道佛法是徹底解決這一問題的辦法，不是用鬼神的力量來告訴我們的過去和未來，而是要我們知道：「欲知過去事，今生受者是；欲知未來事，今生做者是」這兩句話的眞諦。也就是說：「現在的今生，就是未來的過去；現在的未來，就是未來的現在。」因此，我曾了解無論在學校求學，或去任何單位服務，或平日的做人做事，只要是把握現在，就可操持「三世因果」的關係。正因爲我懂得這一訣竅，所以每當我貫徹上級命令，或遂行重大興革措施時，通常不會考慮到個人的利害、得失如何？只問我現在所作的，是否對國家民族和整個團隊有利？也不曾想到別人對我的觀感怎樣？但問我自己所作的能否爲善去惡？做人是否誠懇？做事是否實在？我這種有所爲，有所不爲的個性，是很執著的。也由於我能時刻警惕「舉頭三尺有神明」，所以當我過去在陸地、在海洋、在空中幾乎發生重大劫難時，終能獲得上蒼的庇護和祖先的保佑，而能化險爲夷，轉危爲安。同樣的在「因果關係」中，我也看到或聽到當年爲非作歹、虛浮不實的長官與同事，或灰頭土臉，或身敗名裂，無所逃於天地之間，這可說是「因果循環」的體現，也是「種善因得善報，種惡因感惡果」的印證。在書中若一一列舉其姓名，那就不是我該做的事了。

我是一個出生於窮鄉僻壤的農家子，自幼習於勤勞，在生活方面，始終保持著簡單樸素，自奉節儉，一生未曾進過酒家、舞廳，也不曾上過麻將桌。在做人方面，無論對長官，對同事，一向本著誠實無欺，表裡如一。厭惡對上逢迎，對下敷衍，口是心非，見利忘義，爭功諉過，自欺欺人的不良言行。正因爲重視是非，追求眞理，所以常被有心人士戴上「政戰氣味太濃」、「愛打小報告」、「不會用方法」、「心胸窄狹」、「難以合作」等等帽子，企圖破壞我的形象，阻絕我的出路，使我在長官的心目中，成爲一個不受歡迎的可怕人物。對於這些「莫須有」的指控，我一直本著「是非審之於己，毀譽聽之於人，得失安之於數」的理則，一笑了之，一笑置之。

不過，由於我對工作伙伴的作業要求，非常認眞，管理也極嚴格，在心直口快，求好而不討好的情形下，無意中，在言語或態度方面，不留餘地，使人感到難堪，這充分表露了我的耐心和修養工夫之不足。如今省思，的確是我一生最大的缺失。

我在軍中歷練近四十年之久，雖然承受過許多的壓力和苦難，但在無特殊人事背景的情況下，還能晉階於將級，這是多麼的幸運。而和我同期同學之中，品學兼優，才華出衆的學長，連上校也沒升到的，不知有多少？那又是何等的委屈。我時常領悟到「人事問題」，固然不是每一個人永遠滿意的，但是有權掌管人事的主管、長官，必須具有「中興以人才爲本」、「幹部以保舉人才爲第一」的認知，時時刻刻、心心念念，要爲國家培植品學兼優，有爲有守的優秀人才爲己任。不可因一己之偏私，或個人的好惡，而任意予以排擠、打壓；更要拔擢才職相稱、實幹苦幹、操守清廉，且願爲國家奉獻心力的忠貞愛國志士。果能這樣，自然不致讓「只會做官、不會做事」的投機份子，倖晉得逞，也自然不會讓「只會做事，不會做官」的忠貞幹部，有志難伸，這是我最誠摯的懇求與期盼。